실전 협상의
기술

실전 협상의 기술

협상의 실제 사례 25가지 수록

조슈아 N. 와이스 지음 │ 최기원 옮김

FBI 인질 협상가 추천

하버드 경영대학원 교수 추천

하버드 국제 협상 프로그램 총괄자 추천

모든 협상가의 필독 도서

THE BOOK OF REAL - WORLD

Negotiations

알파미디어

| 추천사 |

    나의 오랜 친구이자 동료 조슈아 와이스가 차곡차곡 기록하고 분석한 협상에 관한 이야기를 실은 이 책을 추천하게 되어 감회가 새롭다.

    《실전 협상의 기술》은 협상에 관한 각종 문헌에서 드러난 공백을 메우기에 충분하다. 협상에 관한 개념, 기본적 틀, 그리고 기술을 소개하는 여러 도서에 디딤돌이 되는 책이다. 협상의 종착점에서 맛볼 창의적 성과뿐 아니라, 희박한 확률을 딛고 협상 당사자들 모두가 만족할 만한 결과를 얻는 법을 소개한다.

    인류학을 업으로 하는 나는 스토리텔링이 지닌 어마어마한 저력에 매료되며 살아간다. 이야기는 가슴에 새길 교훈, 주의사항, 그리고 심금을 울리는 영감을 전하기 때문이다. 이야기가 곁들여진 지식과 정보는 뇌리에 오래 남는다. 그러나 지금껏 협상에 관한 최고의 이야기들은 주제의 민감도나 대외비로 인해 공개되지 못하는 경우가 많았다. 바로 이 대목에서 조슈아 와이스의 노력이 진정 빛을 발한다. 각양각색의 협상 이야기를 풀어 놓는 그는 현장의 실무를 통해서만 파악할 수 있는 주옥같은 내용을 논의하고 분석하며 학습할 수 있도록 인도한다. 합의에 도달하는 과정을 통해 독자들은 어느새 중요한 디테일과 뉘앙스, 나아가 성공적인 협상으로 이끄는 핵심 원칙과 모범사례를 이해할 수 있을 것이다.

    이 책은 미국과 해외의 비즈니스 협상 사례를 시작으로, 협상 당사자들이 합의를 가로막는 장벽을 뛰어넘고 극복하는 방법을 안내할 것이다. 그다음에는 우리 주변에서 볼 수 있는 여러 형태의 협상을 소개한다. 정치적 협상에서부터 비영리 분야의 논쟁 해결 사례와 인질 협상 전략도 다룬다. 저자는 거의 모든 협상에서 협상 의제의 껍데기를 벗겨서 어떠한 본질적인 일들이 일어나고 있는지 낱낱이 파악해야 한다고 주장한다. 협상테이블 밑의 숨겨진 본질을 파악해야만 상대의 요구를 진정 이해할 수 있고, 만족스러운 해결책에 도달할 수 있기 때문이다. 이때의 관건은 단순히 파이를 배분하는 것이 아니라 파이를 키우는 방법을 찾아내는 창의력을 최대한 활용하는 것이다.

이 책에서 소개하는 이야기들은 성공적 협상을 만들어내는 레시피와도 같다. 레시피에서 사용하는 재료에는 열심히 임하는 자세, 지치지 않는 인내심, 전략과 창의성이 있다. 훌륭한 재료를 준비하는 과정, 그리고 단순한 대화를 안정적인 합의점으로 이끄는 주요 타이밍을 소개한다.

영감과 감흥을 가득 선사하는 사례를 통해 조슈아 와이스는 협상이라는 분야가 활개칠 수 있도록 해 주었다. 그의 노력에 경의를 표한다. 독자 여러분도 시사점이 많은 여러 이야기에서 통찰과 교훈을 얻길 바란다.

윌리엄 유리William Ury

CONTENTS

Ⅲ 정부와 일상에서의 사례

Ⅰ 서문 Ⅰ

책 집필을 처음 권유받았을 때, 즉각적으로 떠올렸던 주제가 바로 '실전 협상에서의 기술'이었다. 여러 글감 가운데 왜 이 주제를 선택했는지 물을 것이다. 이 책의 취지와 방향은 매우 단순 명확하다. 우리 주변에는 효과적인 협상을 위한 주요 기술이 깃든 실전 성공담이 무수히 많지만, 애석하게도 이런저런 이유로 베일에 싸이거나 공개되지 않는 경우가 대부분이다. 상황이 이런 탓에 이전의 협상 사례를 실전에 활용하기가 어렵다. 이 책에서 소개하는 사례들은 능수능란한 협상의 진면모를 소개한다.

🎙 이 책을 쓰게 된 이유

나는 다채로운 분야의 협상에 수년간 참여하면서 협상을 대하는 사람들의 태도가 매우 편협하고 제한적이라고 느꼈다. 협상이란 당사자들에게 중요한 목표에 대한 타협점을 어떻게든 찾기 위해 승자와 패자를 가려내는 과정이라고 생각하는 문외한들이 많다. 나는 '협상'이라는 금광에서 캐낼 수 있는 금이 얼마나 많은지를 설명하고 공감하도록 노력하는 대신, 이 책에서 실제 협상 사례를 소개하여 협상의 가치를 드러내고 독자가 스스로 공감대를 찾게 하기로 했다. 엄선한 협상 사례들로부터 배울 점이 많을 것이다. 또한, 협상에 대한 인식의 폭을 넓히고, 협상 과정에서 피해갈 수 없는 높은 장벽과 도전과제를 극복하는 데 도움이 될 것이다.

이에 이 책은 효과적인 협상을 위한 협상 실무와 해결책에 대한 그간의 갈증을 해소해줄 것이다. 시중에는 협상에 관한 도서가 여럿 있지만, 사례에만 집중하는 책은 보기 힘들 것이다. 충분히 타당한 이유가 있다. 여기에서 소개하는 성공적인 협상에 참여한 사람들이나 익명으로 남고 싶은 이들은 대외비나 기타 민감한 이유로 인해 협상의 자세한 내용을 공개하는 것을 꺼리기 때문이다. 협상 참여자들의 신원을 공개할 수 없어 이 책의 등장인물에 가명을 사용했다. 나는 협상에 대한 학습 목표에서는 실명이 중요하지 않다고 생각한다. 성공 사례가 시사하는 교훈을 파악하는 것이 관건이라고 할 수 있다.

《실전 협상의 기술》은 여러 협상의 과정과 결과를 엿보는 소중한 기회를 선사함과 동시에, 상황별로 핵심 교훈을 간추려 소개한다. 내 관점에서 논의할 가치가 있는 주요 교훈이므로 독자 여러분은 자신의 통찰을 최대한 발휘하여 자신만의 공감 포인트를 찾아가길 바란다.

🎙️ 이 책의 독자층

이 책의 독자층을 네 그룹으로 나눌 수 있다. 첫 번째 그룹은 평범한 일반 독자다. 일상에서 은연중에 얼마나 많은 협상을 하는지, 성공적인 협상에 필요한 조건에는 무엇이 있는지 파악하고 있는 사람들은 많지 않다. 이 책을 통해 협상의 가치를 깊이 이해하길 바란다.

두 번째 독자층은 협상학을 가르치는 학계 종사자들이다. 법학전문대학원과 경영대학원에서 협상학 과목이 늘어나고 있을 뿐 아니라, 대학교와 심지어 고등학교의 인문학 수업에서도 협상을 다룬다. 학계 종사자들과 교사들은 이 책을 넘쳐나는 이론서에 관한 보충 교재로 활용해도 좋을 것이다.

세 번째는 협상학을 수강하는 학생들이다. 이 책의 실제 사례 자체가 교과서가 될 것이다. 이론을 실무에 적용하고, 본인이 하려는 일에서 협상 기술을 어떻게 활용할 것인지 상상해 보는 데 큰 도움이 될 것이다.

마지막으로 네 번째 독자층은 협상을 가르치는 전문 강사들이다. 세상이 빠르게 변화하며 성장하는 가운데, 직장 내에서 협상이 얼마나 중요한지를 공감하는 기업과 조직이 대부분이다. 직장 안팎에서 주기적으로 협상에 임하는 사람들이 많다. 이들은 최상의 방법으로 협상을 풀어가는 법을 알아야 한다. 전문 강사들이 핵심 사항을 강조하거나, 실무적으로 효과적인 협상이 어떠한 모습으로 펼쳐지는지 쉽게 설명할 때, 책에서 소개하는 주요 사례를 요긴하게 활용하면 되겠다.

🎙️ 이 책의 구성

이 책은 협상의 환경에 따라 세 가지 섹션—미국 비즈니스 협상, 국제 비즈니스 협상, 정부 차원과 일상에서의 협상—으로 구성된다. 각 섹션은 도입부와 각 사례에 대한 개요로 시작된다.

협상 교육에 힘을 실어주는 스토리텔링

> "스토리텔링은 머릿속 생각들을 세상 밖으로 끄집어내는
> 가장 강력한 방법이다."
>
> – 로버트 맥키Robert McKee 교수[1]

"이야기를 해 봐."

이 단순한 문장은 수백 년에 걸쳐 사람들이 주고받은 대화의 중심에 등장해 왔고, 한 세대에서 다음 세대로 지식을 전수하는 견인차 구실을 해 왔다. 사람들은 한 번 들은 이야기, 특히 공감할 만한 교훈이 확실한 이야기는 잊지 않고 기억하는 습성이 있다.

실전 협상에서 비롯된 생생한 이야기들도 예외는 아닐 것이다. 민간 기업, 정부, 일상에서 일어나는 실제 협상 사례들은 협상에 관한 이론, 개념, 사실보다 기억에 오래 저장된다. 협상 이야기의 저력은 어디에서

---

[1] https://www.inc.com/dave-kerpen/you-need-to-become-a-better-storyteller-heres-some-inspiration.html 인용

나올까? 논의나 회의를 통한 결과물의 한계를 드러내며, 협상에 관한 뻔한 추측과 선입견에 찬물을 끼얹을 수 있기 때문이다. 몇 년 전에 나의 동료에게서 들은 이야기를 소개한다.[2] 그녀의 관점으로 정리한 내용이다.

수년 전, 나는 합병을 추진하고자 하는 어느 작은 회사에 협상 자문위원으로 채용된 적이 있다. 처음에는 회사 담당자들과 수차례 만나면서 회사가 추구하는 최상의 시나리오열망점, Aspiration Poin, 회사가 진정 달성하고자 하는 목표목표점, Target Point, 그리고 거래를 진행하는 것이 의미 없다고 판단하여 박차고 나올 타이밍보류점, Reservation Point을 파악하고자 노력했다.

일반적인 협상 단계들을 밟은 셈이다. 양측의 신경전, 즉 승부의 '추'가 어느 쪽으로 기울어져 있는지도 논의했다. 양측 회사의 규모와 순자산이 같았기 때문에 신경전 없이 힘의 균형을 이룬 상태라는 것이 우리 측의 판단이었다. 협상의 시점이 다가올수록, 나를 채용한 회사의 대표단은 회의실에 내가 들어와 달라고 요청했다. 단, 테이블에서 일정 거리를 두고 앉아서 대화를 듣고 있다가 휴식 시간에 협상에 관한 자문을 제공해 달라고 했다. 이 방식을 경험한 적이 있던 나는 그 요청을 수락했다.

본격적으로 협상이 시작되자 사전 합의에 따라 양측은 각각 전문 협

---

2) 회사 이름을 익명으로 실어 달라는 동료의 요청이 있었다.

상 당사자 세 명을 대동했다. 상대 회사의 주협상가 올리버는 회의의 주도권을 쥐고 '매우' 공격적으로 의제를 설명하기 시작했다. 각종 수치를 분석했고, 본인 측 회사가 제안하는 금액이 충분히 타당하다고 주장했다. 특히 우리 측보다 회사 규모가 더 크고, 합병 후 시가총액에 대한 기여도가 크다는 이유로 양사가 합친 이후에도 회사에 대한 통제권을 유지하길 바란다고 덧붙였다. 우리 측의 의견을 존중할 것이고, 본인 측 직원들은 당분간 하던 업무를 유지할 것이라고 했다. 그쪽에서 내거는 핵심 조건이었다. 그러고 나서 올리버는 "이 조건을 수락하지 않으면 거래를 성사시키지 못할 것"이라며 쐐기를 박았다.

우리 측에서는 전혀 예상 못 한 발언이었지만, 절차적으로나 결과적으로나 상대측이 보기에도 지나친 언사라는 점을 우리는 충분히 인지하고 있었다. 잠시 후 상대측은 협상의 방향을 틀어(즉, '프레임을 새롭게 만들어framing') 문제 해결에 초점을 두려고 애썼다. 그런데도 올리버는 대화의 방향이 바뀐 것에 무관심으로 일관했다. 나머지 두 명의 협상 당사자들은 올리버의 주장에 안절부절못하는 듯했다. 그 둘은 서류를 주섬주섬 챙기며 다른 사람들과 눈도 마주치지 않고 어쩔 줄 몰라 하며 자신들의 자리로 돌아왔다.

몇 분 동안 대화에 진전이 없는 가운데, 올리버는 갑자기 자신의 서류를 챙겨 가방에 쑤셔 넣었다. 그러고는 우리 측 협상 당사자들을 응시하며, "유감이네요"라고 했다. 우리 팀은 아무런 대꾸도 하지 않았다. 그런데 올리버가 갑자기 양손으로 의자 손잡이를 짚고는 의자에서 뛰어내리는 것이었다. 나머지 두 명의 협상 당사자들이 당황하는 기색이었지만, 말없이 짐을 싸기 시작했다. 분을 가라앉히지 못한 올리버는 그 둘을 기다려주지 않았다. 그는 성급히 나가기 위해 방문을 향했고, 문을 열고 나가서는 쾅 소리가 나게 문을 닫았다. 그리고 정적이 흘렀다. 잠시 후 우리 측 협상 당사자들과 상대측 협상 당사자 두 명은 참았던 웃음을 터뜨렸다. 분에 겨운 올리버가 박차고 나간 곳이 복도가 아닌 붙박이장이 놓인 작은 드레스룸이었던 것이다. 이게 다가 아니었다. 15초가 지났고, 30초가 지났는데도 아무 소리가 안 들렸다. 올리버는 드레스룸에서 숨죽이고 있었다.

다들 폭소를 터뜨리고 있었고, 10~15초가 더 지나자 드레스룸의 문이 삐거덕 열리기 시작했다. 올리버도 그 웃음소리를 들을 수 있었을 것이다. 그는 기가 죽은 채 창피해하며 드레스룸을 빠져나왔다.

'커트'라는 우리 팀 협상 당사자 한 명이 분위기를 정돈하며, 올리버 측의 협상 당사자 두 명에게 대화를 시도했다. 커트는 협상 방식을 새롭게 제안한다며 그들의 의견을 구하고자 했다. 올리버는 결국 테이블 구석에 자리를 잡고 앉았다. 올리버가 답변하기도 전에 그의 동료 한 명이 테이블 쪽으로 상체를 숙이며 커트의 생각이 어떻게 되는지 물었다. 커트는 자신이 생각하는 몇 가지 옵션을 설명했고, 올리버 팀의 협상 당사자 두 명도 의견을 내기 시작했다. 올리버는 아무 말 없이 구석에 앉아 바닥만 바라보고 있을 뿐이었다.

거시적인 콘셉트로 틀을 잡고 나서 세부 사항을 논의하며 생산적인 대화가 몇 시간 정도 오고 간 끝에, 양측은 더 균형적이고 진정한 파트너십을 반영하는 잠재적 거래에 도달할 수 있었다. 결국, 합병은 성공리에 추진되었고, 오늘날에도 합병된 기업으로서 번영을 거듭하고 있다.

　이 이야기는 여러 시사점을 전한다. 우선 감정을 적절히 통제하지 못하면 협상에서 큰 실수로 이어질 수 있다는 점이다. 흥미롭게도 이 사례에서는 무너진 감정이 대화의 돌파구를 마련하는 데 이바지했다. 두 번째 교훈은 협상이 예측 불허한 특징을 갖고 있다는 점이다. 협상 과정의 방향을 돌리는 변수는 언제라도 등장할 수 있다. 이에, 유연하고 열린 자세로 협상에 임해야 한다는 점을 시사한다. 이는 앞의 사례에 참여한 협상 당사자들 모두가 분명 가슴에 새겼을 법한 교훈이라고 생각한다.

　일반적인 협상 이야기로 다시 돌아오겠다. 협상의 위력을 나타내는 협상 사례들이 충분히 알려지지 않고 있는 것은 냉정한 현실이다. 매일 협상이 일어나고 있지만, 오직 소수에게만 공개되고 있지 않은가. 대외비와 민감한 정보라는 이유로 소중한 교훈과 일화가 회자되기 어렵다. 그러나 이러한 이야기가 공개되지 않는다면, 관계를 새롭게 정립하거나 생산적인 거래를 하거나 갈등을 해결할 수 있는 협상의 거대한 잠재성을 알 길이 없을 것이다.

　문제가 될 만한 인물 공개를 피하면서 이처럼 귀중한 이야기를 나누고 싶었다. 협상에서 민감한 세부 사항은 협상 당사자들이 창의적인 해결점에 도달하는 과정에서 장애물을 극복한 노하우를 파악하는 데 중요치 않으리라. 이 책의 목적은 독자들에게 사람들이 걸림돌을 피하면서 협상을 진행하는 '방법'과 '기술'을 알려주기 위함이다.

협상에서 이야기의 줄거리가 뇌리에 남는 이유

> "이야기에는 늘 사람들에게 공간 이동 경험을
> 선사하는 힘이 존재한다."
>
> — J. K. 롤링[3]

실제 이야기를 들려주는 것은 주요 아이디어와 개념을 파악하고 기억하도록 하는 최상의 방법이다. 드레스룸에 갇힌 협상 당사자 이야기를 한 번 듣고 잊어버리기 어려운 것도 같은 이유에서다. 협상의 저력에 대해 회의적인 사람들에게도 협상에 관한 '실제' 이야기를 들려주면 반박하기 어려울 것이다.

최고의 이야기들이 지닌 공통점은 기승전결에서 문제 · 갈등 · 논란을 극복하는 기억에 남을 만한 줄거리를 지닌다는 점이다. 또한, 시사점과 교훈이 쉽게 전달되기도 한다. 그렇다면 설득력 있게 뇌리에 오래 남도록 하는 요소들을 간략하게 분석해 보자. 핵심 요소들을 파악하다 보면, 사례를 접할 때 기승전결의 단계가 눈에 들어올 것이다.

앞서 언급했듯이 최고의 이야기에는 배경이 설정되고, 인물이 소개되며, 인물이 문제에 봉착한 상황을 보여주면서 거의 아무도 예상 못한 해결책으로 그 상황을 극복하는 기승전결이 펼쳐진다. 배경이 설정되고 인물이 소개되는 단계에서는 《해리 포터》 시리즈를 떠올려 보자. 볼드

---

3) https://www.goodreads.com/quotes/54870-there-s-always-room-for-a-story-that-can-transport-people

모트의 손에 해리의 부모가 죽고, 해리는 한순간에 부모 없는 아이가 된다. 해리가 직면한 사면초가의 상황은 선과 악의 싸움을 나타내는 볼드모트와의 전설적인 전쟁으로 이어지며, 다음 이야기를 예고한다.

둘째, 이야기에는 극복해야 할 주요한 난제, 사면초가의 상황, 갈등이 있어야 한다. 이야기의 정점을 찍는 대목에서 우화나 전설이 탄생하는 것이다. 대표적으로는 《위대한 유산》의 주인공 핍이 영국 상류층에 속하길 간절히 바라는 상황, 《반지의 제왕》의 호빗족 프로도 배긴스가 힘의 반지를 파괴하고 절대 반지를 파괴하여 세상을 구하는 비현실적인 여정을 떠나야 하는 상황, 구약성경의 '사무엘 기'에서 단순하고 순진한 듯 보이는 양치기 소년 다윗이 엘라의 계곡으로 내려가 아무도 다가가지 못하는 힘센 장사 골리앗과 싸워야 하는 상황이 있다. 이렇게 예상치 못한 긴장의 순간에 사람들의 관심이 쏠리고, 이야기의 흐름이 절정으로 치닫는 분위기가 연출된다.

세 번째이자 마지막은 기승전결의 마지막 부분이다. 이야기의 인물들이 지혜를 발휘하여 악조건을 극복하거나 일반적인 상식을 깨는 놀라운 결말로 이어진다. 굳이 해피엔딩이 아니더라도 전달하려는 교훈과 시사점이 있고, 고개를 끄덕거리게 하는 잊지 못할 교훈이 있다. 《오즈의 마법사》에서 도로시는 전혀 예상 못 한 방식으로 캔자스로 돌아오면서 이야기는 마무리된다. 내면의 강인함을 찾으라는 교훈을 서사적으로 풀어간 이야기다. 아가사 크리스티의 장편소설 《그리고 아무도 없었다》에서 결말은 반전 그 자체라 쉽사리 책을 덮지 못할 정도다. 《해리포터》로 다시 돌아가 보자. 결말에서 볼드모트는 최후를 맞이하는데 그의 영혼 조각이 떨어져 해리에 붙어 버리는 등, 둘의 운명적인 고리는 작품 마지막까지 팽팽하게 이어진다.

이렇듯 협상에 관한 이야기도 유사한 패턴을 따른다. 도입부로 시작하여, 사면초가나 수수께끼를 풀어야 하는 상황에 봉착하고, 건설적인 방식으로 협상의 정점을 찍거나, 심기가 틀어져 반대 방향으로 치달아 교착 상태에 빠지기도 한다. 단, 이야기와 협상의 연결 밀도는 훨씬 더 높다. 협상은—단순한 개념이나 이론 설명보다—고비의 순간에서 해피 엔딩으로 이야기를 종결지을 수 있는 저력을 지니기 때문이다. 스탠퍼드 경영대학원의 제니퍼 에이커Jennifer Aker 교수는 단순한 사실 전달에 비해 이야기를 전달했을 때 22배 더 확실히 뇌리에 남는다고 주장했다.[4]

이 책을 읽는 방법: 순서대로 혹은 수수께끼 풀이처럼

실제 협상에 관한 이야기를 소개하는 이 책의 특징을 고려했을 때, 어떻게 읽는 게 가장 효과적일까? 저마다 다양한 방식으로 각 장을 읽을 수 있을 것이다. 배경 설명, 준비과정, 본격적 협상 단계, 교훈의 순서로

---

[4] 협상에 스토리텔링이 미치는 영향에 관한 흥미로운 연구를 소개한다. 레베카 J. 크라우제 (Rebecca J. Krause)와 데렉 D. 러커(Derek D. Rucker), "전략적 스토리텔링: 사실의 설득적 위력에 대한 내러티브의 유불리", 《성격과 사회심리학 회보(Personality and Social Psychology Bulletin)》, 2019. 〈켈로그 인사이트 앤 월스트리트 저널(Kellogg Insight and Wall Street Journal)〉에 게재. 두 저자는 설득력이 다소 떨어지는 협상 건에서 스토리텔링 방식은 상대의 마음을 움직이거나 설득하는 강력한 수단이 된다고 주장한다.

읽어 나가면서 앞서 언급한 기승전결의 구조를 파악할 수 있을 것이다. 협상이 자연스럽게 추진되는 과정—때로는 후행과 선행을 반복하지만—이 눈에 들어올 것이다.

한편 사례를 읽는 것 보다 더 흥미로운 방법도 있다. 도입부, 배경 설명, 준비과정을 읽고 협상 섹션에 들어가서는 잠시 읽기를 멈춘다. 더 읽어 나가기 전에 다음의 질문에 대해 생각해 본다.

- 지금까지 내가 파악한 내용을 토대로 이 협상은 어떠한 방향으로 전개될 것 같은가?
- 협상에서 어떠한 걸림돌이 파악하기가 가장 어려울 것 같은가?
- 만약 내가 이 협상에 참여한다면, 현 상황에서 어떻게 발전시킬 것인가? 그 이유는 무엇인가?
- 내가 파악한 내용을 토대로 창의적인 해결책에는 어떠한 것들이 있는가?

이렇게 자신을 상황에 대입하여 적극적인 글 읽기를 하면, 단지 사례를 배워나가는 차원에 머물지 않고, 자신이 흩어진 퍼즐 조각을 끼어 맞춰볼 수 있을 것이다. '나라면 어떻게 하겠는가?'의 관점으로 읽다 보면, 의사결정권자의 처지를 생각하게 되고, 이 모든 과정을 진두지휘하는 것이 만만치 않겠다고 느낄 것이다.

　다양한 주제를 다루는 이 책에서 협상에 관한 사례는 세 가지 섹션으로 구분 지었다. 첫 번째 그룹은 미국의 사례들이다. 다양한 업종을 아우르지만, 미국에서만 진행되었다. 두 번째 그룹은 국제 협상 사례들이다. 문화 차이에서 비롯되는 불협화음이 존재하고 문화별로 협상 기준이 다르기 때문에 국내외 사례로 구분 지었다. 마지막 그룹은 우리 주변과 공공 및 정부 부문에서 나타난 협상 사례들이다. 이 섹션에서는 사례별로 뚜렷이 구분되는 특징을 엿볼 수 있다. 협상마다 특징도 분야도 다르지만, 협상에 관해 새길 만한 교훈을 전한다.

　일부 사례는 두 명 이상의 협상 당사자가 참여하는 간단명료한 협상에 관한 것이다. 한편 협상 컨설턴트나 컨설팅 회사의 용역이 투입된 협상 사례들도 있다. 지난 몇 년 동안 전문 협상 당사자처럼 외부인들의 도움으로 해결책을 찾는 사례가 증가해 왔고, 효과가 좋아 앞으로도 그러할 전망이다. 마지막으로 협상 당사자들이 해결점을 찾도록 조정자 혹은 중재자를 비롯한 제3자가 한 명 혹은 여럿 투입되는 사례들도 소개한다. 한 측의 자문위원보다는 협상 과정에서 교통정리를 도와주는 경찰관에 가깝다. 협상 당사자들이 더 효과적으로 소통하도록 도와주고, 힘든 순간에 도움의 손길을 건넨다.

　이 책의 모든 사례는 실제 협상 시나리오를 기반으로 한다. 내용을 특별히 편집하지 않고 실었다. 저자 본인이 직접 협상 당사자들을 만나 인터뷰한 내용을 토대로 사례를 기술했고, 당사자들에게 원고를 보내 정확성을 확인받았다. 일부 사례에서는 당사자들의 실명이 언급되기도 하고, 정보에 대한 비밀유지와 익명성을 요구한 경우 익명으로 실리기도 했다. 비밀유지가 필요한 경우에는 인명과 회사명을 변경했지만, 교훈의 본질과 무관하므로 독자들이 향후 본인들의 협상 실무에 도움이 되길 바란다.

마지막으로 이 책에는 협상에 관한 전문용어가 자주 등장한다. 협상에 익숙한 독자들이라면 보편적으로 이용하는 용어이고 이해하는 데 무리가 없을 테지만, 협상이 생소하고 협상 기술 습득을 막 시작한 독자들은 책 마지막에 실린 전문용어를 활용하자. 협상 사례를 읽기 전에 훑어보거나 필요에 따라 참조하면 도움이 될 것이다.

제1장

협상할 때 나타나는 각종 실수,
그리고 훌륭한 협상가들의 공통적 행동

효과적인 협상 기술을 연마하는 것은 하나의 여정이지, 그 자체가 궁극적 목표는 아니다. 이 과정에서 우리는 효과적인 협상이 무엇인지에 대한 여러 관점을 마주하게 된다. 인류 역사상 사람들은 시행착오를 겪으며 협상에 관한 뻔한 비법을 도출해 내기도 했다. (각종 문헌과 수세기에 걸친 관행을 통해) 인류가 직면한 가장 난해한 문제들을 해결하기 위해 훌륭한 협상 당사자들이 보여준 해결방식에 대해서도 쌓인 지식이 많다. 여기에서는 그 비법을 살펴본 후에 관련 사례를 소개하겠다.

협상에 대한 회의론과 그릇된 관념

직장과 가정에서, 그리고 주변 환경 속에서 우리는 주기적으로 협상을 반복한다. 그러나 '협상'이라는 말은 부정적 뉘앙스를 풍기기도 한다. 협상을 하다 보면 대화가 산으로 가게 하거나, 최고의 거래나 해결책에서 멀어지게만 한다는 잘못된 인식도 팽배하다. 다음에서는 처음부터 떨쳐 버려야 하는 협상에 대한 가장 흔한 오해에 대해 알아보겠다.

승자와 패자

처음으로 소개할 협상에 관한 부정확한 관념은 닥터 수스Dr. Seuss의 유명한 단편소설《더 잭스The Zax》에서도 소개되고 있다. "유명한 우화 하나가 있다. 북쪽을 향해 걸어가는 잭스와 남쪽으로 향하는 잭스가 어느 순간 만나는 지점이 있었다. 두 잭스 모두 한 치의 양보 없이 길을 비켜 주지 않았다. 서로 고집을 꺾지 않으며 길을 내주지 않겠다는 아집을 온몸으로 표현했다. 얼굴이 닿을 만큼 바짝 붙어설수록 물러서지 않겠다는 아집의 강도는 더 커졌다. 각자의 고집은 굽혀지지 않았다. 세월이 지나면서 고속도로와 다리가 세워지는 등 주변 환경도 변했다. 그렇게 두 사람은 서로를 노려보며—둘 다 패자로 남으며—여생을 보낸 것이다.

협상에 관한 이 우화가 전하는 교훈은 여러 가지다. 특히, 협상이 되려면 승자와 패자가 존재해야 하는데, 본인이 양보해서 패자가 되지 않으려 한다는 점이다. 흑백논리로 승패를 가려야 한다는 생각이 깊게 뿌리 박혀 있기에 협상에서도 승자와 패자를 구분하려 하고, 다양한 해결책을 모색하는 데 걸림돌이 된다. 한 발치도 물러서지 않는 두 잭스의 이야기처럼 초지일관 굽힐 줄 모르는 자세로 협상에 임하게 된다. 이러한 마음가짐으로 협상에 임할 경우, 자신이 정해 놓은 틀에 맞도록 프레이밍하여 그 틀 안에서 도출할 수 있는 해결책만 모색하게 된다. 분명 다양한 방식으로 승자와 패자가 나뉘는 협상도 있지만, 반드시 승패를 나눠야 한다는 편견으로 인해 협상 참여자들은 그릇된 방향으로 관심을 집중해서 다양한 기회를 놓치고 만다.

게다가 승자-패자의 이분법적 논리라면, 같은 상대방과 향후 여러 차례 협상할 때 어떠한 영향을 가져올 것인가? 물론 "이번엔 내가 이긴 거니 다음번에는 네 마음대로 해도 돼"라고 한 차례 물러나는 방법도 있지만, 이 방법마저도 논리적인 것과는 거리가 멀다. 돌아가면서 승자가 되면 된다는 발상은 금광을 캐다 만 아쉬운 접근법으로, 기발한 해결책들에 대해 깊이 고민해 보지 않은 채 협상을 일단락 짓는다.

타협이라는 '희망 고문'

협상에 대한 두 번째 그릇된 편견을 소개한다. 거래를 성사하기 위해서라면, 본인에게 매우 중요한 조건을 쉽게 포기해도 무방하다는 생각이다. 솔로몬 왕이 아기의 운명을 두고 지혜로운 판결을 내린 유명한 우화를 떠올릴 수 있다. 어느 날 두 명의 여자가 솔로몬 왕을 찾아왔다. 그중 한 여자가 이렇게 말했다.

"전하, 이 여자와 저는 같은 집에 살고 있습니다. 우리 집에서 얼마 전에 제가 아이를 낳았고, 3일 후에 저 여자가 아이를 낳았습니다. 당시 저희 옆에는 아무도 없었죠. 어느 날 저녁, 가족 모두 자고 있을 때, 이 여자가 자기 아이 위에서 몸부림을 쳐서 아이가 질식해 죽는 일이 있었습니다. 당시 저는 자고 있었는데, 이 여자가 제 쪽으로 와서는 제 아들을 데리고 가버렸습니다. 아이를 자신의 침대에 데리고 갔고, 죽은 아이를 제 옆에 두었죠. 오전에 일어난 저는 제 아들에게 젖을 물리려고 했을 때, 아이가 죽었다는 걸 알게 되었어요. 그리고 아이를 밝은 데서 자세히 바라보고는 제 아들이 아니라는 걸 알아차렸죠."

"아닙니다!" 상대 여자가 소리쳤다.

"그 아이는 네 아들이었잖아. 우리 아이는 살아 있다고!"

"죽은 애가 네 애야."라고 첫 번째 여자는 소리쳤다.

"우리 애가 살아 있는 애라고!"

솔로몬 앞에서 두 사람은 논쟁을 멈추지 않았다. 마침내 왕은 "너희 둘 다 이 살아 있는 아이가 자기의 아이라고 하는구나. 누가 가서 칼을 가져와라."라고 말했다.

왕의 앞에 칼이 놓였고, 그는 "아이를 반으로 가르라! 그러면 너희 둘 각자 아이의 절반을 갖게 되니."라고 명령했다.

그러자 "제발 제 아들을 죽이지 말아 주세요! 아들을 너무나 사랑합니다. 이 아이를 저 여자에게 주시되, 다만 죽이지만 마시옵소서!"라고 아이의 엄마가 절규했다.

다른 여자는 "아이를 어서 반으로 나눠 주십시오. 그러면 우리 둘 다 아이를 가질 수 없게 되니까요."라고 말했다.

왕은 "아이를 죽이지 말라."라고 말하고는 첫 번째 여자를 가리키며 "이 여자가 아이의 어머니다. 아이를 그녀에게 주어라."라고 말했다.

솔로몬 왕의 지혜로운 결정 소식에 이스라엘 사람들은 감동을 금치 못했다. 하느님이 그에게 공정한 판결을 하는 지혜를 주셨다고 생각했다.

솔로몬 왕의 판결은 다행히 비극적인 타협의 결과로 이어지지 않았지만, 현실 세계에서는 많은 협상이 그릇된 의사결정에 따라 얼토당토않은 타협으로 귀결된다. 거래를 성사시키려면 매우 중요한 뭔가는 접고 들어가야 한다는 생각으로 협상에 임하는 사람들이 많다. 이런 이유에서 협상을 거부하거나 협상 과정에서 불안을 느끼는 사람이 많은 것이다.

인생을 살면서 여러 협상을 해야 하는 상황에 놓이지만, 매번 효과적으로 협상하기가 불가능하다. 타협은 협상을 대하는 게으른 접근이라고 생각한다. 협상의 긴장도가 높아지거나 난제에 대한 해결책이 보이지 않을 때 타협을 보게 마련이다. 이때 협상 당사자들이 온전히 만족할 수는 없지만, 최대한 이견을 좁혀서 모두에게 긍정적인 방향으로 나아가도록 해야 한다.

그렇다면 타협이 안 될 때 어떻게 하면 좋을까? 대충 타협해버리고 싶은 마음을 떨치고, 깊이 있게 문제에 파고들어야 한다. 파악할 수 있는 모든 관점과 주요한 데이터를 창의적으로 분석해야 한다는 의미다. 이 방식으로라면 이미 여러 방면으로 관점과 요구를 분석했기 때문에 어설프게 타협할 필요가 없어진다.

협상에서의 조작과 속임수에 관한 오해

협상에 대한 세 번째 오해와 편견은 협상에는 어느 정도 조작과 속임수가 필요하다는 것이다. 상대의 약점을 잡는 등 불편함을 초래하여 이기적으로 활용할 수 있다는 얕은 생각이다. 오로지 상대방의 기를 죽여놓고 유리한 입장에 서겠다는 취지다. 상대방을 적으로 간주하고, 적으로 대우한다.

협상해야 하는 상황이 불안하거나 조바심이 난다고 호소하는 많은 사람은 협상에 조작과 속임수가 들어간다고 생각한다. 사람들의 마음이 편안한 수준과 협상의 상관관계에 대해 분석한 연구논문도 많은데, 2012년 링크드인의 한 조사에 따르면 남성의 40퍼센트와 여성의 26퍼센트만이 협상 시에 마음이 편하다고 응답했다.[1] 협상이 편해지려면, 협상에 속임수가 필요하다는 편견을 버리고, 협상의 성공을 좌우하는 요소는 얕은 속임수나 잔머리가 아니라는 점을 깨달아야 한다. 실제로 그 반대의 과정—신뢰 관계를 구축하여 창의적 해결책을 모색—을 통해 효과적인 협상이 가능하기 때문이다.

---

1) Casserly, M. "Why American Women Lose at Negotiation—And What We Can Do about It" Forbes, 2012.

강자는 협상 따윈 안 한다

협상에 관한 네 번째 오해는 협상은 약자들이나 하는 것이라는 생각이다. 강자들은 상대에게 특정 행동을 강요하고 강제할 뿐, 설득하려고 하지 않는다고 믿기 때문이다. "테러리스트들과 협상 따위는 필요 없다" 혹은 "협상은 상대를 회유하기 위한 것일 뿐, 상대에 맞서지 않는 것"이라는 얘기를 자주 듣곤 한다. 체임벌린(Chamberlain, 영국의 보수당 총리(1869~1940)로, 나치 독일에 유화 정책을 채택했다—옮긴이)과 히틀러의 회담을 생각해 보라. 협상 결과는 예상을 철저히 빗나갔다. 협상은 갈등을 해결하는 데 최대한 활용할 수 있는 주요 수단이다. 협상 과정 그 자체에는 취약점이 존재하지 않는다.

지난 역사를 살펴보면, 1787년 미국의 헌법 제정 의회에서부터 미국과 구소련의 쿠바 미사일 위기와 수십 년간의 분쟁을 종식하기 위한 남아공의 국가평화조약에 이르기까지 인류의 진보와 발전이 거듭될 때마다 협상은 중요한 수단으로 작용해 왔다.[2] 문제는 협상 과정에 놓인 디딤돌에 눈여겨보지 않는 사람들이 많다는 것이다. 그러나 인류가 계속해서 생존하고 지구상에서 하나의 종種으로 성장하려면 협상은 필수다.[3]

---

2) 더 많은 사례는 다음을 참조.
  《위대한 협상: 현대 사회를 바꾼 합의들》, 프레드릭 스탠튼(Fredrik Stanton), Yardley, PA: West-holme Publishing, 2010.
3) 역사적으로 광범위하게 협상과 갈등의 해결 사례를 접하려면, 다음을 참조.
  《제3의 입장: 우리는 왜 싸우고, 어떻게 멈출 수 있는가? The Third Side: Why We Fight and How We Can Stop》, 윌리엄 유리, Penguin Books, 2001.

협상력은 타고나는 게 아니다

협상력은 타고나는 것이고 새롭게 익힐만한 성질이 아니라는 생각이 협상에 관한 다섯 번째 오해다. 협상학자 리 톰슨Leigh Thompson은 다음과 같이 말했다.

"나는 개인적으로 가수 레이디 가가를 좋아하지만, 솔직히 그녀가 가수 생활을 하면서 보여준 협상력은 실망스럽다. 나는 협상 당사자만의 DNA가 있다고 생각하지 않는다. 자신의 노력으로 훌륭한 협상력을 키워나갈 뿐, 부모에게 물려받는 자질은 아니다."[4]

사람에 따라 협상력에 득이 되거나 실이 되는 기질을 갖고 태어날 수는 있지만, 누구나 효과적으로 협상하는 방법을 학습할 수 있다. 각자는 도달할 수 있는 협상의 능력치가 있을 것이고, 최대한의 역량을 발휘하려면 그만큼의 시간과 노력이 불가피하다.

효과적인 협상력은 그 자체로 목적이 아닌 여정이라는 사실을 기억하라. 우리는 그 여정 속에서 한 걸음 내디딜 때마다 조금씩 배워가면서, 마음가짐을 키우고 협상 기술을 쌓아갈 것이다.

---

[4] Thompson, L. "Masters of Negotiation: Born This Way?" Kellogg News.

단기적 이득을 위해 오랜 인연을 희생해야 할 때도 있다

협상에 관해 잘못 알고 있는 마지막 내용은 협상에서 단기적으로 목표를 이루려면 장기적인 인간관계에 희생이 따른다는 인식이다. 두 마리 토끼를 다 잡을 수 없기에, 하나는 포기해야 한다는 생각이다. 잘못된 이분법이다. 주기적으로 협상에 임하는 사람들—특히 길고 깊은 인연을 가진 상대방과 협상에 임하는 경우—은 예외 없이 오랜 관계를 잃을 수도 있다고 믿는다. J 폴 게티J. Paul Getty는 다음과 같이 말했다.

"딜을 할 때 돈 전체를 가져올 생각은 절대 하지 말라. 상대도 일부 가져갈 수 있도록 하라. 돈을 싹 쓸어 온다는 평판이 생기면, 참여할 거래가 별로 없을 것이다."[5]

게다가 협상에서 상대를 오랜 시간 알아 온 사람이라면 그만큼 득이되는 경우도 많다. 관계가 굳건한 사람들이 협상에서 만났을 때, 최고의 딜을 추진할 수 있는 저력이 있다는 의미다. 민감한 정보와 깊은 속내를 나눌 만큼 서로를 충분히 신뢰할 수 있기 때문이다. 숨은 진주를 찾아낼 수 있는 분위기도 형성된다. 이들이 협상 과정에서 난관에 봉착해도 어떻게든 터널 밖으로 나올 때까지 줄곧 마음을 모아 협업할 수도 있기 때문이다. 반면 관계의 깊이가 얕다면, 고성과 삿대질이 오가며 서로를 탓할 수 있다.

---

5) https://theamericangenius.com/entrepreneur/19-inspirational-quotes-on-the-art-of-negotiation/

위대한 협상 당사자들의 공통점: 다섯 가지 핵심 원칙

이 책에서 소개하는 사례들은 실제 사용된 효과적인 협상들이다. 위대한 협상 당사자들이 효과적으로 해내는 부분이 무엇인지에 대해 많이들 궁금해할 것이다. 이러한 부분은 협상 기술을 배우고 싶어 하는 많은 이들이 물어보는 질문이기도 하다. 이 질문에 대한 답은 전체 사례에서 파악할 수 있을 것이다. 각 사례를 읽다 보면, 최소 다섯 가지의 원칙이 물 흐르듯 나타날 것이고, 이 원칙들은 대부분의 협상을 성공으로 이끄는 필요조건이라고 해도 과언이 아니다.

다음 소개하는 원칙을 전부 활용하다 보면, 어떠한 협상을 하든 협상의 힘을 최대한 발휘할 수 있는 묘안에 도달할 수 있을 것이다.

원칙 1: (단순한 계획 마련보다는) 준비 작업에 심혈을 기울여라

준비 작업을 대신해 주는 것은 전혀 없지만, 준비하는 방법에 있어서만큼은 신중히 처리해야 한다. 미국의 드와이트 아이젠하워 대통령의 명언 한 마디로 설명할 수 있다.

"내가 전투를 준비하는 가운데 언제나 발견한 것은 작전계획이란 쓸모가 없지만, 계획을 수립하는 것은 필수 불가결하다는 점이다."[6]

아이젠하워 대통령은 전투 준비에 대해 말한 것이었지만, 불확실한 요소가 많은 협상에도 적용할 수 있다. 우리는 협상을 하다 보면 완전하

---

6) https://www.azquotes.com/quote/358520

지 않은 정보를 갖고 협상에 임하게 된다. 특히 협상 초보들은 어떻게든 행동 계획을 마련하고 싶어 하지만 실전에서 크게 효과가 나타나지는 않는다.

계획이 효과적이지 않은 이유는 두 가지다. 첫째, 협상이란 상대의 행동이 어떠한지에 따라 방향성이 달라지는 게임이다. 상대는 당신이 준비한 대본을 읽지 않고 협상에 임하고 있다. 따라서 당신이 어떠한 계획을 준비했는지 알 길이 없고, 솔직히 당신의 계획에 크게 관심도 없다. 상대는 그저 자신이 준비한 방향으로 진행하는 것, 목표 달성에 도움이 될 만한 것에만 귀를 쫑긋한다. 둘째, 협상에는 한 가지 공식만 적용되지 않는다. 예상치 못한 여러 우여곡절이 협상을 가득 채운다. 따라서 협상 당사자들이 세우는 최고의 계획도 수포가 될 가능성이 크다.

따라서 여러 변수에 대처할 수 있는 광범위한 비상 대응 계획을 세우는 것이 협상에서는 매우 효과적이다. (표 1.1 참조).[7] 최종 목표는 명확하되, 도달하는 과정에는 유연함을 녹아내는 것이 성공적인 협상의 핵심 요소다. 여러 사례에서 알 수 있듯, 준비에 대한 다면적 접근법을 통해 하나의 길이 막힐 때 다른 길로 전진할 수 있는 여러 대안을 활용할 수 있다.

또한, 협상 과정에서 수시로 나타나는 예측 불허의 상황과 변화에 자신 있게 대처할 수 있게 된다. 시험공부를 많이 할수록 시험에 대한 자신감

---

7) "계획의 역설(The Paradox of Planning)"
  https://www.breakingthewheel.com/paradox-of-planning/. 체스 게임에 대한 준비과정을 비유로 들고 있다. 그랜드 마스터는 구체적인 계획이나 접근법보다는 상황에 맞게 사고하는 경향이 있다.

이 붙듯이 협상을 준비하는 과정에서 준비가 큰 원동력이 된다. 준비를 하면 할수록, 여러 시나리오를 떠올려 보고, 모든 이해관계, 가시적인 모든 옵션, 예상치 못한 불가피한 상황에 대해 깊이 고민해 볼 수 있다.

계획	준비
구체적임	광범위함
구체적 목표가 있음	구체적 목표가 있음
그 목표를 달성하는 방법이 한 가지임	목표를 달성할 방법이 여러 가지임
협상 참여자들이 그 방법대로 움직이지 않는 상황에 대한 대책이 없음	여러 비상 대응 계획들을 토대로 하므로 예상치 못한 상황에도 적응할 수 있음
상황이 명확하고 예측 가능할 것이라고 전제함	정보가 불충분하고 상황이 예측할 수 없을 것이라고 전제함

표 1.1 '계획' vs. '준비'

원칙 2: 마음가짐, 그리고 관계 발전의 중요성

이 책에 등장하는 모든 사례에서 특별한 해결책에 도달할 수 있었던 공통적인 이유가 있다. 바로 협상에 임하는 사람 중 최소 한 명이 협상 테이블에 기를 불어 넣은 올곧은 마음가짐을 갖고 있었다는 점이다. 마음가짐이란 바로 눈에 보이지 않지만, 협상에서 협상 당사자가 하는 모든 행동의 기저에서 살아 숨 쉬고 있다. 예를 들어, 협상 당사자가 본인 측과 상대측 모두에 득이 될 수 있는 마음으로 임할 경우, 잠재적 해결책이 가시화되어 양측의 요구 모두를 충족할 여러 가능성을 허심탄회하게 탐색할 수 있게 된다. 프랜시스 베이컨은 상호이득을 추구하는 마음가짐은 양측이 관계를 쌓아가는 것의 중요성과 직결되어 있다. 프랜시스 베이컨은 이렇게 말했다.

"힘든 협상에서는 예외 없이 씨를 뿌리고 열매를 거두는 것을 한꺼번에 하지 않아야 한다. 오랜 기간을 두고 준비하고 기다리면 열매가 익게 된다."[8]

다시 말해, 장기적으로 협상 당사자가 관계 구축에 공을 들이면, 협상이 더 쉬워지고 결실도 많아진다. 관계를 발전시키는 것이 중요하다는 점에 이의를 제기할 사람은 없겠지만, 단기적 이득을 추구하다 보면 오랜 관계에 금이 간다고 느끼는 사람들이 더러 있다. 하지만 실제로는 그 반대의 상황이 벌어진다. 앞에서도 언급했지만, 오랜 관계를 유지하는 동시에 단기적 이득에도 촉각을 곤두세워야 한다.

게다가 힘든 시기와 심각한 협상의 걸림돌을 헤쳐나가는 데 도움이 되는 것이 바로 상호적 관계다. 나의 동료 윌리엄 유리William Ury는 이렇게 말했다.

"관계에 투자한다는 것은 은행에 예치금을 넣어두는 것과 같다. 협상을 진행하는 과정에서 그 은행에서 돈을 인출해야 할 일이 있을 때, 쌓아둔 관계가 탄탄하다면 가장 중요한 시기에 즉시 인출할 수 있을 것이다."

---

8) http://www.literaturepage.com/read/francis-bacon-essays-99.html

원칙 3: 창의적인 문제 해결 방식

특히 첩첩산중의 협상 상황에서는 협상이 창의적 문제 해결 과정이라는 점을 인식해야 한다. 앞으로 소개할 여러 협상 사례에서 사람들이 찾기 힘든 해결책을 찾기 위해 각고의 노력을 들이는 모습을 보게 될 것이다. 협상 당사자가 창의적으로 문제를 해결한다는 것은 기존의 제약조건으로부터 자유롭게 사고하고, 번뜩이는 아이디어를 향한 탐험에 뛰어들 수 있는 역량이 크다는 의미다. 이처럼 남들이 많이 가지 않은 길이 성공을 향한 길인 경우가 많다.

효과적으로 문제를 해결하려면 남들이 간과하는 각 요소의 연결점을 찾아내어야 한다. 연결고리를 찾다 보면 새 세상이 펼쳐지고, 흩어졌던 생각의 조각들이 눈에 들어온다. 윌리엄 플로머William Plomer는 창의적 사고에 대해 이렇게 말했다.

"창의성이란 서로 관계없어 보이는 것을 연결하는 힘이다."[9]

무관해 보이는 여러 요소가 하나둘 눈에 들어오면, 협상에 관한 가장 어려운 문제도 해결할 수 있게 된다. 그러나 '문제 해결'과 '타협'을 혼동해서는 안 된다. 두 개념이 같다고 생각하는 사람이 많지만, 실제로는 매우 다르다. 타협은 창의성을 중시하지 않고 주로 차선책에 안주하면서 협상을 진행해 나가는 과정이다. 시간적 압박과 무리하게 합의를 유도하는 '합의 편향'(즉, 협상 참여자들이 최소한 자신이 원하는 결과를 얻도록 해결책을 찾고자 하는 강한 열망)처럼 협상의 역학 구도에 굴복하는 것

---

[9] https://www.brainyquote.com/quotes/william_plomer_404671

이 '타협'이다.

게다가 협상은 태생적으로 상호연계성을 지닌다. 그러므로 협상에서는 서로가 서로를 필요로 한다. 애초에 서로를 필요로 하지 않았다면 협상에 참여조차 하지 않았을 것이다. 당신의 협상 경험을 떠올려 보라. 아마 당신 회사에는 "이건 당신이 해결해야 하는 문제니까, 답을 찾으면 나에게 알려주세요"라고 말하는 누군가가 있을 것이다. 이렇게 말하는 사람들은 협상의 원리를 결코 모르는 것이라고 믿어 의심치 않는다. 이러한 발언은 앞서 언급한 문제 해결의 과정이라는 맥락과는 완전히 대비된다. 이는 협상 당사자들이 서로가 필요한 존재라는 점을 간과한 처사다.

원칙 4: 협상에서의 감정 관리

협상에서 감정은 배제하는 것이 상책이라는 믿음이 오랫동안 이어져 왔다. 평정심을 잃지 않으면서 문제의 본질에 다가가라는 의미다. 얼핏 봤을 때는 그럴싸한 주장 같다. 그러나 현실적으로 불가능한 말이다. 그 이유는 인간이 논리적인 동시에 감정적인 동물이기 때문이다.

그러므로 우리의 의지와 상관없이 감정은 늘 협상에서 한 자리를 차지하고 있다. 크리스토퍼 보스Christopher Voss는 "감정은 성공적인 협상을 향한 걸림돌이 아니라 디딤돌이다."라고 말했다.[10] 따라서 감정을 드러낼 것인지 혹은 감정을 실어도 될지의 문제가 아니라, 스며드는 감

---

10) https://www.brainyquote.com/topics/negotiation-quotes

정을 어떻게 통제할 것인지를 고민해야 할 것이다. 오늘날 정서적 측면에서의 지능인 '감성 지능'을 통해 감정을 통제하는 협상 당사자들이 많다.[11] 이 책의 모든 협상 사례에서 감정은 중요한 역할을 했고, 협상 당사자들은 매우 효과적으로 절제 있게 감정을 협상테이블로 가져왔다. 또한, 협상 당사자들은 자신의 감정을 잘 추슬렀을 뿐 아니라, 때로는 협상 상대측의 감정도 적절히 관리해야 하는 상황에 놓였다. 감정은 압박감을 주지도, 협상을 방해하지도 않았다.

	개인적 역량	사회적 역량
인식	자기 인식 • 감성적 자기 인식 자신의 감정을 인식하고 이해하기	사회적 인식 • 감정이입 • 조직의 인식 타인의 감정을 인식하고 이해하기
행동	자기 관리 • 목표 달성의 성향 • 적응성 • 감정에 대한 자기통제 • 긍정적 심리 자신의 감정을 효과적으로 관리하기	관계 관리 • 갈등 관리 • 코칭과 멘토링 • 영향 • 영감을 주는 리더십 • 팀워크 대인관계에서 공감력을 적용

---

11) 감성 지능의 핵심 원리는 대니얼 골먼(Daniel Goleman)의 저서 참조.

원칙 5: 협상에서 숨은 진주 파헤치기

이 책의 모든 사례를 통해 독자들은 눈에 띄지 않는 부분과 기저에 깔린 이해관계에 관한 내용을 접하게 될 것이다. 협상 초보라면 이러한 요소가 협상 과정에 어떻게 영향을 주는지를 파악할 만한 기술이나 촉이 없을 것이다. 눈에 띄지 않는 부분인지라 심층적인 분석과 조사가 필요할 수도 있을 것이다. 한편 일부 사례에서는 다문화적 요소가 협상 과정과 참가자들의 생각을 좌우하는 관건이기도 했다. 기민한 협상 당사자들은 이와 같은 숨은 진주를 찾아내고, 육안으로 확인 못 하는 어떠한 주요 부분이 있을 것이라고 가정한다.

협상 과정 전체에는 정신적인 측면—체면 세우기 등—이 크게 작용하기도 한다. 마지막으로 빙산의 해저 부분처럼 표면 밑에 잠복해 있는 주요 이해관계나 요구가 협상을 견인하는 경우들도 소개한다.

I

미국의 국내 사례

미국의 국내 사례

"협상에서 가장 큰 관건은 '상대의' 마음속으로 들어가
그가 진정 원하는 바를 파악하는 것이다."

– 제이컵 루Jacob Lew *

미국에서 사업을 하다 보면, 협상의 기회가 끝없이 생긴다. 사내에서 상사, 동료, 직원과 내부적으로 협상을 하기도 하지만, 외부적으로는 거래처, 제휴사, 발주처와도 협상한다. 협상은 어디에나 존재하는 편재성을 지닌다. 이와 같은 협상 중에는 재정적인 측면을 포함하는 때도 많지만, 협상 방정식에는 여러 변수가 포함되기 마련이다. 비즈니스 차원에서 진행하는 어떠한 협상에서건 장기적으로 관계를 쌓아가되 어떻게 단기적 요구를 충족할 것인지를 파악해야 한다. 관계를 오래 유지한다는 명목으로 단기적 이익을 희생시키면 사업은 실패로 돌아갈 것이다.

나는 함께 일하는 여러 회사와 조직을 대상으로 "같은 사람들과 오래도록 협상을 이어가는 경우와 일회성으로 협상하는 경우 중, 어떠한 경우가 더 빈번한가?"라고 묻는 편이다. 내 질문에 그들은 "일회성이 15퍼센트이고, 지속적 협상이 85퍼센트."라고 대답한다.[1] 어느 CEO는 그

---

* https://www.azquotes.com/quotes/topics/negotiation.html
1) 업종별로 다르겠지만, 전반적으로 보편적인 통계수치다.

로부터 몇 년 후에 이렇게 말했다.

"우리가 관계를 맺고 있는 최고의 신규 고객사와 자금의 원천은 현재의 거래처들이다. 이들과 어떠한 방식으로 협상할 것인지가 상호관계에 중요하고, 장기적으로 우리와 남을 것인지를 결정짓는다. 모든 거래에서 한 푼이라도 더 뽑아보려고 애쓰다 보면 단기적으로는 얻는 것이 많을 수 있겠지만, 장기적으로는 손해를 보게 된다. 협상 과정에서 거래처가 존중받지 못하거나, 일방적으로 한쪽으로만 유리하게 전개된다고 느낄 때 중도에 하차하는 경우를 여럿 보아 왔다. 빈대 잡으려다 초가삼간 다 태운 격으로, 회사 차원의 이미지와 재정적 차원에서 손해가 막심하다."[2]

이 책의 여러 사례를 읽어 나가면서, 협상테이블에 참으로 다양한 주제가 올라와 있다는 사실을 알게 될 것이다. 주제별로 어떠한 차이점과 유사점이 있는지 관전해도 좋을 것이다.

'파트 1'에서는 도움이 될 만한 일곱 가지 사례를 소개한다. 어떠한 상황인지, 어떻게 해결책을 찾는지, 어떤 교훈을 시사하는지를 파악하면 된다. 앞서 언급한 위대한 협상 당사자를 만드는 주요 원칙이 어느 부분에 적용되는지 알 수 있을 것이다. 각 장에서 세부적으로 짚어보지는 않지만, 사례 안에 녹아들어 있을 것이다.

첫 번째 사례는 최근 합병한 두 회사—아미티Amity와 브랑코Branco—의 협상 건이다. 처음에는 합의된 합병이 순조롭게 추진되고 있었다. 그

---

2) 익명을 요구한 고객사와 CEO와의 대화 내용

러나 거래가 체결되고 나서 아미티(회사의 규모가 브랑코보다 더 컸다)의 직원들이 자신들의 우월한 위치를 주장하면서 유리한 조건을 요구하기 시작했다. 상황은 급격히 악화일로에 들어섰고, 새로 합병된 회사에 큰 타격을 입히는 수준에 이르렀다. 다행히 창의적인 사고와 브랑코의 한 직원이 개발한 특별한 회계 방식을 활용한 결과, 상황은 극적으로 타결되었고 모두가 만족할 만한 해결책을 도출할 수 있었다.

두 번째 사례는 두 회사—블루 플래닛 리사이클링Blue Planet Recycling과 플라스틱스 비 곤Plastics Be Gone—의 생산적인 관계에서 출발한다. 양사는 3년 동안 환상적인 제휴 관계를 유지한 끝에 재협상의 단계에 돌입했다. 재협상은 매우 생산적인 방식으로 전개되었다. 그렇다면 이 사례의 시사점은 무엇일까? 양측이 훨씬 더 만족할 만한 타결점이 존재하지만, 협상 당사자들은 그 점을 인지하지 못했고, 외부 컨설턴트인 내가 그 잠재적 개선책을 제안하고 나서야 인지할 수 있었다.

세 번째 사례는 중견기업 두 곳의 관계를 재정립하는 협상 건이다. 유명한 편의점 프랜차이즈 기업 자자스Zazas는 자사의 1차 도매업체이자 유통업체인 로구서브Loguserve와 제휴 관계를 재협상하고자 했다. 20여년 동안 별 탈 없이 제휴해 온 양사는 실용적이지만 개선이 필요한 관계에서 벗어나지 못하고 있었다. 협상의 핵심은 자자스가 로구서브와 맺은 독점 판매 계약을 해지하여 다양한 협력사들로부터 물품을 공급받고자 한다는 점이었다. 해결책이 쉽게 도출되진 않았지만, 외부 컨설팅 기업의 도움과 매우 효과적인 준비과정, 그리고 상대의 입장을 충분히 헤아리는 마음가짐을 통해 성공적인 해결책이 도출되었다.

네 번째 사례는 중견기업 만토사르Mantosar와 소기업 콘트렉소Contrexo
의 인수 불발 사건에 대한 협상 건이다. 인수가 성사되었지만, 얼마 지
나지 않아 콘트렉소의 임원이 극심한 불만을 토로하면서 자사주 매입을
시도하고자 했다. 콘트렉소가 계약을 파기하고자 하는 상황에서 고액
의 소송으로 치달을 뻔했고, 소송을 걸만한 명분도 충분했지만, 진흙탕
싸움까지 가진 않았다. 양측에 득이 된 결론에 도달할 수 있었던 비결은
그동안 쌓아 온 굳건한 관계 덕분이었다.

다섯 번째 사례는 유한책임면제의 개념과 양측이 떠안아야 할 리스크
에 관한 건이었다. 법무법인 파인 앤 휘트니Pine and Whitney는 양측의 책
임소재에 대해 우려했지만, 이 법무법인과 함께 일해 봤지만, 유한책임
면제에 관한 이슈는 경험하지 못한 컨설팅 기업 DOAR은 딜레마 같은
상황을 쉽게 이해하지 못했다. DOAR은 '배트나(BATNA, Best Alternative
To a Negotiated Agreement, 협상이 결렬되었을 때 취할 수 있는 최상의 대안–
옮긴이)'를 행사하거나 협상을 결렬시킬 뻔했지만, 상황을 재검토하여
훨씬 더 창의적인 해결책을 도출해 내었다. 따라서 당사자 전원의 요구
를 충족할 수 있었고, 관계를 계속해서 이어나갈 수 있었다.

여섯 번째 경우는 참여 기업들이 협상에 대해 가진 단기적 요구와 장
기적 요구에 섬세한 균형이 필요한 사례였다. AL 리커버리AL Recovery라
는 기업은 장기적으로는 도태할 수 있는 특성 탓에 단기적인 요구에 몰
입하고 있었다. 상대측인 램블링 리사이클러즈Rambling Recyclers는 세이
보리 그레인 프로덕츠Savory Grain Products라는 훨씬 더 큰 기업의 대리인
역할을 하고 있었다. 램블링 리사이클러즈는 자사의 단기목표를 관리하

고 AL 리커버리와 새롭게 형성된 관계도 장기적으로 구축할 방안을 모색해야 했다. 새로운 관계는 또 다른 맥락에서 형성되었기 때문에, 램블링 리사이클러즈는 어려운 결정을 내려야 했다. 마지노선을 정해 놓고 그 이상은 시도하지 않도록 하는 것이 어려운 과제였다. 그 결과 램블링 리사이클러즈는 '배트나'를 시행했고, 본인들에게 득이 안 되는 거래에는 더 이상 참여할 이유가 없다고 AL 리커버리에 통보했다. 결국, 거래에서 손을 털고 나감으로써, 내키지 않는 부분이 무엇인지를 확실히 보여주었고, 신뢰를 쌓을 수도 있었다. AL 리커버리와 램블링 리사이클러즈는 다시 협상테이블로 돌아왔고, 이전과는 다르지만 상호 만족할 만한 조건으로 새롭고 생산적인 관계를 향해 나아갈 수 있었다.

이 섹션의 일곱 번째 사례는 협상에서 실제로 결정권을 갖는 비공개 인물에 관한 것이다. '㈜엔지니어링 엑스퍼츠'라는 컨설팅 기업이 고객사인 '아미티 카운티Amity County'와 복잡한 엔지니어링 프로젝트에 참여하고 있었다. 그러던 중 예상치 못한 난관에 봉착하여 탈출구에 대해 협상이 필요하게 되었다. 아미티 카운티의 뒤에서 자문을 제공하는 인물이 베일을 벗고 모습을 드러낼 때까지 이 기업의 앞길은 캄캄하기만 했다. 그렇게 그 인물이 공개석상에 나타나고, 꽉 막혔던 부분을 뚫을 기회의 창이 열리게 되었다. 서로 수용할 만한 해결책은 그리 멀지 않은 곳에 있었다.

제2장

창의적 사고를 통해
합병을 살려내다

기업의 합병은 협상의 종합 선물 세트다. 합병 자체의 조건을 협상하는 것은 물론이고, 새로운 합의점을 이행하고 새로운 조직을 구축하면서 꼬리에 꼬리를 무는 협상을 관리할 수 있어야 한다. 해결해야 하는 여러 난제에는 조직 문화의 충돌, 기존의 직무가 없어지거나 변경되는 상황, 그리고 가끔 합병하는 조직 단위에서 발생하는 힘의 불균형이 있다. 해결하기 쉽지 않은 난제이고, 수개월이나 수년에 걸쳐 신규 조직에 족쇄가 될 수 있다.

새롭게 개편된 조직들은 험난한 파고에 맞서는 항해를 시작해야 한다. 그 과정에서 새로운 업무 관계가 자리 잡기까지 기존 조직들의 업무 분담이 한동안 유효하게 된다. 앞으로 소개할 사례에서는 앞서 언급한 협상 구도의 각종 요소를 찾아볼 수 있다. 다행히 협상 당사자들은 난관에 봉착할 때마다 창의적 사고로 극복하고, 조직은 안정을 찾아갈 수 있었다.

배경 설명과 협상에서의 도전과제

두 기업—아미티와 브랑코—은 최근 합병에 합의했다. 그런데 합병 이후의 상황에 대해 이견을 조율하는 과정에서 예상치 못한 상황이 펼쳐졌다. 아미티가 급작스럽게 자사의 정책을 변경하여, 인수대상 기업인 브랑코의 각 사업 부문에 대해 비용을 청구하겠다고 밝혔다. 이로 인해 브랑코가 지급해야 하는 비용이 총 2천 5백만 달러에 달했다. 양사의 컴퓨터 시스템을 비롯한 각종 기술을 통합하는 비용을 청구하는 것이라고 설명했다. 아미티는 피인수 기업 브랑코보다 자사의 규모가 훨씬 크고, 인수를 실행하는 주체라는 이유에서 비용 청구권이 있다고 생각한 것이다. 어수선한 분위기가 진정될 때까지 주도권을 잡겠다는 의도였다.

브랑코가 지급해야 하는 금액은 합병을 불발해야 할 수준으로 과도했다. 당연히 직원들의 불만과 저항이 거셌다. 특히 브랑코의 대니와 그의 상사 에이미가 합병 건에 깊이 관여했는데, 둘은 사태가 전개되는 상황에 놀라움을 금치 못했고, 자신들과 동료들의 일자리마저 빼앗기진 않을까 걱정이 이만저만이 아니었다. 에이미는 이 소식을 듣자마자 숨이 턱 막히는 기분이었고, 어떻게 하면 사태를 수습할 수 있을지 깊은 고민에 빠졌다. 대니도 소매를 걷어붙이고 어떻게 문제를 해결할 것인지 수만 가지 생각을 하게 되었다.

협상 준비

해결책을 찾기 위해 머리를 쥐어짜던 대니는 경영학 석사 시간에 배운 협상학 수업을 떠올렸다. "내 그럴 줄 알았다"라는 의미의 "I FORESAW IT"라는 문구로 배운 협상법이 떠오른 것이다. 그 문구의 각 알파벳은 키워드들의 앞 글자를 딴 것이었다. 이 문구에는 협상에 임할 때 질문해야 하는 열 가지 질문의 키워드가 녹아 있기에, 협상을 준비할 때 해답을 얻을 수 있다. 협상 준비를 위한 핵심 질문들은 다음과 같다.

Interests(이해관계)의 'I':
협상 참여자들이 근본적으로 가진 이해관계와 니즈가 어떻게 되는가?

Factual research(사실 조사)의 'F':
준비 단계에서 어떠한 조사를 할 수 있는가?

Options(선택지)의 'O':
협상에서 창의적 선택지에는 어떠한 것들이 있는가?

Rapport, Reactions and Responses(상호 신뢰 관계, 반응, 대응)의 'R':
상대측과 협상을 할 때 어떠한 분위기를 연출할 것인가? 내 생각에 어떠한 우려스러운 반응을 상대측이 나타낼 수 있겠는가? 그러한 경우, 나는 어떻게 대응할 것인가?

Empathy and Ethics(감정이입과 윤리)의 'E':
나는 진정 상대측이 무엇을 필요로 하는지 이해하고 있는가?

Setting and Scheduling(환경과 일정)의 'S':
언제 어디에서 협상할 것인가?

Alternatives(대안)의 'A':
합의에 도달할 수 없는 경우 양측이 어떠한 조처를 할 수 있겠는가?

Who(누구)의 'W':
대화에 영향을 줄 수 있는 사람은 누구인가?

Independent Criteria(객관적 기준)의 'I':
협상에 도움이 될 만한 객관적 기준에는 어떠한 것들이 있는가?

Topics, Targets and Tradeoffs(주제, 목표, 득실)의 'T':
어떠한 주제를 논의하고, 본 협상에서 목표는 무엇이며, 협상은 어떠한 득실을 가져
올 것인가?

대니는 곧장 '사실 조사'부터 적극적으로 추진했다. 전체 과정에
서 초기 단계 중 하나가 사실 조사다. 어느 정도 기본적인 정보를 입
수한 후에 자신의 상사인 에이미에게 면담을 요청했다. 대니는 상사
가 현 상황에 대해 어떠한 걱정과 불만이 있는지를 들었고, 상사에게 'I
FORESAW IT' 프레임워크를 토대로 하나씩 풀어가 보자고 제안했다.
협상 과정에서 어떠한 이해관계가 있고, 사실적 차원과 재무적 차원에
대해 여러 질문을 하기도 했다. 이 과정을 거치면서 에이미는 절망적 상
태에서 희망적 상태로 바뀌었고, 두 명의 회사 동료를 더 투입해 합심했
다. 그들은 대니의 조사 내용을 활용하여, 상황을 추진할 수 있는 여러
선택지를 생각해 내었다. 이후 대니는 다음과 같이 회고했다. "얼토당
토않은 아이디어들부터 도출했던 방식이 매우 좋았다. 결국, 최종 제안
이 돋보이게 되었으니 말이다."[1]

---

1) 2000년 실시한 익명 인터뷰

'I FORESAW IT' 프레임워크의 나머지 단계를 거치면서 대니가 느꼈던 감정은 이러했다. "우리는 협상 과정에서 양측이 (한 치의 양보 없이) 자신의 견해를 주장하며 언성을 높였을 때 누구도 알아채지 못했던 매우 중요한 요소가 있다는 점을 깨달았다. 양사가 기존에 보유하던 기술을 합병 이후에 결합하지 않으면, 기업이 지불해야 하는 비용이 실제로 크게 오른다는 점이었다. 브랑코, 즉 우리 측은 기술통합을 반대할 권리를 갖고 있었다. 기술통합을 하게 되면, 우리 회사의 기존 시스템을 버리고 '이중화 시스템(duplicate system, 동일한 기능을 수행하는 예비 시스템을 동시에 운용하는 행위로, 이중화 환경은 단일 시스템 환경보다 더 많은 구축 비용이 발생하며, 관리할 장비가 많아진 만큼 유지보수 비용도 커짐—옮긴이)'으로 전환할 수밖에 없는 상황이 되어, 심각한 비효율성을 일으키게 될 것이다. 나는 이 부분이 양사의 이해관계가 맞아떨어질 수 있는 부분이라고 생각했다."[2] 양사의 공통 관심사는 '비용 절감'이었다.

여러 가설을 검토하고 심층적으로 분석한 끝에 아미티와 브랑코는 해결책을 찾았다. 특별한 회계 방식에 근거한 그 누구도 생각지 못한 해결책이었다. 그 해결책은 에이미와 대니의 부서에서 시스템 변경에 들어가는 비용의 일부를 지급하고, 현재 시스템에 들어가는 운영비는 지급하지 않는다는 것이었다. 이 방식은 이중 회계시스템을 중단하여 다른 부서의 비용을 낮춰주고, 양측 모두에 재정적 문제를 일으키지 않은 방식이었다. 대니는 이 방법으로 양사가 1,400만 달러를 절약할 뿐 아니

2) 2000년 실시한 익명 인터뷰

라, 합병도 원래대로 추진하고 자신과 자신 상사의 일자리도 유지하면서 새로운 동료들로부터 인정을 받는다고 결론지었다. 그는 "그 방식을 제안한 그날만큼은 난 영웅이었다."라고 회고했다.

그렇다면, 대니가 실제 협상에서 이와 같은 결과를 어떻게 도출할 수 있었을까?

본격적 협상

앞의 협상 사례에서는 3단계를 거쳤다. 첫 번째 단계는 양사가 동의한 합병 조건을 토대로 한 원안대로의 합병이었다. 계약서가 모호하고 구체적이지 않아서 피인수 기업에 대한 부당한 비용 청구의 가능성을 파고들 수 있었던 것이다.

두 번째 단계는 협상을 이행하는 과정에서 양사의 입장 표명이 치열하게 오갔던 때다. 아미티는 비용 청구를, 브랑코는 그 요구의 부당함을 주장했다. 언쟁과 입장 표명이 치열하게 오가던 와중에 잠재적 해결책이 수면 밑에 있었지만 아무도 발견하지 못했다. 찾으려는 노력조차 하지 않았기 때문이다. 주로 자신의 이익이나 입장만을 고수하는 협상인 '입장적 협상positional negotiations'에서 나타나는 공통된 문제점이다. 그래서인지 잠재된 해결책, 숨은 진주를 차마 찾아내지 못하는 비효율적인 합의로 마무리되는 경우가 많다.

세 번째 단계에서는 대니와 에이미, 그리고 그들의 동료가 양사의 입장에서 한 발짝 벗어나 양사가 입을 이익과 손해에 대해 고민하고, 앞서 언급한 수면 밑의 해결책을 수면 밖으로 꺼낼 수 있었다. 준비 단계에서는 대니와 동료들이 해결책을 찾고 나서는 등의 협상할 부분이 많지 않았다. 하지만 해결책이 도출되니 협상은 물 흐르듯 진행되었다. 그뿐만 아니라 브랑코에 타격을 입혀 양사의 관계를 와해했을 법한 비용 청구에 비하면 모든 당사자의 요구를 훨씬 더 만족시킬 수 있었다.

이 사례에는 심층 분석과 상세한 설명이 필요한 핵심 교훈이 많다. 준비
단계와 수면 밑에서 해답을 찾는 노력이 시사하는 바가 크다.

교훈 1: 준비의 위력

첫 번째 교훈은 준비의 소중함과 준비를 실행하기 위한 확실한 프
레임워크에 관한 것이다. 대니는 협상론 수업에서 'I FORESAW IT'
프레임워크를 배웠고, 영리하게도 그 내용을 상기하여 주어진 상황
에 맞게 적용했다. 당시 동료들처럼 비관적 분위기에 휩쓸려 다른
직장을 알아보는 편이 그에게는 훨씬 더 쉬운 선택지였을 수도 있
다. 그러나 그 유혹을 뿌리치고, 눈앞에 놓인 협상 문제를 새로운
각도로 마주했다. 그뿐만 아니라 자신이 도출한 해결책으로 상대 회
사와 자신의 동료들에게 미칠 영향에 대해 효과적으로 설명할 수 있
었다.

교훈 2: 입장 피력에서 이해관계 중심으로의 관점 전환

두 번째 교훈은 일방적으로 한쪽의 입장만 주장하는 입장적 협상
에서 벗어나 양측에 득이 될 만한 이해관계적 관점으로 상황을 바라
볼 수 있었다는 점이다. 대니는 상대측보다 한발 앞서려는 집착과
아집의 게임에서 한 발 뒤로 물러나 창의적 해결책을 물색했다. 처
음부터 답이 보였던 것은 아니다. 상대측의 비용 청구 속의 숨은 이

유에 대해 조사를 해야 했다. 해결책을 도출한 이후부터는 양측이 쉽게 파악하도록 그 사안을 적절한 틀에 넣기만 하면 되었다. 이때 그는 비용 절감이라는 양측의 관심사에 집중했다.

교훈 3: 협상의 형평성을 가능하게 한 창의성

마지막 교훈은 힘의 균형이 깨진 상황에서도 충분히 창의적으로 사고한다면 해결의 실마리가 보인다는 점이다. 아미티는 합병이 가시화될수록 주도권을 행사하는 노선을 택했다. 비용 청구 건을 무리하게 종용했다면, 합병은 물거품이 되었거나 수익성이 현저히 낮게 마무리되었을 것이다. 대니와 동료들은 힘의 불균형에 기죽지 않고, 부당한 힘을 무력화하여 아미티가 이성적으로 현실을 직시하도록 일깨우는 방식으로 문제를 타파할 수 있었다.

제3장

계약 개선을 위해
더 나은 가치와 방법을 물색하기

하버드 경영대학원 하워드 라이파Howard Raiffa 교수는 '합의 후 합의 Post-Settlement Settlement'라는 혁신적 개념을 개발했다.[1] 다소 어색한 용어 같지만, 단순함 속에서 심오한 의미를 나타낸다. 협상 당사자들은 합의점을 찾고 나면, 주로 이행 단계로 들어가 바로 합의 사항을 실천에 옮긴다. 그러나 라이파 교수는 양측이 서둘러 합의 내용을 이행하기 전에 잠시 멈추고 이행 전까지 과도기 단계를 거칠 것을 제안한다.

그 단계가 바로 '합의 후 합의' 단계다. 이 단계는 "양측에 더욱더 유리한 합의를 이끌어 낼 방법이 더 없을까?"라는 단순한 질문을 던지면서 시작된다.[2] 놀랍게도 협상에 임하는 사람들이 라이파 교수의 충고대

---

1) Raiffa, H. "Post-Settlement Settlements," Negotiation Journal 1:1 (January 1985). For an excellent additional analysis of Post Settlement Settlement, see R. Mendenhalt, "Post Settlement Settlement: Agreeing to Make Resolutions Efficient," Journal of Dispute Resolution 1 (1996).

2) '합의 후 합의'에서는 예외 없이 모든 당사자에게 더 나은 합의점을 도출해야 한다는 것이 관건이라는 점을 기억하라.

로 합의 사항을 다시 검토하다 보면, 양측의 관심 분야임에도 그들이 어떠한 가정을 했는지, 파헤치지 않은 부분은 무엇인지 알 수 있게 된다. 이렇게 새롭게 도출한 정보를 토대로 첫 합의 때 빠뜨린 중요한 부분을 검토하고 협상 영역을 확장시킬 수 있다. 결과적으로 양측은 이미 합의한 초기 계약 내용보다 더 많은 이득을 취할 수 있게 되는 것이다. 실제로 이 개념이 어떻게 적용되는지 살펴보자.

배경 설명과 협상에서의 도전과제

몇 년 전, 나는 미국 중서부에 기반을 둔 '블루 플래닛 리사이클링Blue Planet Recycling, BPR'이라는 재활용 업체의 협상 교육에 강사로 참여하게 되었다. BPR은 미국 중서부와 서부에 본사 및 몇몇 지사를 보유하고 있었고, 직원은 약 2백 명 정도였다. 나는 본사 직원 75명을 대상으로 협상 교육을 해 줄 것을 요청받았다. 그런데 결과적으로 몇몇 참석자들에게는 교육 그 이상의 가치를 줄 수 있는 시간이었다.

휴식 시간에 나는 두 명의 직원 제나와 제임스와 대화를 나누게 되었다. 그들은 회사 내에서 '㈜플라스틱스 비 곤Plastics Be Gone, PBG'이라는 최대 협력 업체와 재계약 조건을 협상하는 업무를 총괄하고 있었다. BPR와 PBG는 최근 성공적인 제휴 관계를 마무리했고, 구두 상으로 계약 연장에 대해 합의한 상태라고 했다. 당연히 제나와 제임스도 재계약 소식에 놀라워하며 매우 만족해하고 있었다. 나는 두 직원에게 몇 가지 질문을 했고, 그들은 질문에 대한 답을 생각해 보면서 미처 확인하지 못한 부분을 검토할 수 있겠다고 했다.

협상 준비

나는 "이전 계약과 같은 조건으로 재계약을 하는 건가요?"라고 물었다. "그럼요. 그때도 문제가 될 것이 없어서 앞으로도 그냥 이대로 하려고 합니다."라고 제나가 자랑스럽게 대답했다. "훌륭하네요."라고 나는 대답했다. 그다음에 나는 "어떠한 방식으로든 원 계약을 개선할 수 있는지 확인해 보았나요?"라고 물었다. 둘은 당황해하면서 나를 쳐다보았다. "그렇게 하진 않았는데요."라고 제임스가 멋쩍은 듯 대답했다. "굳이 그럴 필요가 있나요? 어차피 거래 조건도 좋았으니, 똑같이 하기로 한 거죠."라고 덧붙였다.

"네, 좋아요. 그런데 아직 계약에 서명은 안 했죠?"라고 나는 약간 끈질기게 물었다. 그러자 나의 반응을 눈치 챈 제나는 분위기를 바꿔 이렇게 말했다. "아직요. 큰 틀에만 합의한 상황이에요. 강사님이 말씀하신 부분을 저희가 집중적으로 검토해볼 수 있다고 생각하시나요?" 그래서 나는 미소를 지으며 이렇게 말했다. "그럼요. 두 분이 논의해볼 수 있는 것부터 얘기해 봐요. 단순하게 이렇게 질문해 봐요. '내가 보기에 이 계약을 조금 더 개선할 방법은 없을까?'" 둘은 고개를 끄덕였다. "이것이 다가 아닙니다. 상대측에게 요구할 만한 사항 중에서 회사에 도움이 될 만한 것에는 뭐가 있을지 고민해 봐야 합니다. 예를 들어, 계약 연장이 회사에 진정 도움이 될 것인지, 결제 시점을 같은 분기에 다른 시점으로 변경하면 어떨지 등에 대해 고민해 보라는 의미에요." 제임스와 제나는 서로를 바라보며 미소를 지었다. 그들은 점심을 먹고 나서 급히 옆 테이블로 가더니 직원들과 이런저런 가능성에 대해 논의했다. 잠시 후 나는 그들에게 다가갔고, 그들은 플립 차트에 두 열로 나누어 내용을 정리하고 있었다. 첫 번째 열은 협력사인 PBG가 추가로 요구할 수도 있는 사항에 관한 것이었고, 두 번째 열은 그 대가로 BPR이 요구할 내용이었다.

교육이 재개하기까지 한 시간을 남겨 두고, 제나와 제임스는 내게 와서 논의 내용을 보여주었다. 이 전에 생각지 못한 BPR에 부가가치를 줄 수 있는 여러 부문을 기술한 내용이었다. 한편 PBG의 경영진이 고려할 법한 여러 미탐색 영역에 관해서도 브레인스토밍을 했다. 그들은 다른 협력사들과 진행했던 계약에 포함했지만, PBG와의 원 계약에서는 누락한 객관적 기준을 생각하면서 여러 가능성을 타진했다.

점심 식사 후 몇 시간에 걸친 교육을 진행한 후 강의실을 나서기 전, 제나와 제임스에게 그들이 도출해 낸 생각에 대해 격려해 주었다. 매우 흥미로운 가능성들을 도출해 낸 듯했다. 다음번 재협상의 분위기가 어떠했는지 내게 알려 달라고 했고 그러겠노라 약속했다.

본격적 협상

그로부터 약 일주일이 지나서 나는 "와! 감사합니다!"라는 제목의 이메일을 받았다. 제나와 제임스가 보낸 이메일에서는 '합의 후 합의' 단계의 협상에서 어떠한 일이 있었는지 자세히 기술했다. 그 둘은 협력사 PBG의 담당부장 안와르Anwar와 매우 생산적인 대화를 나누었다고 했다. 안와르 부장에게 처음 연락하여 우리가 논의한 질문을 했을 때, 그는 이렇게 대답했다고 전했다. "지금껏 내게 이 질문을 한 사람이 아무도 없었지만, 제가 그 부분에 대해 한번 생각해 보겠습니다." 이 메일에서 두 사람은 "이 대목을 읽는 순간 우리는 서로를 바라보고 미소를 지었습니다. 우리가 대단한 일을 해냈다고 느꼈어요. 계약 조건을 개선할 가능성이 충분히 커 보였습니다."라고 말했다.

그들은 다음 날 안와르 부장으로부터 전화가 왔고, 계약 기간을 3년으로 연장할 것을 요청했다고 전했다. 대표는 기간을 늘리면 미래에 대한 사업 전망이 쉬워져서 경영 안정화를 꾀할 수 있다고 전했다. 현금 흐름 차원에서 매월 말 대신 매월 중순에 결제해도 되는지 물었다. 결제 대금을 분할 납부할 수만 있다면 여러 부분에서 크게 도움이 된다는 점도 명확히 설명했다.

제나와 제임스는 이처럼 두 가지 변경을 가하는 것이 수용할 만하다고 생각했지만, 우선 상사에게 이 사안을 보고했다. 이 제안을 받아들이는 대가로 어떠한 조건을 걸 것인지를 검토하고 결재해야 했다. 결국, 계약 기간 연장은 BPR에도 득이 될 만한 공통 관심사라는 결론에 도달했다.

안와르 부장의 회신을 받기 전에는 PBG에서 3년 계약을 탐탁지 않게 여길 것으로 생각했었다. 게다가 결제 일자 변경에 대해서 BPR의 입장에서는 아무런 지장이 없었다. PBG와 마찬가지로 월말에 현금 흐름 문제가 꼬일 수 있어서 매월 중순이 오히려 더 나았다.

제나와 제임스는 거래 조건을 개선하기 위해 안와르 부장에게 어떠한 요구를 하면 좋을지 고민해봤다. 상사와의 논의 끝에 그들은 월별 픽업 일자를 월초로 변경해도 좋을지 문의했다. 폐기물과 재활용 계획을 세울 때 도움이 되고, 보다 효과적으로 운영 상황을 관리할 수 있어서였다.

그 이후 제나와 제임스는 안와르 부장과 다시 전화 통화를 했다. 모든 안건을 논의했고, 월별 픽업 일자 변경에 대한 건에 관해서도 얘기했다. 변경사항을 적용하려면 어느 정도 재정비 작업이 필요했지만, 안와르 부장은 원하는 대로 조건을 변경할 수 있었기에 적극적으로 지원했다. 그는 자신의 상사에게 이 건을 보고하여, 변경에 대한 상사의 의견을 전해 주기로 했다.

그로부터 일주일 후, 양사는 새롭게 개선된 계약으로 다시 만났고, 그 이후 양사의 신뢰 관계는 꾸준히 이어지고 있다.

이 사례에서 얻을 수 있는 교훈은 매우 많다. 그중에서도 가장 큰 교훈은 이전에 도출된 결과에 만족하지 않고, 계속해서 계약을 개선하기 위해 더 나은 가치와 방법을 물색해야 한다는 점이다.

교훈 1: 가치를 극대화하라

첫째, '합의 후 합의'와 같은 창의적인 생각을 하다 보면, 협상에서 도출할 수 있는 모든 가치를 극대화할 기회가 생겨난다. 때로는 곧 합의에 도달해야 한다는 압박 때문에, 모든 이해관계와 필요조건을 낱낱이 검토할 기회를 놓치고 만다. 어떠한 계약이건 체결하기 전에 반드시 '양측 모두를 위해 더 나은 계약으로 만들 수 있을까?'를 늘 염두에 두어야 한다.

협상 당사자들은 어떠한 요소가 가치를 가져오는지에 대해 심사숙고하고, 상대측도 모든 가능성을 열어두고 가치를 극대화할 수 있도록 기회를 주어야 한다. 이 사례를 통해 알 수 있듯, 협상 당사자들이 협상 과정의 속도를 낮추고 기존 가정을 점검하며 중요시하는 모든 요소를 철저히 검토했을 때, 더 나은 계약으로 승화시킬 수 있었다.

교훈 2: 과거의 합의 사항이 향후 계약을 좌우하도록 하지 말라

둘째, 이번 사례에서는 과거의 합의 사항으로 향후 논의를 좌우하는 문제를 알 수 있었다. 처음에 제나와 제임스는 과거의 계약 조건과 동일한 재계약 조건에 대해 불만이 없었기 때문에, 거래를 개선할 수 있는 잠재적인 가능성을 배제하게 되었다. 이러한 사고의 늪에 빠지면서 '이 정도면 충분히 괜찮은 계약이야'라고 생각하기 쉽다.

이러한 문제를 방지하려면 각 협상 건을 별도의 독립적인 과정으로 간주해야 한다. 재계약에도 동일한 사항이 있겠지만, 직전 계약 이후로 시간이 지남에 따라 변화가 일어났을 가능성이 매우 크다. 다르게 표현하자면, 현 상황에 대해 이전 상황과 어떠한 유사성과 차이점이 있는지 검토할 수 있다. 또한, 협상 과정에 대한 본인의 가정과 추측에 대해서는 반드시 상대측과 검토하여 일방적인 오해가 없도록 해야 한다.

교훈 3: 간단한 질문으로 복잡한 문제의 실마리를 찾을 수 있다

세 번째 교훈은 간단한 질문이 가장 위력을 발휘하는 최상의 질문인 경우가 더러 있다는 점이다. 간단한 단도직입적인 질문이면 충분할 것을, 과도하게 복잡한 질문과 분석으로 실력을 과시하려는 협상 당사자들도 있다. 문제의 핵심을 파고드는 질문들을 생각해 내라. 어떻게 하면 가장 효과적으로 상대가 질문을 듣고 진정성 있게 질문에 대해 고민하도록 할 것인가? 이를 위해서는 철저한 준비 작업도 필요하지만, 친구나 동료들에게 같은 질문을 해봄으로써 효과적으로 다듬어나갈 수 있을 것이다.[3]

---

3) 다문화 환경에서 일할 때는 질문하는 내용에 대해 신중히 처리해야 한다. 미국과 같은 일부 문화권에서는 직접적이고 명확하며 간결한 질문을 해도 무방하다. 그러나 일본을 비롯한 다른 국가들에서는 하나의 질문보다는 일련의 질문들을 돌려서 할 필요가 있다.

교훈 4: 협상 당사자 모두에게 부가가치가 발생해야 한다

마지막으로 '합의 후 합의' 과정이 효과를 거두려면 양측 모두 숨겨진 가치를 찾아내야 한다. 일방적으로 한 측만 자신들에게 득이되는 사안을 찾아내면, 이 과정은 무용지물이 된다. 양측 모두 충분히 숙고하여 창의적 사고를 투영하는 한, 얼핏 보기엔 어려운 숙제같아도 크게 골머리를 앓을 필요는 없을 것이다.

제4장

관계를 해치지 않고
변화시키는 협상법

장기적으로 관계를 맺어 온 상대방과 협상을 해야 하는 상황에서는 예외 없이 문제가 발생하기 마련이다. 생산적인 관계에서도 불협화음이 일어날 수 있다. 이미 관계가 와해되었거나, 일방적으로 한쪽이 많은 변화를 제안할 때 사태는 악화한다. 게다가 수십억 달러가 걸려 있고, 관계를 재정립하되 협상 참여자 모두가 만족할 만한 협상을 위해 살얼음을 내디뎌야 하는 순간도 많다.

다음의 예시가 바로 그러한 상황을 나타낸다. 새로운 차원의 발전된 관계가 가능했던 이유는 한쪽에서 잘 정립된 협상 전략과 실행 계획을 마련하는 동시에 상대측의 행동에 단순히 대응하는 것이 아니라 요구를 파악하여 결정에 반영하려고 노력했기 때문이다. "손바닥도 마주쳐야 소리가 난다."라는 말이 있지만, 이 경우에는 단지 한쪽에서 협상 분위기를 긍정적으로 바꾸기 위해 노력했을 때 어떠한 저력이 나오는지를 보여준다. 이 외에도 외부의 도움으로 양측은 긍정적인 방향으로 서로를 설득할 수 있었다.

배경 설명과 협상에서의 도전과제

이번 협상의 양측 기업을 소개한다. 미국 전역에 수천 개의 매장을 보유하고 있는 대형 마트 체인점 '자자스Zazas'와 도매업체이자 물류 서비스 제공사인 '로구서브Loguserve'다.

자자스와 로구서브는 20여 년 동안 제휴해 왔다. 양사의 관계는 불신, 비호감, 긴장감으로 얼룩져 벌어질 대로 벌어진 상태였다. 자자스가 매장에서 취급하는 물품의 상당수를 로구서브가 공급하고 있었고, 로구서브 수익의 상당 부분이 자자스에 대한 납품에서 창출되고 있었다. 서로에 대한 사업적 의존도가 매우 높을 수밖에 없는 관계였다. 자자스 매장 어디를 가도, 75퍼센트가 넘는 입고 물품이 로구서브에서 공급받는 것이었다. 로구서브가 없다면 자자스는 사업을 영위할 수 없을 정도였다.[1]

이처럼 공고히 이어온 유기적 관계에 어떤 계기로 팽팽한 긴장감이 돌게 되었을까? 고객이 원하는 물품이 무엇이건 매장에서 취급해야 한다는 것이 자자스의 사업 철칙이었다. 제품 재고율을 99퍼센트로 유지하는 것이 목표다. 품절상태이거나 선반에 제품이 없는 가능성이 거의

---

[1] 로구서브가 자자스에 납품하지 않은 유일한 부문이 신선식품이었다.

없도록 한다는 의미다. 최대 재고율이 95퍼센트일 때 도매유통이 최상의 수익구조로 운영되기 때문에, 로구서브에도 97퍼센트를 맞춰주기가 버거운 상황이었다. 95퍼센트를 상회하여 96~97퍼센트로 상승하게 되면, 1퍼센트 오를 때마다 그만큼 비용도 급상승한다는 논리다. '안전 재고(safety stock, 자재 조달의 불확실성에 대처하기 위하여 보유하고 있는 재고―옮긴이)'의 상당 부분이 95퍼센트를 상회하기 마련이기 때문에 물품 저장 공간도 부족해지고, 결국 제품 처분율도 올라간다(특히, 신선식품이거나 제품이 소비자들의 기호가 급변하기 때문에 유행이 지난 경우). 게다가 폐기물 처리비용도 만만치 않다.

한편에서는 로구서브의 관점에서 자자스가 감당해야 하는 비용만 올라가는 것이 아니다. 로구서브가 낮은 비용으로 이렇게 유통할 수 있는 이유는 물류센터, 트럭, 관련 시설의 규모를 대폭 확대하여 여러 고객사에 납품하기 때문이다. 관계가 악화된 또 다른 원인은 납품 일정이다. 자자스는 납품이 제때 진행되지 않고, 굳이 매장 피크 타임 때 납품을 하고 있다고 항상 불만을 제기하고 있다. 한편 로구서브는 자사의 일정에 맞춰 유연하게 납품하여, 최대한 효율적인 동선으로 움직이고 싶어 한다.

무엇보다 양사가 과거에 맺은 계약이 워낙 복잡한 탓에 몇 가지 문제가 고질적으로 발생하고 있었다. 하나의 예로 자자스는 로구서브가 의도적으로 허위 정보를 제공하고 있다고 비난하면서, 그 대가로 비용을 과잉 청구했다. 자자스가 실제와 다른 허위 사실을 입증하자, 로구서브는 결국 보상금을 지급했다. 그러나 로구서브의 주장대로 의도치 않은 실수였는지, 의도적으로 자자스를 속이려고 했는데 발각된 것인지에 대해서는 확실히 밝혀지지 않았다. 자자스는 후자를 확신하지만, 아직도 진실은 밝혀지지 않았고 신뢰 관계도 여전히 회복되지 않았다.

마지막으로, 양사의 비즈니스 관계가 서로에게 워낙 중요한지라, 어떠한 문제가 불거질 때마다 양사의 경영진은 감정을 분출하여 상대를 제압하려고 했고, 해결될 법한 사안들조차 악화되기 일쑤였다. 이러한 일이 반복될 때마다 관계는 더 적대적으로 변했다. 합리적으로 논의를 이어가지 못한 결과, 불신과 미움이 한없이 커졌다.

나빠질 대로 나빠진 관계이지만 대대적인 변화를 감행하고자 했던 자자스는 복잡한 협상에 대한 심층 컨설팅을 제공하는 밴티지 파트너스 Vantage Partners에 관계 재조정과 계약 재협상에 관한 자문을 구했다. 자자스는 밴티지 측에 현재 계약이 2년 남아 있고, 재계약에서는 여러 조건을 대폭 재협상하고 싶다고 설명했다. 그리고 뒤틀어진 관계에 대한 배경 설명과 이전에 시도했던 협상이 적대적으로 마무리되었다고 알려주었다. 또한 자자스는 반드시 달성해야 하는 목표과제가 있는데, 로구서브와의 합의를 이끌어 내기가 매우 힘들다고 했다.

협상 준비

자자스가 추진하려는 변화는 종류도 많고 중요도도 높은 것들이었다. 우선 자자스는 로구서브의 서비스 수준을 대폭 개선하길 희망했다.

합의된 시간에 납품하고, 주문충족률(order fill rate, 가용 재고로부터 충족되는 주문의 비율—옮긴이)과 배송 도착 시간 안내창을 개선하고자 했다. 둘째, 자자스는 사업 모델이 저이윤 수익구조를 토대로 하므로, 개선을 감행하더라도 추가 비용을 지불할 의향은 없었다. 셋째, 로구서브가 자자스에는 1차 협력사이지만, 자자스 이사회에서는 회사 측이 협력사를 다양화하고, 그동안 로구서브에 의존해 왔던 (수요 예측 기능을 비롯한) 분석 역량을 점차 내부적으로 구축하기를 바랐다. 협력사 한 곳에 대한 의존도가 지나치게 높으면 그만큼 위험도가 높다. 그래서 자자스는 또 다른 협력사를 영입하여, 전체 납품률에서 5~10퍼센트를 확보해준 후에 점차 그 비중을 높여갈 생각이었다. 한마디로 자자스는 서비스를 개선하고 가격 체계를 낮추며, 로구서브의 비중을 단기적으로는 작게 가져오되 계속해서 줄여 나갈 생각이었다. 게다가 자자스가 2차 협력사로 고려하고 있는 회사가 바로 로구서브의 최대 경쟁사이자 앙숙이었다.

자자스는 장기적으로 전체 사업 모델을 변경하고, 매장에서 이미 판매 중인 대형 소비자 브랜드들로부터 직접 구매하고자 했다. 지금껏 로구서브는 자자스에 납품과 입고부터 구매 및 카테고리 관리를 해 왔다. 지난 7~10년 동안 자자스는 자체적으로 수요 예측과 카테고리 관리 시스템을 구축하고 구매에 결정권도 구축하고자 했다. 결국 수년 동안 로구서브에 물류 서비스, 물류 유통 및 배송을 일임해 온 것이다. 따라서 자자스의 장기적인 계획은 상당수의 업무를 자체 관리하고, 로구서브가 하던 여러 업무를 가져오는 것이었다.

자자스 직원들은 밴티지의 직원들과 만나 가장 효과적으로 이러한 변화를 실행하는 법을 논의했다. 다들 협상이 꽤 힘들 것 같다고 예감했다. 자자스가 밴티지에게 처음으로 물어본 내용은 과연 언제쯤이면 자자스의 장기 계획을 알려야 할 것인지였다. 애초에 처음부터 할 것인가, 나중으로 미룰 것인가? 아니면 아예 알리지 않아야 하는가? 밴티지 측에서는 처음부터 투명하게 전달하는 것이 중요할 것이라고 조언했다. 사업상 윤리적인 이유(자자스가 변화하려는 가장 큰 이유이기도 했다) 차원에서도 중요했지만, 언제든 로구서브의 귀에 들어갈 정보이기 때문이었다. 로구서브가 자자스로부터 직접 듣지 않고 자체적으로 파악하게 된다면 신뢰 회복은 요원해질 것이고, 협상에서는 상처가 아물 새도 없이 치열한 공방전만 펼쳐질 수 있었다.

협상의 준비 단계에서 양측이 나눈 대화 내용과 배트나BATNA에 대한 각자의 생각이 눈여겨볼 만했다. 우선 로구서브가 새로운 계약관계에 동의하지 않으면, 자자스는 한발 물러서거나 다른 조건을 제안할 수밖에 없는 상황이었다. 만약 로구서브가 끝까지 동의하지 않고 계약을 철회해 버리면, 자자스는 사업을 접어야 하는 극단적인 상황으로 치달을 수도 있는 상태였다. 그렇다고 주도권이 로구서브의 손에 있는 것만은 아니었다. 물론 로구서브의 사업 분야가 다양했지만, 자신들이 염두에 둔 배트나를 행사하고 자자스와의 관계에서 손을 털고 나가버린다면 재정적으로 큰 타격을 입는 것은 불 보듯 뻔했다. 자자스에는 로구서브가 '치킨 게임(game of chicken, 경쟁하는 기업들이 단 한치의 양도 없이 극단적인 결과로 치닫는 현상—옮긴이)'에 빠지지 않도록 설득하는 일이 급선무였다.

밴티지와 자자스는 가장 중요한 사안인 프랜차이즈 사업 모델에 대해 논의했다. 자자스는 재무 목표를 달성할 수 있도록 하면서 여러 가맹점의 이익에도 부합하는 사업 모델을 추구했다. 밴티지는 가맹점들을 둘러보며 의견을 들었다. 자자스는 가맹 본부 차원에서 가맹점들의 요구사항을 충분히 이해하고 있었지만, 협상 단계에서 그들을 참여시켜 발언하도록 하여, 그들의 요구와 우려, 그들이 생각하는 제약 상황을 확실하고 세부적으로 이해하는 것이 중요했다. '가맹점의 목소리'를 듣는 과정에서 공통으로 주목받은 문제점이 도출되었다. 굳이 매장의 피크 시간에 물품을 싣고 온 배송 트럭들이 매장의 주차공간을 차지해서, 잠재 고객들의 매장 방문 의향을 꺾는다는 것이다. 이 때문에 가맹점들은 매장의 수익이 크게 줄었다고 불만을 토로했고, 배송 트럭들이 최대한 피크 시간대를 피해야 한다고 주장했다. 로구서브와의 첨예한 이견이 예상되는 대목이었다. 한편 로구서브는 매장으로 납품하는 일정만큼은 최대한 유연하게 하고 싶었다. 물품 하역에 걸리는 시간, 트럭 운전자들의 매너와 프로정신 부족에 대해서도 가맹점들의 불만이 쏟아졌다. 자자스와 밴티지는 이 부분은 상대적으로 해결하기 쉬우리라 생각했다.

그다음 관건은 주요 당사자들과 이해관계자들을 파악하는 사안이었다. 자자스와 밴티지는 로구서브의 사업에 대해 이전의 어떤 협상보다도 면밀히 분석했다. 밴티지와 자자스는 이 부분에 대한 계약은 로구서브의 관련 부서와 진행할 수 있다고 판단했다. 다양한 제품과 서비스를 제공하는 다른 부서들은 거래에 참여한 적이 없었기 때문이다. 밴티지는 이 점을 활용할 수 있겠다고 제안했다. 현재의 담당 부서와 일이 잘

풀리지 않더라도, 다른 부서가 자자스와 새로운 사업을 할 수도 있는 일이었다. 로구서브에 얼마나 많은 이익을 가져올 것인지를 분석하면서 관련 사업을 타진할 만한 가치가 분명 존재했다.[2)]

밴티지와 자자스의 대표단은 머리를 맞대고 로구서브의 전반적인 사업 모델, 순이윤, 부서별로 손익계산서를 분리해서 관리하는 방법, 향후 추구하는 성장 모델에 대해 심층적으로 분석했다. 한편 자자스와 밴티지 외에 다른 대형 유통업체들도 이미 자자스가 추구하는 방식처럼 사업 모델을 변경하려고 시도하거나, 변경의 가능성을 타진하고 있었다. 유통업 전반에 걸친 추세였기 때문에 오히려 로구서브를 설득하기도 쉬울 듯했다. 게다가 로구서브가 남들보다 일찍 변화의 흐름에 올라타 업계를 이끌려면 새로운 계약에 대해 협상해야 한다고 주장하기가 수월해 보였다.

오랜 분석을 마친 결과, 로구서브에 이 제안에 대한 운을 띄웠다.

"지금과 같은 업황의 과도기를 잘 지나갈 수 있도록 저희를 도와주세요. 귀사가 그 여정에서 저희와 함께할 의향이 있다면, 저희도 귀사에 득이 될 만한 조처를 해드리겠습니다."

구체적인 조치는 변화를 이행하기 위한 지역별 상황을 검토하고, 변화가 최대한 타격이 가지 않도록 순서와 시기를 살피는 것이었다. 이러한 방향이 장기적으로는 로구서브가 '제4자 물류 협력사fourth-party

---

2) 로구서브의 신선식품 사업부는 회사 전체의 손익계산서 편입되지 않고 자체적으로 발행하고 있다. 이러한 방식이 회사 전반에 걸쳐 이득이 될 수 있겠지만, 사업을 확대하기 위해서는 부서 내부적 차원이 아니라 CEO 차원에서 거시적으로 판단해야 할 것이다.

logistic supplier, 전체적인 공급 연쇄 솔루션을 제공하는 서비스 제공자와 함께 기업의 경영자원과 능력, 기술을 관리하고 결합하는 공급 연쇄 통합자'의 기능을 발휘하여 사업을 대폭 확장할 수 있는 원동력이 될 수 있었다.

본격적 협상

자자스와 밴티지는 협상 내용과 구조도 중요하지만, 그 과정도 중요하다는 데 의견을 모았다. 과거에 자자스와 로구서브는 성의 없고 무미건조하게 주요 계약 조건을 맞교환하기만 했다. 하지만 이번에는 사업 현황 및 단기 및 중기, 그리고 장기적(10년)인 업계의 흐름에 대한 자자스의 견해를 설명할 수 있는 자리를 마련했다. 최대한 자자스가 원하는 바를 자세히 파악하고, 협상 과정과 설명을 투명하게 처리하길 바랐다. 그다음 단계에서는 로구서브도 이렇게 하도록 유도하고자 했다.

그 시작점으로 서로의 사업에 대해 전략적으로 이해할 수 있는 견고한 틀을 마련하는 것을 목표로 삼았다. 긴장감과 불만이 팽배했지만 양측은 상호의존성이 높은 전략적 제휴 관계에 놓여 있다고 간주했다.

밴티지와 자자스가 추진한 전략의 핵심은 다음과 같이 요약될 수 있다.

- 양측의 협업 강화와 파이를 키울 방안을 모색하기 위한 프로세스를 마련했다.
- 유통업의 추이가 이 방향으로 움직이고 있으므로 로구서브가 사후

적으로 대응하기보다는 선제적으로 선점할 수 있을 것이고, 자자스와 새롭게 체결하는 계약이 도움이 될 수 있을 것이다.

- 자자스가 로구서브로부터 기존 사업의 일부를 가져가고는 있지만, 자자스는 다양한 지역에서 로구서브와 협업하고자 한다. 현재의 사업에서 방향을 선회하는 가장 효과적인 조치가 될 것이다. 특정 지역에서 로구서브의 성과가 낮으면 (즉, 로구서브의 수익성이 낮을 경우), 자자스는 그 지역에서 사업을 철회시키되 성과가 좋은 지역에서는 철회하지 않음으로써 로구서브에 미치는 타격을 최소화한다. 로구서브가 성장할 것으로 전망했으나 감당할 수 없을 정도로 업무가 과중한 지역에 대해서는 자자스의 사업 철회가 타격을 입히지는 않을 것이다.

밴티지와 자자스는 객관적 기준을 토대로 로구서브를 설득하기에 나섰다. 시장의 흐름에 주안점을 두고 로구서브가 급변하는 시장 상황에서 도태되지 않도록 하는 방법에 방점을 찍었다.

함께 문제를 해결하자는 취지의 초기 노력은 어느 정도 효과를 거두는 듯했다. 그러나 로구서브가 감행해야 하는 변화와 로구서브가 새롭게 직면한 현실을 고려했을 때, 협상 과정은 시간이 지나면서 적대적으로 변했다. 협상 자체가 아예 무너진 것은 아니지만, 초반 협업에 대한 노력이 없었다면 그러고도 남았을 것이다.

협상이 마지막 단계로 가면서 늘어지기 시작했다. 지연되는 이유도 불명확했고, 자자스의 담당 팀은 협상 자체가 산산조각이 날까 봐 걱정되었다. 자자스 담당자들의 생각은 두 가지로 나뉘었다. 로구서브를 신뢰할 수 없고, 마지막 순간에 자자스의 뒤통수를 때릴 회사라고 생각하는 사람들이 있었고, 반대로 로구서브는 자자스가 그들에게 적대적으로 행동한다고 느끼는 것 같다고 주장하는 사람들이 있었다. 한편 새로운 현실 속에서 로구서브는 단순히 어떻게 하는 것이 최상의 행동일지를 고민하고 있었다.

자자스와 밴티지 측은 협상이 지지부진해지고 온갖 소문이 난무한 가운데 묘안을 생각해 냈다. 자자스와 로구서브의 고위급 임원을 한자리에 모이게 하여, 거래를 종료할 때까지 회의에 참여하도록 하는 것이었다. 별다른 합의 없이 협상을 종결하는 상황이야말로 자자스에는 최악의 사태이고, 로구서브에도 극도로 타격을 줄 수 있다는 점에 대해 양측은 명백히 인지하고 있는 듯했다.

회의장에서는 긴장이 맴도는 가운데, 자자스는 로구서버의 윤리와 명성을 생각하여 긍정적으로 검토해 줄 것을 마지막으로 요청했고 자자스가 주로 접촉하는 부서 총괄하는 이사에게도 직접 소명했다. 자자스의 협상 대표자는 로구서브가 수십억 달러의 손실을 볼 수 있다는 점을 강조했다. 그리고 마지막으로 "이 모든 사태를 총괄한 이사로 남고 싶으신가요?"라고 질문했다.

결국 자자스는 로구서브의 여러 요구를 들어주었고, 자자스도 궁극적으로 원하는 방향으로 협상을 매듭지었다. 새로운 계약이 체결되었다. 가격은 정액제로 합의했고, 서비스 수준을 일정 부분 개선하기로 했으며, 2차 협력사에 기존 물량의 5퍼센트를 넘기기로 합의했다.

이 사례가 전하는 교훈은 많다. 이 사례는 치밀한 분석과 준비과정, 상대 측의 입장과 바람을 심층적으로 고려하여 도출된 이례적인 원칙을 시사한다.

교훈 1: 협상 과정의 중요성을 염두에 두자

자자스와 로구서브의 과거 협상 방식은 어찌 보면 불신을 부추길 수밖에 없었다. 사무적으로 주요 조건 합의서를 주고받을 뿐, 중요한 여러 요소를 제대로 이해하거나 접근하지 못한 채 묻어 두었다. 그러나 보다 협업적인 새로운 방식을 도입하게 되었다. 양측이 공동으로 주요 의제에 대해 고민하는 방식이었다. 그 결과 주요 조건을 변경하고 양사의 행동에도 변화를 가져올 수 있었다. 협상의 내용만큼 과정에 대해서도 중요시하라는 것이 첫 번째 교훈이다. 협상 당사자들은 안타깝게도 복잡한 계약에 대해 가장 효과적으로 협상할 수 있을지 크게 고민하지 않는다. 과정에 대한 선택지는 협상 그 자체에 중대한 영향을 미치고, 과거에 미미했던 신뢰를 복구하는 데 디딤돌이 될 수 있다.

교훈 2: 거시적인 업계의 추이에 집중하라

이번 사례에서는 협상의 규모가 매우 큰 편이었다. 자자스는 로구서브에 많은 부분을 요구했고, 로구서브가 어떠한 반응을 보일 것인지에 대해 노심초사할 수밖에 없었다. 이때 협상 전문기업 밴티지는 자자스가 로구서브의 사업·성장 모델을 파악하고, 모델 이행에 필요한 요소에 대해서도 고민해 보라고 권유했다. 또한 협상에서 핵심 요소에 대한 틀을 마련하도록 도와주었다. 단 파격적인 변화를 요구하려면, 자자스의 입장을 정당화할 만한 방식이 필요했다. 자자스는 곧 다가올 거시적인 유통업 추세에 편승하고자 하는 자사의 입장을 피력했다. 로구서브도 새로운 추세에 수동적으로 따라가기보다, 적극 선두에 설 수 있으므로 변화가 시급하다고 강조했다. 이미 또 다른 유사 유통업체가 자자스가 추구하는 방향대로 가고 있다는 사실도 한몫했다. 여기서 아마도 로구서브가 업계 전망에 대한 자자스의 설명에 설득 당했던 것은 아닐지 추측해 볼 수 있다.

교훈 3: 배트나 분석을 실시하라

마지막으로 이 사례에서는 다소 특별한 배트나 분석을 했다. 당시 자자스의 배트나는 매우 엉성한 상황이었다. 만약 로구서브가 자자스의 요구에 응하지 않고 협상을 결렬시켰다면, 자자스는 매우 불안한 상황에 처했을 것이다. 그러나 다행히 자자스는 모든 주요 목표를 달성할 수 있었다. 어떻게 이것이 가능했을까? 자자스는 자사의 부실한 배트나에만 얽매이면서 낙심하지 않고, 변화가 없다면 로구서브도 자자스만큼 큰 손실을 보게 될 것이라는 분석 결과를 도출해냈다.

그렇다면 로구서브는 자사의 상황에 대한 배트나 분석을 하지 않았던 걸까? 로구서브는 협상을 결렬시키는 것이 자자스에게 어떠한 영향을 가져올 것인지 인식하지 못했던 걸까?

로구서브는 현재 상황을 주로 자사의 관점에서 바라보았고, 자자스와 사업을 이어가는 것이 절실하다는 점을 깨닫게 된 것이다. 단, 로구서브가 자자스가 가진 배트나가 취약하다는 점을 파악했더라면, 자자스가 감행하려는 전반적인 변화에 대해 협상력을 더 발휘했을 수도 있었을 것이다.

제5장

탄탄한 관계 덕분에 양측 모두에 득이 되는 해결책을 도출하다

협상에 임할 때 가장 복잡한 딜레마 중 하나가 바로 권력, 즉, 주도권 다툼이다. 협상에서는 주도권을 두고 신경전이 존재하지만, 예상외로 절대적으로 한쪽에 치우쳐져 있는 것은 아니다. 협상에서 주도권은 상대적인 속성이 있기 때문이다. 예를 들어, '협상 당사자 A'가 '협상 당사자 B'에 대해 주도권을 가지려면, B는 A가 지닌 조건이나 제안이 높은 가치를 지닌 것으로 여겨야 한다. 또한 A가 B에 대해 주도권을 행사하려 할 때 전제 조건이 있다. 양측 모두 기존에 합의한 사항을 이행해야 한다는 점이다. 누구든 강요에 의해 어떠한 행동을 하게 되면, 최고의 능력치를 발휘할 수 없다. 따라서 협상을 이행하고 유지하는 것은 주도권을 어떠한 방식으로 행사하는지에 따라 좌우된다.

하지만 협상에서 주도권보다 더 큰 위력을 발휘하는 것이 바로 '관계성'이다. 협상 당사자들의 관계가 돈독하다면, 한 측이 주도권을 갖고 있다고 해도, 상대측에 대해 주도권을 행사할 확률이 매우 낮다.

다음 사례에서는 한쪽의 주도권이 상대적으로 비대하지만, 양측의 관계가 공고한 덕에 상대적으로 막강한 측이 권력을 일방적으로 행사하지 않고, 협력 하에 상호호혜적相互互惠的 해결책을 도출하게 되었다.

배경 설명과 협상에서의 도전과제

1995년, 짐, 빌, 팀은 임대한 건물에서 회사를 창업했다. 당시 컴퓨터 한 대 없이 팩스 기계 하나로 출발한 건축, 엔지니어링, 건설Architecture, Engineer, and Construction, AEC 기업 '콘트렉소Contrexo'는 시작은 소박했다. 하지만 2001년 기준, 기업 가치 2천만 달러에 달하는 중견기업으로 성장하게 되었다.

당시 대형상장기업 만토사르Mantosar는 콘트렉소에 인수 의향이 있다고 러브콜을 보냈다. 몇 차례에 걸쳐 군더더기 없는 협상을 치른 끝에, 콘트렉소는 만토사르의 완전 자회사가 되었고, 콘트렉소의 창업자 세 명은 만토사르 소속으로 일을 하기 시작했다. 창업자 세 명은 만토사르와의 계약에 따라, 5년 동안 '경쟁 금지 조항noncompete clause. 계약법에서 당사자가 다른 당사자와 경쟁 관계에 있는 동일계열 회사에 취업하지 않도록 하는 조항'을 준수해야 했다.

그들은 점차 '만토사르'라는 울타리 안에서 일하면서 전반적인 사업 모델에 불만을 품었고, 자신들의 권리가 박탈되고 있다는 느낌을 강렬히 받았다. 게다가 자신들의 손으로 일궈 낸 콘트렉소가 꿈에서 멀어지는 듯했다. 그들은 전직 창업자이자 새로운 회사의 부장으로 활동하면서 현재 상황을 바꾸고 싶었지만, 경쟁 금지 조항이 5년간 그들을 꼼짝달싹 못 하게 묶어 두고 있었다. 그렇게 답답한 상황 속에서 그들의 야심 어린 목표가 새로 생겼다. 바로 만토사르에서 서서히 벗어나 콘트렉소와 비슷한 신생 기업을 다시 창업하는 것이었다.

만토사르를 박차고 나온 첫 타자는 짐이었다. 나머지 둘도 적절한 시기에 한 명씩 나와서 함께 새 출발을 하고자 했다. (이후 세 사람이 모이게 되면서 짐은 본격적으로 주요 거래처들과 접촉하여 자신들이 다시 독립하게 되었다는 소식을 전했고 본격적 수주에 나섰다.) 짐의 바통을 이어 빌도 퇴사를 감행했다. 빌의 퇴사 방식이 그들의 애초 계획대로 진행되진 않았지만, 이미 그는 만토사르에 지칠 대로 지친 상황이라 가차 없이 퇴사를 결정했다.

그로부터 일주일이 지나서 짐은 만토사르의 사장 피터와 CEO 라몬에게서 전화를 받았다. 피터와 라몬은 그와 곧장 직접 대화해야 한다면서, 짐과 빌이 새로 창업하려는 회사에 대해 소송을 준비할 것이라고 엄포를 놓았다. 짐은 그 둘을 만나기로 했다.

며칠 후, 피터와 라몬은 보스턴 근처에 새롭게 자리 잡은 짐의 사무실에 방문했다. 빌은 이들을 만나기 위해 덴버에서 보스턴으로 넘어왔다. 피터가 "무슨 의도로 창업하려는 겁니까?"라고 단도직입적으로 물었다. 짐과 빌이 답변을 생각하는 동안, 라몬은 그들의 퇴사는 경영진의 변화라는 큰 변수를 의미하므로, 상장 기업 특성상 공시되어야 한다고 설명했다. 즉각적으로 회계 장부에 영업권goodwill과 같은 무형자산을

장부에서 대손 상각貸損償却, 대출금, 받을어음, 외상 매출금 따위의 수취 채권 가운데 회수
가 불가능한 금액을 영업 손실로 처리하는 일으로 계상하면, 그 금액이 대략 일천 백
만 달러에 달한다고 말했다. 그리고 회사의 주가에 치명적인 타격을 줄
것이므로, 어떻게 해서든 막아야 한다는 게 그의 주장이었다.

그리고 나서 피터와 라몬은 상황을 타개할 유일한 선택지는 짐과 빌
을 상대로 소송을 거는 것이라고 주장했다. 자신들이 승소할 가능성은
적다고 허심탄회하게 인정했지만, 소송을 통해 짐과 빌, 그리고 그들이
설립한 회사를 7년 동안 영업 정지시키는 것이 소송의 취지라고 설명했
다. 이 말은 곧, 짐과 빌의 신규 회사가 존립할 수 없다는 의미였다.

짐과 빌은 수년 동안 피터와 라몬과 일하면서 서로에 대한 의리와 정
을 많이 쌓아 온 상황이었다. 피터와 라몬은 짐과 빌에게 파격적으로 연
봉을 올려줄 테니 만토사르에 돌아올 것을 제안했다. 하지만 짐과 빌은
조금도 흔들릴 기미가 없었다. 이렇게 협상이 끝났을까? 이제 그들의 협
상은 어떻게 진행될까?

협상 준비

이 책에서 소개하는 여러 사례처럼, 이번 협상도 준비 시간이 거의 없
었다. 짐과 빌은 피터와 라몬과 회의 일정을 잡긴 했지만, 어떠한 의제
가 논의될 것인지 전혀 감을 잡지 못했다. 피터와 라몬이 전날 전화를
걸고 바로 다음 날 약속을 잡은 것만으로 회의의 시급성을 느낄 뿐이

었다.

이와 같은 상황에서 협상에 임할 때 할 수 있는 것은 두 가지다. 그 자리에서 최대한 숙고하여 답변을 제시하거나, 생각할 시간을 달라고 요청하고 대책 마련을 계획하는 것이다. 짐은 이 상황에서 전자를 택하지 않으면 안 되겠다고 판단했다. 그는 당시 상황을 이렇게 회고했다.

'만약 우리가 그 자리를 떠나 대책을 마련하기 위해 시간을 끌었다면, 그들도 자리를 떠서는 소송을 본격화했을 것이다. 어떻게든 그 자리를 피하면 안 되었다. 결론에 이르기까지 그들을 보내면 안 되겠다고 생각했다. 안 그러면 상황이 꼬일 대로 꼬일 것 같았다.'[1]

짐에게 한 가지 명확한 사실이 있었다. 상황 전반에 대해 전략적으로 생각한 것은 아니었지만, 그의 배트나가 암울하다는 사실을 뼈저리게 느꼈다. 소송이 본격화되면 새로 시작한 사업은 전면 중단이고, 사업의 성공이 완전히 요원해질 것이라고 직감했다.

본격적 협상

협상이 시작되자 피터와 라몬은 현 상황에 대한 입장을 과감하고 냉철하게 설명했다. 일련의 상황을 받아들이기 힘들어서, 상황이 악화되는 것을 막기 위해 소송을 고려하는 것이라고 했다. 또한 짐과 빌에게

---

[1] 저자와의 인터뷰

그날 오후 비행기를 예약해 두었기 때문에, 만약 협상을 확실하게 마무리하려면 그 자리에서 당장 추진해야 한다고 했다. 더 이상 지체할 시간이 없었다. 또한 소송으로 치달을 경우, 콘트렉소가 이전 거래처였던 포춘 100대 기업 모두에 그 사실을 알릴 것이라고 했다. 이는 소송이 해결될 때까지 100대 기업과의 거래가 중단된다는 의미였다. 앞서 언급했듯, 수년의 시간이 소송에 묶여 있는 셈이었다.

짐은 당시 자신의 심정을 이렇게 회고했다.

'내 머릿속에 퍼뜩 든 생각은 '상황이 정말로 최악이겠구나'였다. 곧 신입 사원 13명이 투입되고, 40~50명이 이사진에 참여하는 것으로 얘기가 되었는데…. 모든 것이 한순간에 물거품이 되겠다 싶어 너무나 두려웠다.'

그러나 그는 감정을 앞세워 불안한 기색을 보이지 않았다. 마음의 평정을 찾으며 상황을 있는 그대로 받아들였고, 재빨리 여러 대책을 강구하기 시작했다. 그때 가장 강렬하게 떠오른 생각은 자신이 특히 피터와 굳건한 신뢰 관계를 쌓아 왔다는 점이었다. 둘은 오랜 시간 함께 일하면서, 마음을 터놓는 끈끈한 사이로 발전했으며, 서로에게 해가 되는 일은 절대 바라지 않았다.

짐은 피터와 라몬에게 문제를 해결할 방법이 있을 것 같다며, 소송은 누구에게도 도움이 안 된다고 명확히 설명했다. 짐은 일단 밥부터 먹으면서 함께 머리를 맞대고 고민해 보자고 제안했다. 피터와 라몬도 그렇게 하자고 수긍했다.

수많은 생각 끝에 짐에게 번뜩이는 아이디어가 떠올랐다. 그는 피터와 라몬에게 자신과 빌이 콘트렉소를 다시 사들일 수 있는지 물었다. 아무도 생각 못 한 참신한 아이디어이자 가장 적합한 해결책이었다. 단, 그 과정이 간단하지는 않았다. '악마는 사소한 것에 있다'라는 말이 결코 틀린 적이 없는 것처럼.

한 가지 문제는 짐과 빌에게 콘트렉소를 매입할 현금이나 자산 1,100만 달러가 없다는 것이었다. 그들은 종이 한 장을 꺼내 회사의 매각액과 만토사르가 상당한 금액의 대출금을 되돌려 받는take back 방법을 끄적거렸다. 피터와 라몬은 콘트렉소의 장부가가 시장가보다 과대평가되었기 때문에, 장부가를 줄이는 문제를 해결해야 했다. 만토사르의 손에 다시 들어가게 되는 대출금을 짐과 빌이 어떻게 마련할 것인지도 함께 고민해봐야 했다. 넷은 늦은 밤까지 각자의 니즈를 충족할 해결책에 대해 치열한 논의를 거쳤다. 결국 짐과 빌은 감당할 수 있는 수준의 이자에 6백만 달러의 대출금을 상환하는 것으로 합의했다. 여기에 두 회사가 향후 관계를 유지하는 방안에 관한 내용도 포함했다. 경쟁모드를 버리고, 높은 수익을 내며 발전하는 방향을 모색했다. 이에 새로운 계획에 따라 짐과 빌은 다른 협력사들과 맺은 계약을 별다른 변경 없이 유지할 수 있었다.

만토사르에는 새로운 분기점이 되었다. 다른 회사에 의해 만토사르의 완전 자회사가 매입되는 경우는 처음이었다. 만토사르의 입장에서는 차라리 소송을 거는 것이 일을 쉽게 만드는 것이었다. 손실을 떠안고, 무엇보다 대출금을 되돌려 받아야 하기 때문이었다. 이번 협상을 성사시켜야 하는 이유에 대해 짐은 자신이 피터와 쌓아 온 신뢰 관계와 소송전이 만토사르의 주가에 미칠 영향에 대해 강조하는 것 외에는 생각할 방법이 없었다.

협정문의 잉크가 마르기도 전에, 짐과 빌이 상대측과 협상해야 할 문제가 하나 더 있었다. 당시에는 새로운 콘트렉소 조직에 입사 예정된 13명의 직원이 승계되어야 하는 상황이었다. 이들은 이 얘기를 듣고 처음에는 강한 불만을 드러내며, 짐에게 "왜 우리 회사를 다시 매입해야 하는 건가요?"라고 물었다. 짐과 빌은 직원들을 달래며 소송이 회사에 미칠 타격과 사업 자체가 꽃도 피우지 못하고 사라질 가능성에 대해 설명했다. 또한 회사와 모든 계약을 계속 유지할 수 있다고 덧붙였다. 여기에 이번을 계기로 피해를 최소화하는 전환이 될 것이라고 했다. 결국 직원들의 승계는 무리 없이 진행되었고, 그 이후 회사도 번창하게 되었다.

이 사례가 전하는 교훈은 여러 가지다. 한쪽이 소송을 거는 것이 타당하고 필요한 상황에서 기적처럼 협상이 진행되었다는 것이다. 그 이유는 다음과 같다.

교훈 1: 관계의 소중함

첫째, 짐과 피터의 관계 덕분에 상황이 통제 불능 상태에서 벗어날 수 있었다. 게다가 피터는 라몬과 친한 후배였기 때문에, 셋의 관계가 특별히 굳건하게 유지될 수 있었다. 그렇다고 피터와 라몬이 쉬운 상대들은 아니었다. 짐은 "피터와 라몬은 협상에서 매우 깐깐하게 나올 수 있었다. 내가 아니었다면, 두 사람은 '소송을 걸 테니 그리 알라'고 일방적으로 통보하고 자리를 떴을 것이다."[2]라고 말했다. 그동안 좋은 관계를 쌓아 온 덕에, 짐은 냉정함을 유지하며 협상에 집중할 수 있었다. 중요한 많은 요소가 걸려 있는 협상이었지만, 짐은 피터와 라몬과 침착하게 대화로 풀 수 있다는 생각을 놓지 않았고, 모두에게 득이 되는 협상을 할 수 있을 거라며 그들을 적극적으로 설득했다.

---

2) 저자와의 인터뷰

교훈 2: 상황 대처의 지혜

둘째, 협상에서 나타나는 예상치 못한 상황에 대한 대처술은 매우 중요하다. 짐이 강조했듯, 피터와 라몬이 처음 말을 시작했을 때 자신과 빌이 어떠한 반응을 보일 것인지가 너무나 중요했다. "마음대로 하세요."라고 말했다면, 협상은 시작하기도 전에 끝났을 것이고, 곧바로 소송으로 이어졌을 것이다. 그러나 잠시 한 발짝 물러나서 생각해보기going to the balcony 위해 사무실에서 나와 점심을 먹자고 제안하면서 짐과 빌은 감정에 치우치지 않고 상황을 효과적으로 대처할 수 있었다. 양측에 득이 되는 접근 방식으로 대화 방향을 선회하는 데 적중했다.

교훈 3: 존재하지만 발동되지 않을 수도 있는 주도권

셋째, 협상에서 한쪽에 권력이 집중되어 있어도, 예상을 깨고 의외의 결과를 도출해 내기도 한다. 이 경우에 만토사르는 협상 과정을 쥐락펴락하는 권력과 능력을 충분히 갖추고 있었지만, 상식을 깨고 매우 유연한 태도를 보여주었다. 소송으로 치닫게 되면 콘트렉소에도 직격탄을 주지만, 만토사르의 주가에도 부정적으로 영향을 가할 수 있다는 생각도 분명히 있었을 것이다. 따라서 일방적인 주도권이 협상 진행 과정에서 힘을 잃을 수도 있는 것이다.

제6장

"마지막으로
이 부분만 고려해 보시겠어요?"

　이전 사례들에서 나타났듯, '배트나'라는 개념은 협상에서 매우 중요하다. 그러나 협상이 설익은 채 배트나에 정착하기도 하고, 모든 기타 대책들을 탐색하기도 전에 협상을 결렬하기도 한다. 협상이 진행되면서 새로운 통찰이 생겨남에 따라 배트나도 정적이지 않고 변하기 마련이다. 따라서 배트나의 역동적 특징을 이해하고, 최종 결정을 내리기 전에 배트나를 재평가할 필요가 있다.

　의사 결정권자들이 직접 대화를 하지 않는 힘든 상황에서 앞에서 언급한 '배트나 분석'을 적용해보자. 배트나 분석을 하다 보면, 오해와 불통의 여지가 많다는 점을 알게 된다. 곧 소개할 사례의 상황도 그러하다. 저자로부터 컨설팅을 받은 이 회사는 배트나를 행사하고 협상에서 물러나기 전에 상황에 대해 다시 검토하기로 했다. 양측 주 협상 당사자들도 직접 대화를 하는 것이 중요하다는 점을 깨닫게 되었다. 얼굴을 마주하고 대화를 시작하자, 평범한 방식은 아니었지만 양측 모두에 득이 되는 창의적인 생각을 고안해낼 수 있었다.

배경 설명과 협상에서의 도전과제

DOAR은 손해 배상 금액이 높은 복잡한 소송에 관여하는 변호사들과 대기업들에 법률 자문을 제공하는 글로벌 컨설팅 기업이다. DOAR은 다양한 종류의 소송에 대해 '전문가 증인(expert witness, 미국 증거법상 개념으로 일반인 증언과 달리 경험, 교육, 전문지식에 근거해 견해를 재판에 증언하는 사람—옮긴이)'을 변호사들과 연결해주는 서비스를 최근 새롭게 도입했다. DOAR은 이러한 전문가들을 기용하여, 그들의 전문지식이 있어야하는 법무법인과 기업들과의 계약 조건을 협상해 주는 역할을 한다. 어떤 면에서는 전문가들을 대신하여 거래 조건을 협상해 주며 수익을 내는 에이전시 역할이다.

이번 사례는 DOAR이 법무법인 '파인앤휘트니'와 계약 조건을 어떻게 협상했는지에 관한 것이다. DOAR의 협상 상대인 파인앤휘트니 변호사들 일부는 본인들이 협상에서 우위를 점하고 있다고 생각하면서, 협상이란 본인들이 유리하도록 최대한 단물을 뽑아내는 기싸움이라고 생각했다.

DOAR은 파인앤휘트니와의 계약을 최대한 간단명료하게 작성하고자하는 편이다. DOAR과 계약하는 상대측들은 대부분 DOAR이 가져온 계약 내용에 즉각 동의하곤 했다. 단, 몇몇 사안에 대해서는 가끔 이견이 있었다. DOAR이 받게 되는 착수금을 얼마로 할 것인지, DOAR의 실비는 어느 측에서 지불할 것인지, DOAR이 떠안는 위험 및 얻게 되는 이익에 대한 책임을 어떻게 한정할 것인지, DOAR의 컨설팅 비용을 언제 지급할 것인지에 대해서는 추가 논의가 필요했다. 때로는 DOAR이 주 결정권자들과 협상하지 않는 경우, 보험사와 같은 다른 기관들을 거쳐야 하는 경우로 인해 협상이 복잡해지기도 했다.

이번 사례의 관건은 DOAR이 파인앤휘트니에 전문가 증인 서비스를 제공하는 사안과 수십억 달러 규모의 대형 소송 건에서 두 회사의 계약 조건에 대한 조율로 귀결되었다. 일반적으로 DOAR은 정기적으로 같은 고객사들에 서비스를 제공하고 있으므로, 계약 조항의 일부 뉘앙스에 대해서는 크게 개의치 않았다. 그러나 이번 건에서는 '책임 제한 조항(limited liability clause, 고객과 컨설턴트 쌍방에 대한 프로젝트의 상대적 위험과 이익을 고려하여, 위험을 배분하고, 법이 허용하는 최대한도에서, 청구, 손실, 비용, 일체의 손해 또는 이유를 불문한 청구 비용—변호사 비용, 전문증인 비용 등—에 대하여 컨설턴트의 의뢰인에 대한 책임을 제한하는 조항—옮긴이)'이 발목을 잡았다. 파인앤휘트니는 계약에서 DOAR이 책임 제한 조항을 삭제해 달라고 요구했다. 이례적 제안이었다. 일반적으로 DOAR이 함께 일하는 법무법인들이 DOAR의 책임 범위를 기꺼이 중과실 혹은 고의적 불법행위로 제한해 주었기 때문이다.

앞서 언급했지만, 파인앤휘트니는 DOAR의 책임 제한에 관한 모든 조항을 삭제해 주길 바랐다. 이에 파인앤휘트니에서 IP 소송을 총괄하는 책임변호사 스티브는 소속 변호사(associate lawyer, 법무법인 입사 후 대략

7년까지 소속 변호사로 활동한 후에 구성원 변호사partner lawyer가 된다—옮긴 이)에게 계약서에서 책임 제한 조항 전체를 삭제하라고 지시했다. 한편, 이번 협상을 총괄하는 DOAR 측의 담당자 제프는 스티브에게 계약에서 이 부분을 드러내는 것에 왜 그리도 혈안이 되어 있는지 물었다. 스티브 는 유한책임면제 조항을 포함한 계약서에는 절대 서명하지 않는다는 것 이 법무법인 파인앤휘트니의 정책이라고 설명했다. 책임 조항이 삭제된 계약을 체결한 적이 없다는 DOAR와 그러한 방식으로만 계약을 체결해 왔다고 주장하는 파인앤휘트니의 치열한 공방이 시작되었다.

협상 준비

제프는 회사로 돌아와서 폴 대표를 찾아가 협상 진행 상황을 설명했 다. 파인앤휘트니는 DOAR가 섭외한 출중한 전문가와 함께 일하고 싶어 했지만, DOAR와의 계약에서 유한책임면제 조항은 수용할 수 없다고 주 장했다고 전했다. 두 사람은 현재 걸려 있는 소송 금액이 얼마나 큰지, 책임 배상 청구액을 지불해야 하는 가능성이 어느 정도인지에 대해 진 지하게 논의했다. 두 사람은 책임 배상 청구액을 지불해야 하는 가능성 이 매우 낮지만, 향후 협상에서 이것이 선례로 남으면 여러 면에서 불미 스러운 상황을 초래할 수 있다고 결론지었다. 그러나 파인앤휘트니가 수십억 달러의 소송에 휘말린 대기업을 변론하는 상황에서, 증인 석상 이나 증언 녹취(deposition, 미국소송에서 변호사들이 재판에 사용할 증거를 수집하기 위해서 증인으로부터 증언을 듣고 기록으로 남기는 절차—옮긴이) 과정에서 문제가 생긴다 해도 DOAR에 손해배상금을 청구할 확률은 매우 낮다는 점도 인정했다.

DOAR의 폴 대표는 처음에는 파인앤휘트니에서 유한책임면제 조항에 서명하지 않으면 함께 일할 수 없고 배트나를 발동하여 거래를 결렬시킬 생각이었다. 이렇게 무리하면서까지 거래를 성사시킬 필요가 없다는 판단에서였다. 그러나 최종 결정을 내리기 전에 우연히 저자가 진행하는 협상 강연회를 마련하게 되었고, 강연회는 그들의 생각을 180도 바꾸어 놓았다. 우선 저자는 현 상황에 대해 심층적으로 파악하고자 고객사인 파인앤휘트니가 책임 관련 조항에 민감해하며 서명을 하지 않으려는 이유를 파고들었다. 제프와 폴 대표도 잘 모르겠다고 답했다.

협상 강연회가 끝난 후, 폴 대표는 파인앤휘트니의 협상 담당자가 누구인지 제프에게 물었다. 제프는 소속 변호사 에이미가 담당자라고 말했다. 그랬더니 폴 대표는 "직급이 높은 시니어 파트너 변호사 스티브와도 대화해 봤나요? 이분이 이 사안을 총괄하는 최종 의사 결정권자이잖아요."라고 말했다. 제프는 스티브 변호사와는 대화를 못 해봤다고 얘기했다. 폴 대표는 법무법인 내에서 이 문제가 그렇게도 중요한 이유가 무엇인지, 스티브 변호사가 유한책임을 면제하는 계약에는 서명할 수 없다고 완강한 태도를 보이는 이유가 무엇인지 알아야겠다고 제프에게 설명했다. DOAR는 지금껏 파인앤휘트니의 다른 시니어 파트너 변호사들과 함께 일하면서 이러한 문제는 한 번도 제기되지 않았다고 덧붙였다. 아무래도 이 문제에 대한 진상 파악이 필요했다.

본격적 협상

다음 날, 폴 대표와 제프는 에이미 변호사와 스티브 변호사와 전화 통화를 했다. 일상적인 대화로 대화의 문을 연 후, 폴 대표는 자신이 파인앤휘트니와 이 회사의 시니어 파트너 변호사들과 지금껏 일하면서 유한책임면제 조항이 문제 된 적이 단 한 번도 없었다고 설명했다. 폴 대표는 스티브 변호사에게 이번에는 상황이 달라진 것인지 물었다. 스티브 변호사는 유한책임면제 조항을 포함한 계약서에는 절대 서명하지 않는다는 것이 오랫동안 법무법인 파인앤휘트니의 정책으로 활용되었는데, 다른 시니어 파트너들이 어떠한 이유로 그동안 서명해 왔는지 자신도 모르겠다고 설명했다. 그러고는 갑자기 이렇게 덧붙였다.

"저만이 유일하게 회사의 방침을 준수하고 이행하는 것 같습니다. 기존 변호사들의 조치는 제가 알 바 아니고요. 회사의 방침이 이러하니 제 마음대로 변경할 수 없습니다."[1]

폴 대표는 스티브 변호사의 입장을 이해했다. 그전에도 법조계의 시니어 파트너 변호사와 이러한 대화를 해본 적이 있었기에 어떠한 심정인지 알았다. 폴 대표는 충분히 이해한다는 입장을 전달하면서 현재 협상의 걸림돌이 되는 이 사안에 대해 해결책이 나오지 않는다고 해도 악감정은 전혀 없을 것이라고 일러두었다. 그러고 나서 폴 대표는 스티브 변호사에게 이 문제에 대해 생각해 보면서 다른 대안이 없는지 고민할

---

1) 저자와의 인터뷰

시간을 조금 더 줄 것을 요청했다. 폴 대표는 며칠 후에 답변을 전달하겠다고 약속했다.

전화 통화를 마친 후, 폴 대표와 제프는 본격적인 브레인스토밍에 들어갔다. 번뜩이는 아이디어들이 오가는 가운데 두 사람이 내린 결론은 이러했다. 파인앤휘트니 법무법인에서 직접 전문가를 고용하여, DOAR이 중간에서 에이전시 역할을 하지 않기로 한 것이다. 처음에는 단기수익을 잃는 것을 우려했지만, 장기적으로 법무법인과 관계를 유지하는 것이 더 중요하다고 판단했기 때문이다. 전문가가 DOAR와 독점계약을 맺은 상태이고, 파인앤휘트니도 DOAR와 계약 관계에 놓여 있었기 때문에, DOAR의 동의가 있어야 실행할 수 있는 사안이라는 점도 파악하고 있었다.

단, 최종적으로 결정을 내리기 전에, 조금 더 심층적으로 고민해 보려 했다. 결국 제프는 이 업무에 큰 열정을 보인 전문가에게 연락해서 이렇게 말했다.

"전문가님, 자문료가 시간당 500달러로 책정되어 있지 않습니까. 저희가 고객사에서 시간당 800달러를 받아서 차액을 수수료로 가져가고 있는데요. 전문가님이 고객사와 직접 거래를 하시면서, 저희에게 소개비로 시간당 300달러를 지급해 주시면 어떨지요? 그렇게 하면 DOAR가 관여하지 않고 전문가님과 고객사가 직접 유한책임 문제나 기타 논란이 될 사항을 해결하게 되는 셈입니다."

전문가는 교수이자 1인 유한책임회사의 사업자이기 때문에, 그가 떠안을 리스크가 DOAR에 비해 훨씬 적었다. 이에 대해 DOAR은 비용 청구 절차와 기타 행정 처리 업무를 대행해 주기로 했다. 전문가는 흔쾌히 제안을 받아들이며, 이 내용을 담은 부속 계약서에 서명하기로 합의했다.

폴 대표와 제프는 그 이후 스티브 변호사에게 연락하여, 이번에는 전문가와 직접 계약을 해도 좋다고 설명했다. 스티브 변호사는 그들에게 감사를 표했고, 결과적으로 해당 전문가와 직접 거래를 체결했다.

폴 대표는 이전 같으면 배트나를 발동시켜서 모든 가능성에 대해 제대로 분석하지 않고 협상을 결렬시켰을 것이라고 설명했다. 그러나 앞으로는 지금처럼 고난도 협상에 대처할 때 이번 결정을 선례로 삼게 될 것이라고 했다.

이 사례는 몇 가지 교훈을 담고 있다. 각각에 대해 자세히 살펴볼 필요가 있지만, 그중에서도 특히 배트나에 관한 교훈은 성급한 판단으로 인한 섣부른 행동을 자제할 것을 시사한다.

교훈 1: "죄송하지만, 우리 회사 방침이 이렇습니다."라는 입장 이면에 어떠한 이해관계가 있는지 파악하라

첫째, 협상 담당자에게 조치를 마련해 달라고 요청하니, "죄송하지만, 우리 회사 방침이 이렇습니다."라는 답변을 듣는 경우가 더러 있다. 앞의 사례의 상황도 그러했다. 당신이 협상 담당자로서 이와 같은 대답을 듣는다면 어떻게 할 수 있을까? 회사의 정책은 하나의 입장이라는 점을 상기할 필요가 있다. 이때 왜 그러한 정책을 펴는지에 대해 질문해 봐야 한다. 이 정책을 추진하는 근본적인 이유는 무엇인가? 사례에서처럼 이와 같은 질문을 했는데도 명확한 답변이 나오지 않았으므로, 폴 대표와 제프는 상대측의 이해관계를 충족하는 방향으로 대안을 찾고자 했다.

교훈 2: 가능할 때마다 의사 결정자와 협상하라

둘째, 최종 의사결정자와 직접 소통하지 않으면 넘어야 할 산이 많아진다. 이 사례에서는 협상에서 의사 결정자들이 직접 소통하지 않으면 서로의 의도에 대한 오판, 불통, 오인이 난무하게 된다. 협상

시에 특정 걸림돌이 생기는 이유, 혹은 명시한 입장 이면에 어떠한 이해관계가 있는지에 대해 협상 담당자가 제대로 파악하지 못하는 상황에서 의사 결정자들의 불통은 치명적인 타격을 입힌다.

👤 교훈 3: 여러 배트나 옵션을 심사숙고하다 보면 획기적인 생각이 떠오를 것이다

셋째, 사례에서는 배트나에 대해 심사숙고했을 때 진정한 사고의 힘이 발휘된다는 점을 보여준다. 폴 대표와 제프는 고객사와 전문가 사이에서 중개 역할을 배제하면서 배트나를 실행하면, 고객사와 별도로 또 다른 협상을 하여 자신들의 목표를 달성할 수 있다고 생각했다. 두 사람은 창의적으로 협상 과정을 구조화하여 전문가와 고객사를 맺어 주는 비용을 받는 동시에 그 과정에서 떠안아야 하는 리스크는 배제할 수 있었다. 이 상황에서 전문가는 1인 유한책임 회사의 사업자이기 때문에 떠안게 되는 리스크가 훨씬 적다. 결국 전문가는 이 일을 꼭 하고 싶어 했고, 리스크를 다른 차원으로 수용하여 모든 당사자의 이해관계를 충족할 수 있었다.

👤 교훈 4: 외부 협상 컨설턴트를 기용하여 타인의 관점을 이해하는 조망수용력을 키울 수 있다

마지막으로 이처럼 새로운 방식의 사고와 분석을 할 수 있었던 이유는 외부 협상 컨설턴트를 기용하여 협상 과정에서 도움을 받았기

때문이다. 컨설턴트를 기용하는 것이 관례적이지만, 조직에서는 외
부 컨설턴트의 도움을 받을 때 자신들의 가설에 대해 냉철하게 분석
하고 질문을 던지도록 해야 한다. 우물 안 개구리에서 벗어나도록
생각을 일깨워서 참신한 아이디어를 이끌어 내는 데 도움이 된다.

제7장

단기적 니즈와 장기적 관계 발전 사이에서 아슬아슬 줄타기

복잡한 공급망에서 하나의 주요한 사업 관계를 새로운 회사가 총괄하게 될 때마다, 꼬리에 꼬리를 무는 협상이 이어진다. 이들 협상 중에는 상대적으로 해결하기 쉬운 협상들도 있다. 그러나 새로운 변화 속에서 이 모든 협상에 임할 때, 단기적으로 필요한 부분과 장기적 협력사와 관계를 발전해 나가야 하는 부분 사이에서 균형점을 찾아야 한다. 균형을 찾게 되면, 가장 득이 될 만한 결과가 도출될 것이다. 물론, 말이 쉽지 실천하기가 어렵다.

이번 사례에서는 한 회사가 대기업의 특정 업무를 위임받아, 대기업을 대표하여 특정 하도급 업체와 일련의 계약에 대해 협상해야 하는 상황을 소개한다. 결국, 두 회사 모두에 득이 되는 성공적인 계약에 도달했지만, 리스크를 동반한 조치를 몇 차례에 걸쳐 실시해야 했고, 총괄 위탁업체가 해당 하도급 업체에 몇 가지 주요 시그널을 보내야 했다. 소통과정에서 상대의 의중을 잘못 파악할 만한 여지도 많았지만, 양측은 시행착오를 겪으면서 이해 당사자 모두가 만족할 만큼 사업 관계를 재정비하는 데 성공했다.

배경 설명과 협상에서의 도전과제

'램블링 리사이클러스Rambling Recyclers, RR'는 미국 남동부에 소재하면서 전국적으로 폐기물을 재활용하는 중견기업이다. RR은 창립 이후 꾸준한 성장을 이루면서, 대기업들의 폐기물 관리 업무에서 단일 접점으로 활동하고 있다. 회사 고유의 네트워킹 사업 모델을 활용하고 있고, 지금껏 매우 효과적인 모델로 인정받고 있다.

최근 RR은 '세이버리 그레인 프로덕츠Savory Grain Products, SGP'라는 대형 식품 제조사로부터 미국 전역에 대한 SGP의 폐기물 관리 서비스 계약을 수주했다. SGP는 미국 서부에서 출발한 100여 년의 역사를 가진 가족경영 기업이지만, 미국 전역으로 사업을 확장하여 식품 제조의 대표기업으로 자리매김했다. SGP는 상당량의 폐기물 전체를 관리해 줄 협력사가 필요하여, RR과 5년 계약을 체결했다. RR은 SGP가 이전보다 폐기물을 더 많이 재활용하여 궁극적으로 비용을 절약할 수 있도록 했다.

RR이 새로운 업무를 본격적으로 추진하려던 중, 관리해야 하는 계약 중에서 'AL 리커버리ALR'라는 회사와 관련된 계약이 발견되었다. ALR의 사업은 SGP와 같은 기업들로부터 음식물 쓰레기를 받아서, 쓰레기를 가공하여 소와 돼지와 같은 가축의 사료로 만드는 것이었다. 밀과 쌀을 비롯한 식품을 가공하는 과정에서 8~10퍼센트가 음식물 쓰레기가 되는데, 대형 공장에서는 매년 수백만 파운드의 음식물 쓰레기가 배출되므로, '블루 오션'과 같은 사업 영역이라고 할 수 있다.

ALR은 SGP의 식품 가공공장 여덟 곳—전체 공장의 3분의 1에 해당—으로부터 음식물 쓰레기를 수거했다. 그런데 ALR이 각 공장과 체결한 계약 내용이 상이했다. 장기 계약을 한 공장이 있었고, 단기 계약을 체결했거나 만기가 다가오는 공장도 있었다. 심지어 공장 두 곳에는 계약이 체결되지 않은 상태로, 비정기적으로 용역을 제공하고 있었다. RR은 SGP를 대표하여 모든 계약 내용을 분석하고, 재협상하여, 입찰 당시에 약속한 대로 SGP에 비용을 절감하도록 해야 했다. ALR과의 협상이 필요한 부분이었다.

RR의 빌 막스Bill Marks 부장은 ALR의 창립자이자 CEO인 아놀드 카츠Arnold Katz와 재협상 진행 업무를 맡았다. 1990대 초반의 카츠 대표는 여전히 ALR에서 적극적으로 업무에 관여하고 있었다. 빌은 카츠 대표와 만나 대화하고 싶다는 의사를 내비쳤다. 그리고 카츠 대표를 배려해 그가 거주하는 텍사스로 직접 찾아가겠다고 했다.

협상 준비

빌은 어떻게 협상할 것인지를 고민하는 과정에서 SGP에 처음부터 좋은 인상을 남겨야겠다고 생각했다. 그래서 그는 SGP와 협력사의 신규 계약을 체결할 때 최소 10퍼센트의 비용 절감이 가능하도록 협상해주는 조건으로 계약을 수주했다.

빌은 ALR과 그들의 사업 포트폴리오에 대해 배경 조사를 본격화했다. 그러던 중 ALR에 대한 흥미로운 사실을 발견하게 되었다. 첫째, ALR이 SGP의 각 공장과 체결한 계약이 계약 연수도 다르고, 심지어 계약을 체결하지 않고 거래하는 공장들도 있다는 사실을 알게 되었다. RR은 강력한 배트나를 확보하고 있었기 때문에 협상에서 우위를 점하고 있다는 사실도 파악했다. SGP와 계약을 체결하여 이 사업을 가져가려는 협력사들도 득실거리고 있었다.

빌과 담당 직원은 다음의 제안으로 ALR에 접근하는 전략을 세우기로 했다. RR이 SGP와 유리한 조건으로 계약을 맺을 수 있다는 내용이 골자였다. 즉 만약 ALR이 SGP의 각 공장과 기존에 체결한 모든 계약을 취소하고 현재보다 낮은 가격을 청구한다면, RR이 ALR과 새롭게 (4년) 장기 계약을 체결할 수 있도록 조율하겠다는 제안이었다.

RR과 ALR은 전에도 다른 프로젝트에서 함께 일한 경험이 있었기 때문에, 이렇게 신뢰 관계를 구축하는 방식이 새롭지는 않았다. RR은 ALR에 SGP의 업무 대행권을 따냈다고 전했고, SGP의 공식 재활용 위탁업체인 RR에 관련 문서 전체를 공유해 달라고 요청했다. ALR은 그 요구를 받아들였다. 지역 총괄자는 빌에게 연락하여, 이 정도 규모의 거래에 대해서는 ALR의 대표이자 CEO인 아놀드 카츠와 직접 얘기해야 한다고 전했다. 빌은 카츠 대표가 모든 업무에 대해 감독과 간섭이 심한 90대 경영인이자 수백만 달러 자산의 소유가라는 사실을 익히 알고 있었다.

빌은 90대 경영인의 관점에서 금전적 이득 외에 어떠한 가치를 중요하게 여길지 생각해 보았다. 여생이 많이 남지 않은 사람에게 사업으로 진정 바라는 바가 무엇일까? 나이가 아무리 많아도 여전히 기업에 지대한 영향을 미친다는 것은 카츠 대표가 자기 일을 무척이나 아낀다는 의미였다. 빌은 RR이 향후 대형 계약을 수주하는 과정에서 ALR이 많은 계약에서 훌륭한 장기 파트너사가 될 것이라는 점을 강조했다. ALR과 단기 협상으로 마무리할 수 있는 거래도 있었지만, 장기적으로 관계를 이어간다면 상당한 결실을 낼 것이 분명해 보였다. 빌은 단기적 니즈와 장기적 목표 간의 멀고 먼 격차를 최대한 좁히는 방안을 연구해야 했다.

본격적 협상

ALR의 아놀드 카츠 대표는 자신이 사는 텍사스에 와서 점심을 먹자고 빌에게 제안했다. 빌은 동료 한 명과 방문하겠다며 초청해 준 것에 대해 경의를 표했다. 추후 빌은 "카츠 대표는 잘 갖춰진 복장으로 매우 친절하게 우리를 환대해 주었다"라고 회상했다.[1] 빌은 카츠 대표의 이미지가 자신이 생각했던 것과는 정반대라 다소 놀라워했다. 카츠 대표는 업계에서 크나큰 성공을 거머쥔 통찰력 있는 사업가답게 신중하게 상황에 접근하는 모습이었다. 두 사람은 각자의 회사에 관한 이야기를 나누었

---

1) 저자와의 인터뷰

다. 카츠 대표는 자수성가한 백만장자가 된 기나긴 여정에 대해 이야기 보따리를 풀었고, 자신보다 한참 어린 빌과 그의 동료에게 사업가로서의 지혜를 전수해 주었다. 카츠 대표는 빌과 RR의 사업 아이디어를 크게 치하하며, SGP의 원스톱 재활용 대행 사업의 가치를 높게 평가했다.

잠시 후, 그들은 본 목적인 협상에 들어갔다. 새로운 계약에 대한 건이었다. 빌은 제안하고자 하는 내용을 하나씩 설명했다. RR과 ALR이 새롭게 제안하는 이 사업 부문에서 손을 잡을 수 있다고 설명했다. ALR이 SGP와 현재 맺고 있는 여러 계약을 취소하고, 비용을 조금 더 지불한다면, ALR은 안정적으로 장기 계약을 착수할 수 있을 것이고, 카츠 대표도 안정적인 계약을 장기화하는 것에 대해 긍정적으로 평가할 것이라고 판단했다. 빌은 카츠 대표에게 ALR이 SGP와 맺은 계약 중에는 경쟁력이 있는 것들도 있지만, 그렇지 않은 계약도 많으므로 이러한 불균형성을 해결해야 한다고 설명했다. 빌은 이 협상에서 RR과 ALR 모두 윈윈win-win할 수 있다는 점을 강조했다. 그리고 이번 협상이 성공적으로 추진되면, ALR은 향후 SGP와 더 많은 사업적 거래를 할 수 있다고 덧붙였다. 카츠 대표는 이 모든 사업적 가능성에 관해 관심을 보였다. 빌은 카츠 대표에게 각종 계약에 대한 세부적인 제안서를 보내기로 약속하며 협상을 일단락 지었다.

빌은 카츠 대표와의 만남이 매우 만족스러웠다고 회고했다. 두 사람의 마음이 하나가 되었다는 느낌 때문이었다. 두 회사 관계의 초석을 다지는 기회였을 뿐 아니라, 빌과 그의 동료에게 귀중한 조언과 교훈을 전하고 싶어 하는 카츠 대표의 진심 어린 태도가 울림을 주었다.

빌은 사무실에 돌아와서 내부 논의 끝에 공격적인 제안을 하기로 결정지었다. 자신이 관리하는 모든 사업장에서 매입하는 원자재 전량에 대해 경쟁력 있는 요청가를 제안했는데, 첫 번째 요청가에 대해 빌은 "합리적인 수준에서는 상당한 고액"이라고 밝혔다. 카츠 대표는 그 대가로 자신이 감독하는 공장 여덟 곳에 대해 장기적 거래를 획득하는 조건을 내걸었다.

다음 날 카츠 대표에게서 이렇게 답변이 왔다. "상식을 벗어난 제안이네요. 요청가가 터무니없이 높습니다. 없었던 일로 하고, 저희는 사태의 추이를 보고 의견을 내겠습니다."[2] 카츠 대표는 나름의 분석을 했고, 빌과 RR이 SGP 측에 비용 절감을 수치적으로 입증해야 하는 압박감이 있었겠노라 파악했다. 빌은 후에 이렇게 회고했다. "우리의 제안이 지나치게 공격적으로 여겨질 수도 있었을 것이다. 우리의 요청가로는 순이익을 낼 수 없는 구조였으니 말이다."[3] 양측의 대화가 오간 후, 빌은 협상에서 주도권을 빼앗겼다고 판단했다. 카츠 대표는 기존 계약 조건을 그대로 준수하되, 만료될 시에 새로운 계약에 대해 입찰가를 제안하겠다는 생각이 확고했다.

이 상황에서 빌은 원점으로 돌아가 생각해 보기로 했다. 그러던 중, ALR이 계약을 체결하지 않는 SGP 시설 두 곳에 대한 생각이 번뜩 떠올랐다. 빌은 직원들에게 두 시설에 대해 어떠한 선택지가 있을지 물었다. 그렇게 담당 직원들이 떠올린 것은 두 시설 중 한 곳에 관심을 보이는 경

2) 카츠와 막스의 이메일
3) 저자와의 인터뷰

쟁사가 있다는 사실이었다. 경쟁사와 협상을 타결하기 전에, 빌은 카츠 대표에 연락했다. 3자 제안을 접수한 상황에서 가장 좋은 조건의 제안서를 최초 제안자인 카츠 대표에게 제시하여 같은 조건 또는 보다 나은 조건으로의 수용 여부를 선택하도록 했다. 카츠 대표는 빌의 입장을 이해했고, 반대 오퍼(counteroffer, 원래의 오퍼 조건을 변경하거나 새로운 조항을 추가하여 다시 제시하는 오퍼―옮긴이)는 하지 않겠다고 설명했다. 두 사람은 서로에게 앞으로 건승을 빈다고 얘기했다. 이후 다른 사업장들에 간 빌은 ALR과 함께 일하고 싶다는 의지를 재차 강조했다. 빌이 ALR이 아닌 다른 회사와 거래를 성사시키는 모습을 본 카츠 대표는 빌이 사업 추진력이 좋은 사람이고, 쉬운 상대는 아니라고 느낀 듯했다. 고객사가 크나큰 변화를 추진하고 있다는 강력한 신호처럼 여겨졌다. 얼마 후 카츠 대표는 빌에게 다시 연락하여 "합리적인 가격을 제시하면, 다시 고려해 보겠습니다. 첫 제안한 가격은 터무니없었어요."라고 말했다.[4] 빌은 내용을 검토하고 곧 연락하겠다고 약속했다.

빌이 제안한 최초 가격대로 진행될 경우, 빌은 자신이 SGP에 약속한 10퍼센트 비용절감액을 달성하고 ALR에 4년 계약을 확보해 줄 수 있었다. 빌의 입장에서는 충분히 좋은 조건의 거래였고, 카츠 대표와 ALR이 더 많이 제휴를 맺도록 물꼬를 틔울 수 있었다.

이 협상에서는 RR이 SGP에 전체 시설 관리 비용에 대해 10퍼센트를 감축하도록 해 준다고 약속한 점이 결정타였다. 각 시설에 대해 10퍼센

---

4) 카츠와 막스의 이메일

트를 감축하지 않아도 된다는 점이 행운이었다. 결과적으로 전체 10퍼센트 감축 목표만 지키면 되므로, 시설별 거래를 조정할 수 있는 유연함이 보장되었다. 이와 관련해 빌은 "체스판에서 여러 피스를 움직일 수 있는 여지가 많았다."라고 설명했다.[5]

결국 카츠 대표는 빌의 제안을 받아들였고, 빌과 카츠 대표는 함께 사업을 이어갈 좋은 기회가 많아지면서 두 회사의 관계를 돈독히 발전시킬 수 있었다. RR이 ALR을 인수할 가능성도 물망에 올랐다. 사실 인수성사 여부에 상관없이, ALR도 RR이 제휴하고 싶어 하는 거래처를 다수 확보하고 있으므로 이 협상으로 인해 두 회사의 찬란한 여정이 펼쳐질 것이었다.

---

5) 저자와의 인터뷰

RR이 민감하지만 중요한 ALR과의 관계를 신중히 재개해야 하는 이 사례에서 몇 가지 주요 교훈을 도출해 볼 수 있다.

 교훈 1: 최초의 제안들

첫 번째 교훈은 '어떠한 제안들로 첫 단추를 끼웠는가'이다. 빌은 지나칠 정도로 공격적인 첫 가격을 제시하며 협상이 지속되지 못할 수도 있는 상황을 초래했다. 협상에서는 높은 목표를 갖고 저돌적으로 임하는 자세도 필요하지만, 터무니없는 제안으로 선을 넘지 않는 태도도 매우 중요하다. 이 사례에서 알 수 있듯, 선을 넘는 제안은 모욕적으로 느껴질 수 있고, 협상을 시작하기도 전에 끝나게 만든다. 이 협상의 경우에는 카츠 대표가 절실했기 때문에 다시 협상 테이블로 돌아왔다는 점이 빌에게는 천만다행이었다.

또한 최초의 제안이 협상의 실마리가 된다는 점도 중요하다. 카츠 대표가 협상테이블에 돌아왔을 때, 빌이 반대 오퍼를 요청했을 수도 있었다. 그러나 그는 자신의 최초 제안을 철회하되, 사업적 목표점은 달성하면서, 카츠 대표의 신뢰를 살 만한 품행으로 그를 설득할 수 있었다. 결국 협상의 주도권이 빌의 손에 넘어오게 된 것이다. 하지만 반대의 상황이었다면 어땠을까? 카츠 대표에 반대 오퍼를 제안했더라면, 협상 혹은 합의 가능한 영역Zone of Possible Agreement, ZOPA의 차이가 좁힐 수 없을 정도로 벌어졌을 것이다.

 교훈 2: 다른 방향으로 오가는 시그널

두 번째 교훈은 협상에서 시그널을 보내는 방법은 다양하고, 진지하고 최선을 다해 협상에 임하고 있다는 입장을 보여주어야 할 때도 있다. 이 경우에 빌은 리스크를 걸고 ALR이 담당하는 시설 중 한 곳을 경쟁사에 위임할 수 있다는 가능성을 ALR에 알렸다. ALR이 협박조로 인식했다면 협상 전체를 와해했을 수도 있었겠지만, 오히려 카츠 대표는 빌이 자신의 언행에 진정성을 갖고 임한다고 파악하여 협상을 긍정적으로 이끌 수 있었다.

이와 같은 시그널을 보내려면, 한 걸음 물러서서 협상 전반에 걸쳐 거시적인 관점으로 검토해야 할 것이다. 이 상황에서 빌은 ALR이 관리한 시설 여덟 곳이 ALR에 중요한 사업이므로 빼앗기는 리스크를 용납할 수 없다는 사실을 간파했다. 빌이 큰 무기로 갖고 있는 배트나는 ALR의 계약에 눈독 들이는 경쟁사들이 있다는 사실이었다. 워낙 강력한 무기가 있었던 터라 빌에게는 카츠 대표가 협상의 문을 다시 두드릴 것이라는 믿음이 있었다.

 교훈 3: 장단기 목표의 균형을 맞추며 협상의 문을 열어 둔다

협상 단계의 다양한 지점에서 빌은 카츠 대표에게 언제든 마음이 바뀌면 대화에 다시 참여해 달라고 정중하게 요청했다. 빌은 SGP와의 단기적 협상을 성사시키는 것만큼 ALR과 장기적 파트너십 (혹은 ALR의 인수)을 관리하는 것도 중요하다는 점을 간파하고 있었다.

만약 빌이 장기적 이익보다 단기적 실익만 추구했다면, 카츠 대표
는 불쾌해하며 협상 자리를 박차고 나갔을 것이다.

교훈 4: 호감도의 중요성

로버트 치알디니Robert Cialdini는 저명한 도서 《설득의 심리학
(Influence: The Psychology of Persuasion)》에서 설득에 필요한 여섯
가지 수단을 열거한다.[6] 그중 하나가 상대가 당신에게 얼마만큼 호
감과 공감대를 가졌는지에 관한 것이다. 호감도는 이 협상에서도 중
요한 역할을 했다. 빌과 카츠 대표는 대화 초반부터 개인적으로 마
음이 통하는 관계를 형성했다. 카츠 대표는 빌을 보면서 자신이 젊
었을 때의 모습을 떠올렸고, 빌이 자신과 인종적 배경이 같다는 것
을 알고 자신의 경험에 대해 도움이 될 만한 이야기를 들려주고 싶
어 했다.[7]

호감도가 어떠한 작용을 할 것인지 미리 알기는 어렵지만, 호감이
형성되었을 때 바로 느껴지곤 한다. 이 경우에 두 사람은 서로 간 확
실히 통하는 부분이 있어서, 서로를 더욱 잘 이해하고 함께 사업을
하고 싶다는 마음이 샘솟았다고 언급했다.

---

6) 《Influence: The Psychology of Persuasion》, Cialdini, R., Pearson Books, 2008.
7) 치알디니는 《설득의 심리학》에서 여섯 가지 설득 수단을 열거한다. 《초전 설득: 절대 거절할 수
없는 설득 프레임(Pre-suasion)》에서는 일곱 번째 수단인 '연대감(Unity)'을 소개한다. 빌과 카
츠 대표가 같은 인종이라는 연결고리도 연대감에 속한다. 자세한 내용은 해당 도서를 참조. (사이
몬 & 슈스터(Simon & Schuster), 2018)

 교훈 5: 인내와 진중함

　이번 사례의 마지막 교훈은 협상에서 인내 있게 진중한 태도를 잃지 않아야 한다는 점이다. 빌이 최초의 가격을 제시했고, 카츠 대표가 그 금액으로는 진행할 수 없다는 간결하게 답변했을 때, 협상이 불가능할 것—두 사람의 관계에도 마침표를 찍었다—이라고 생각한 사람들도 있을 것이다. 또한 빌이 첫 번째 공장을 ALR의 경쟁사에 위임해 버릴 수도 있었지만, 빌은 큰 그림을 보며 인내와 진중함을 잃지 않았다. 여러 요소와 철저한 분석을 해보니 카츠 대표가 돌아올 것 같은 감이 왔기 때문에, 협상의 문을 잠그지 않고 기다렸던 것이다.

　협상 과정에서 막다른 골목에 들어서는 순간 협상이 다 끝났다고 단정해버리는 사람들이 많다. 그러나 최고의 협상가라면 사면초가 상태를 바로 받아들이며, 협상을 진행시킬 다른 길을 모색한다. 이렇게 하면 설익은 타결을 막을 수 있다.

제8장

사건의 배후를
파헤치다

협상에서는 초반의 분위기가 계속 이어지는 경우가 드물다. 특히 막후에서 협상에 보이지 않는 개입과 영향을 행사하는 사람들이 있을 때는 더욱 그러하다. 이는 협상이 정체되는 원인이기도 하다. 협상 초기에는 배후 인물의 존재가 문제를 일으킬 것으로 예상하지 못한다. 협상 당사 측에 대한 배후 인물은 자신이 협상 과정의 일원이라고 생각하지 못하기 때문이다.

일정 시간이 지나면 배후 인물의 모습이 드러나곤 한다. 특히 협상 과정의 중요한 순간에 그들의 존재가 드러난다. 다음 사례는 협상이 지연되어 결렬 직전에 도달한 후에야 막후의 인물이 드러난 경우다.

배경 설명과 협상에서의 도전과제

㈜엔지니어링 엑스퍼츠Engineering Experts Inc., EEI는 전 세계에서 수자원 관리, 수송, 에너지, 인프라를 비롯한 대형 사업에 참여하는 기술 컨설팅 기업이다. 설계에서부터 건축과 시공 및 사업관리에 이르는 전체 기술 공정을 아우르는 복수의 사업부를 보유하고 있다. EEI는 연방 및 주정부 뿐 아니라 민간 산업체 등 다양한 기관 및 기업과 제휴를 맺고 있다.

이 사례에서는 EEI가 미국 아미티 카운티Amity County, AC의 남서부에 있는 한 도시의 사업에 참여했다. AC에 폐수에 대한 물리·화학적 처리장을 설계하고 건설하는 프로젝트였다. EEI는 설계와 시공 단계에서 컨설팅 기업으로 참여했다.

EEI의 프로젝트 매니저는 스탠이었다. 그는 EEI에서 15년, 또 다른 기업에서 5년의 경력을 보유하고 있었다. AC의 프로젝트 매니저PM는 알폰소였다. 그는 미국 남동부에 있는 중간급 대학에서 공학을 전공했고, 대학을 졸업한 지 2년밖에 되지 않는 새내기 PM이었다.

스탠과 알폰소의 이견 없이 프로젝트는 순조롭게 착수되었다. 그러던 중 EEI가 설치하기로 제안한 시스템에 문제가 발생하게 되었다. 시설에서 폐수의 농도가 지나치게 높았던 것이다. 스탠은 자신이 받은 데이터를 모니터링하면서 이상한 점을 발견했다. 그러나 이내 상황 파악을 완료했고, 알폰소에게 문제 해결 방법을 알아냈다고 전했다. 스탠은 해결 방법에 대한 자신의 계획을 조목조목 설명했지만, 알폰소는 계속해서 아이디어에 반박하는 것이었다. 스탠이 제안하는 새로운 방식을 납득할 수 없는 이유는 설명하지 않은 채 반대 의견만 피력했다. 스탠은 만약 협상이 필요하다면, 현재 무슨 상황이 일어나고 있고, 알폰소가 반대하는 이유와 근거가 무엇인지 파악해야만 했다.

협상 준비

스탠은 이 문제에 대해 이런저런 생각을 짜내 보았지만, 알폰소가 반대하는 이유는 전혀 알 길이 없었다. 스탠은 이 분야에서 20년의 경력을 지닌 전문가이지만, 알폰소는 대학 졸업 후 업무 경력이 몇 년 안 되는 초짜이지 않은가. 그러나 스탠이 골머리를 앓은 부분은 그가 초짜라는 점이 아니라, 반대를 거듭하는 이유를 도저히 간파할 수 없다는 점이었다.

지푸라기라도 잡는 심정으로 자신의 동료인 에이미에게 상황을 설명했다. 그녀는 협상과 분쟁 해결 분야에서 여러 차례 교육을 받은 적이 있었다. 스탠이 에이미에게 상황을 설명하기 시작하자, 그녀는 알폰소의 언행에서 드러나지 않는 배후의 이해관계가 있다는 사실을 재빨리 눈치챘다. 스탠이 협상 문제를 해결하려면 이 부분에 대해 알폰소가 명확히 해줘야 하는 상황이었다. 게다가 문제는 스탠의 대면 소통 기술이 뛰어나지 않았기에, 대부분 이메일로 소통하는 방식을 선호했다. 스탠과 알폰소는 3개월 전에 프로젝트 착수 회의 이후 대면 회의를 한 번밖에 하지 않았다. 에이미는 스탠이 알폰소와 진정으로 소통하고 현 상황을 파악하려면 무엇보다 끈끈한 관계를 구축해야 한다고 주장했다. 스탠은 마지못해 인정하며 알폰소에게 점심 식사를 제안했다. 알폰소는 그렇게 하자고 답변했고, 두 사람은 며칠 후 만나기로 약속했다.

알폰소는 이도 저도 할 수 없는 상황에 처했다고 판단했다. 자신이 감당하기엔 벅찬 상황이었고, 해결책을 마련하거나 스탠의 제안이 옳은지 판단할 만한 경력이 턱없이 부족했다. 알폰소는 초짜인 자신을 프로젝트에 파견하는 것 자체에 회의적인 자신의 상사에게 이 상황을 보고하는 것이 내키지 않았다. 스탠이 프로젝트를 이끄는 대로 맡기면 되었지만—이러한 이유로 AC가 EEI에 업무를 위임한 것이다—불안한 마음은 가시지 않았다. 자신의 프로젝트 관리 역량을 상사에게 보여줄 필요가 있었던 것이다. 그는 자신의 미숙함을 가리고 싶은 마음이었다. 그런데 프로젝트에 예기치 못한 문제가 발생했고, 프로젝트 일정과 예산에도 재정비가 필요했다. '왜 스탠은 폐수의 농도에 대해 간파하지 못했던가? 이 분야의 전문가라면 이 정도는 알아야 하는 게 아닌가?'라고 알폰소는 생각했다.

폐수 농도의 문제가 발생했을 때, 알폰소는 자신이 할 수 있는 유일한 행동을 취했다. 엔지니어링 분야에서 잔뼈가 굵은 친척 랄프에 연락을 취하는 것이었다. 5년 전에 퇴직한 랄프는 알폰소가 요청할 때마다 조언해 주는 친절하고 마음이 따뜻한 사람이었다. 알폰소는 랄프가 자신을 한심하게 여길 것 같아 처음엔 연락하길 주저했지만, 스탠과 당연히 자신의 상사에게 망신을 당하는 것보다는 낫다고 판단하여 랄프에게 연락을 취했다.

상황을 들은 랄프는 알폰소의 불안을 해소하기 위해 별다른 말을 하지 않았다. 오히려 불안을 부추겼다. 랄프는 스탠이 이 문제를 즉시 해결했어야 한다며, 해결 방법은 딱 한 가지라고 설명했다. 자신이 생각하는 해결 방안을 알폰소에게 알려 주었고, 스탠이 다른 방안을 제시하더라도 자신의 제안을 따르는 것이 맞을 거라고 방점을 찍었다. 랄프는 과거에도 자신이 제안한 방법이 효과적이었기 때문에 현재에도 유효할 것이라고 했다. 알폰소는 랄프의 핵심을 파악했고 이 내용을 스탠에게 설명해 주겠다고 했다. 바로 이 부분에서부터 본격적 협상이 시작된 것이었다.

본격적 협상

점심 식사를 함께하기 전에, 알폰소와 스탠은 몇 차례에 걸쳐 이메일을 주고받았다. 알폰소는 이메일에서 랄프가 제안한 방식을 주장했고, 스탠은 그 방식이 최선이 아니라고 줄곧 설명하면서 차라리 직접 만나서 얘기하자고 강력히 주장했다. 둘은 점심 식사를 함께하기로 약속했지만, 알폰소는 슬슬 겁이 나면서 만나기를 망설였다. 상대가 어렵고 불편할 때 많이 긴장하는 기질을 가진 알폰소는 스탠과의 이번 협상도 불편함의 연속일 것 같다고 느꼈다. 알폰소는 이메일이 한결 편했지만, 스탠이 직접 만나야 한다고 계속 주장하는 바람에, 알폰소도 마침내 마음을 비우고 점심을 먹는 데 동의했다. 사건이 발생한 이후 거의 일주일이 지난 상황이라, 두 사람이 신속하게 조처하지 않으면, 프로젝트가 크게 지연될 수 있었다.

마침내 두 사람은 만나게 되었고, 스탠은 자신이 생각하는 해결책을 설명하기 시작했다. 그런데 알폰소가 자신의 의견을 받아들이지 않는 이유를 도무지 알 길이 없었다. 그는 이번 프로젝트에 AC가 자신과 EEI를 고용한 이유는 자문을 제공받기 위해서라는 점을 강조했다. 알폰소는 랄프의 존재에 대해서는 언급할 생각이 전혀 없어 보였으며, 한동안 대화에 몰입하지 못했다. 그리고 얼마 안 있어 스탠에게서 무언의 압박을 느낀 불안이 스멀스멀 올라온 알폰소는 갑자기 자리를 박차고 밖으로 나가 버렸다. 스탠은 그 어느 때보다 혼란스러웠다.

당혹감에 휩싸인 스탠은 사무실로 돌아가서 에이미를 즉시 호출했다. 시뻘건 얼굴에 이내 폭발할 것 같은 모습이었다. 평정심을 찾기 위해 애를 썼고 한참 후에나 진정하는 듯했다. 마침내 방금 일어난 일에 대해 되새김질을 할 수 있을 정도로 이성을 찾게 되었다. 에이미는 그의 말을 찬찬히 듣고 나서 알폰소와는 시간을 두고 소통해야 할 것 같다며 다시 한번 대화를 해보라고 권했다. 그녀는 회피 성향이 있는 사람들에 대해 설명하면서 알폰소도 지금 상황을 회피하고 싶은 상황일 것이라고 설명했다. 스탠이 어떻게 하면 알폰소의 마음을 편안하게 할 수 있을지 고민해봐야 한다고 덧붙였다. 일단 마음이 풀려야 그의 생각을 알 수 있으니 말이다. 그것 외에는 뾰족한 수가 없어 보였다.

스탠은 그날 오후 알폰소에게 이메일을 보냈다. 알폰소가 많이 불안해한 것 같아 마음이 안 좋았고, 다시 한번 만나길 바란다고 적었다. 스탠은 그에게 두 가지를 요청했다. 알폰소가 자신이 원하는 대로 약속장소를 정해줄 것, 그리고 장소에 와서는 스탠이 제안하는 계획을 일단 들어줄 것이었다. 스탠의 생각을 듣고 나서도 그 제안이 내키지 않으면, 스탠이 알폰소의 상사와 직접 협의해 볼 생각이었다. 다음 날 아침, 알폰소는 마지못해 제안을 받아들인다고 답장했다.

이틀 후, 스탠과 알폰소는 알폰소의 사무실 맞은편에 있는 작은 식당에서 만났다. 스탠이 약속장소에 도착했을 때, 알폰소가 어르신 한 명과 함께 있는 모습을 보게 되었다. 알폰소가 랄프에게 자신을 위해 미팅에 와서 스탠의 제안을 들어보고, 자신에게 상황을 자세하게 설명해 달라고 요청한 것이었다. 알폰소는 스탠을 랄프에게 소개했고, 스탠에게는 랄프의 전문 분야와 경력이 어떻게 되는지 설명했다. 그러고 나서 알폰소는 랄프가 그동안 이 프로젝트 전반에 걸쳐, 특히 이번 사안에 대해 조언해 주었다는 사실을 밝혔다. 스탠은 랄프의 존재에 대해 알게 되자, 그제야 흩어진 퍼즐 조각들을 맞출 수 있을 것 같았다.

스탠은 프로젝트가 시작된 배경을 설명하면서, 초반에는 수처리에 대한 문제를 전혀 파악하지 못했다고 말했다. 그러고 나서 랄프에게 퇴직한 지 몇 년이 되었는지 정중히 물었다. 랄프는 5년이 되었다고 말했다. 스탠은 지난 몇 년 사이에 폐수 처리 분야에 새로운 기술이 적용되어 큰 효과를 보이고 있다는 점을 설명했다. 랄프는 엔지니어링 분야에서는 손을 뗐기 때문에 본인이 "최신 기법에 관한 한 문외한"이라는 점을 인정했다. 이 기술의 특징에 대해 차근히 설명을 듣고 난 랄프는 스탠의 의도를 파악하게 되었다. 알폰소마저도 스탠의 의도를 파악할 수 있게 되었다. 자기방어적 태도를 내려놓고 진정으로 스탠의 말을 경청했다. 세 사람이 점심 식사를 마쳤을 때쯤, 알폰소는 스탠의 계획에 전적으로 동의했고, 본인이 실행할 수 있을 것 같다는 확신이 들었다. 그러나 해결해야 할 문제가 하나 더 있었다.

변경된 계획에 대해 알폰소가 자신의 상사에게 어떻게 설명해야 할지 난감했다. 잘 알지 못하는 내용을 꼬치꼬치 질문하는 상사의 모습을 떠올리니 한숨 밖에 나오지 않았다. 계획을 변경한다고 추가 자원에 대한 지출이 발생하는 것은 아니었지만, 새로운 계획으로 문제를 어떻게 해결할 수 있는지에 관해서는 설명이 필요했다. 알폰소가 자신의 고민을 스탠에게 털어놓자, 간단하게 해결할 만한 생각이 스탠에게 떠올랐다. 스탠은 이 사안에 대해 다시 한번 짚어보자고 제안했고, 상사에게 보고할 때 자신이 함께 가주겠다고도 했다. 또한 그는 알폰소가 설명하기에 곤란한 사항이 있으면, 직접 개입해서 심층적인 통찰을 제시할 수 있다고 덧붙였다. 그의 말을 들은 알폰소는 한결 마음이 편안해졌다. 문제를 해결하는 과정에서 스탠은 어떠한 도움도 줄 수 있다고 했다. 이번 일로 프로젝트 진행이 지연됐지만, 문제를 해결한 이후부터는 본격 정상화하는 데 성공했다.

이번 사례를 통해 몇 가지 근본적인 교훈을 도출해 볼 수 있다. 수면 위로 드러나지 않는 함축적인 교훈들이다. 이 협상을 성공적으로 마무리하기 위해서는 현 상황을 제대로 이해하기 위해 관련 이슈들을 모조리 수면 위로 끌어내야만 했다.

교훈 1: 상대방의 숨겨진 요구사항을 파악하라

앞의 사례는 숨겨진 요구사항이 현실적인 해결책을 가로막는 걸림돌로 작용한 전형적인 사례다. 경력이 짧은 알폰소는 자신의 무지함을 상사에게 들키고 싶지 않았다. 체면을 구기고 싶지 않았지만, 사람들과 소통하는 것이 어색하고 불편한 그는 어떻게 대처해야 할지 몰랐다.

스탠은 자신이 파악하지 못하는 이슈가 수면 밑에 있다는 사실을 직시했다. 자신의 동료 에이미가 사건을 풀어가는 데 도움을 주었고, 그녀의 조언대로 자신이 간파하지 못하는 것이 무엇일지에 대해 집중했다. 협상이 교착 상태에 빠진 근본적인 이유를 파악하고 나서야 그 문제를 효과적으로 해결할 수 있었다. 때로는 협상에서 탐정이나 탐사보도 기자의 역할이 필요할 때가 있다.

교훈 2: 이해관계자들을 파악하고 협상에 영향을 미치는 모든 이들의 의중을 이해하는 것이 성공의 열쇠가 될 수 있다

협상 당사자들이 누구인지 명확해서 그 당사자들을 파악하는 것은 중요하다. 하지만 이에 못지않게 중요한 것이 있다. 협상 자리에 배석하지는 않지만 협상 결과에 상당한 영향을 주는, 이차적으로 중요한 이해관계자들을 파악하는 것이다. 실제로 협상의 막후 인물들과 그들이 중시하는 바를 협상에서 파악해야 하는 경우가 많다.

이 사례에서는 랄프의 존재와 조언이 협상의 수수께끼를 푸는 열쇠로 작용했다. 협상 초반부터 스탠이 이 부분을 파악하기란 거의 불가능했을 것이다. 그러나 협상이 무르익을수록 누군가가 알폰소에게 영향을 미치고 있다는 가능성에 대해 염두에 두었다면 상황이 미궁으로 빠지진 않았을 것이다. 그 가능성을 염두에 두었다면, 알폰소의 심중을 미리 파악하고 신속히 상황 파악을 했을 것이다.

교훈 3: 어떠한 수단으로 협상하는지가 관건이다

협상하는 각 방식에는 장단점이 있다. 대면 협상은 보디랭귀지와 비언어적 단서를 파악하는 데 매우 효과적일 수 있으나, 누군가에게는 불안을 일으키는 경험이 될 수 있다.

이 사례에서는 이메일을 통한 협상 전개가 진전을 가로막기도 한다는 점을 알 수 있었다. 사람들이 행간을 읽지 못하고, 상대가 암묵적으로 추구하는 바가 무엇인지, 특정 발언을 하는 저의가 무엇인지

파악하기 어렵다. 스탠과 알폰소의 이메일 소통 방식은 매우 상투적으로 각자의 입장만을 전하기에 급급했다. 협상에서 효과적으로 이메일을 활용하려면 당사자들은 상대의 숨겨진 요구사항을 심층적으로 파악하고, 상대의 모호한 발언에 대해 명확한 설명을 요청할 수 있어야 한다. 협상 참여자들이 이 몇 가지라도 실천한다면, 소통의 질은 대폭 개선될 것이고, 이메일 소통을 신중하고 사려 깊게 활용하여 굳이 지양할 필요도 없다.

II

국제 사례

국제 사례

물리적 국경의 제약이 점차 사라지면서 더 많은 기업이 국제 시장에 뛰어들고 있다. 그 결과 협상은 아프가니스탄에서 짐바브웨에 이르기까지 국경을 초월하여 활발히 전개되고 있다. 전혀 예상치 못한 장소에서, 전혀 예상치 못한 기업체 간의 거래를 비롯하여 온갖 종류의 협상이 장소에 구애받지 않고 진행되고 있다.

국제무대에서의 협상이 확대되면서 국내 협상에서는 생각지 못한 다양한 요소들이 고려 대상이 되고 있다. 대표적으로 두 가지 예를 들겠다. 첫째, 국가별 법규제가 상이하므로, 특정 상황에서 어떠한 법을 준거법으로 할 것인지 모호한 경우가 더러 있다. 둘째, 협상 참여자들이 중시하는 고유의 문화가 여럿 존재한다. 이와 같은 문화적 차이를 심층적으로 분석하지 않는다면, 순조롭게 진행될 법한 협상 절차가 쉽게 와해될 수 있을 것이다.

이번 섹션에서는 (미국 외의) 다른 국가들에서 일어난 협상 사례 혹은 출신 국가가 다른 사업체 간의 협상 사례를 여럿 다룰 것이다. 읽다 보면 느끼겠지만 사태가 심각하여 잠재적으로 협상을 뒤엎을 만한 위험 요소가 가득하다.

첫 번째는 중국의 솔란타르Solantar라는 기업에서 특정 장비를 매입해야 하는 이노어그리Innoagri라는 기업에 관한 매우 흥미로운 사례다. 솔란타르는 중국에서 이노어그리가 필요로 하는 장비를 생산하는 유일한 기업이었고, 바로 이 부분이 이노어그리가 직면한 문제의 발단이었다. 이노어그리가 장비 매입 건으로 솔란타르에 접촉했을 때, 솔란타르는 가격을 급격히 인상했다며 그 금액이 아니면 장비 공급이 불가능하다고 했다. 대안을 찾을 수 없는 최악의 난관에 봉착한 이노어그리는 어떠한 선택을 했을까? 사건이 얼마나 흥미진진하게 진행되었는지는 기대할 만하다.

두 번째 사례는 막강한 기업 간의 협상 소식이 여론에 노출되었을 때 어떠한 일들이 벌어지는지를 보여준다. 아빌리오 디니즈Abilio Diniz와 장 찰스 나오우리Jean-Charles Naouri는 내로라하는 부유한 기업가들이다. 두 사람은 걷잡을 수 없이 내리막길을 걸은 매우 유명한 협상 건에서 꼼짝달싹 못 하고 있었다. 양측은 단지 협상에서 '이기기' 위해 변호사 및 컨설팅 비용으로 수백만 달러를 쏟아붓고 있었다. 이때 한 협상 컨설턴트가 등장했다. 그는 각자의 주장 이면에 어떠한 이슈가 있는지, 근본적으로 각자가 필요로 하는 바가 무엇인지 냉철하게 고민하도록 유도했고, 이때부터 서서히 변화가 생겨났다. 양측이 각자의 요구사항을 심층적으로 털어놓기 시작하자 불통의 악순환이 깨지면서, 두 기업가가 원하는 방향으로 진행할 수 있는 간단한 방법을 고안해 낼 수 있었다.

세 번째 사례는 알루미늄 생산기업 아이언 웍스Iron Works와 제품 제조용 원자재를 운송하는 선사 씨번 트레이딩Seabourn Trading이 중동에서 진행한 협상 건이다. 두 회사는 오랜 세월을 함께 일하면서 관계를 쌓아왔다. 그런데 이번에는 아이언 웍스가 씨번 트레이딩에 대해 몰랐던 정보를 알게 되면서 새로운 협상 국면에 돌입하게 되었다. 새롭게 알게 된 정보로 인해 관계를 새롭게 정립해야 했다. 그러나 양측 협상 담당자들은 두 회사 모두가 수긍할 만한 해결책을 모색하기 위해 여러 걸림돌을 함께 치우는 수밖에 없었다.

네 번째는 두 곳의 대기업인 PPM과 아르마Arma의 협상을 다룬다. 아르마가 PPM의 사업을 인수하면서 협상이 필요하게 된 것이다. 아르마는 미국에 기반을 두고 있었고, 사업 일부를 아르마에 매각하기로 한 PPM은 유럽 기반의 기업이었다. 양사의 초기 협상은 꽤 순조롭게 진행되는 양상을 보였다. 그러던 중 마지막 순간 PPM은 협상에서 주요 시설을 계약 내용에서 삭제해 버렸다. 지금까지 함께 쌓아 온 성과가 단숨에 사라질 것을 우려한 아르마와 PPM은 협상은 성사시킨 상태였지만, 계약에서 빠진 시설이 원래 논의한 대로 포함되었다면 순조롭게 진행되었을 사업에 그 대안으로 생산 공급 계획을 엉성하게 삽입한 상황이었다. 그리고 계약을 체결한 직후, 공급 계획에 차질이 빚어지기 시작했다. 아르마가 처음에는 자체적으로 상황을 수습하려고 애썼지만, 결국 협상 컨설턴트의 도움을 받기로 했고, 결국 양측은 근본적인 이슈들을 파헤치고 더 나은 해결책을 찾을 수 있었다.

다섯 번째 사례는 유럽의 대대적인 정치적 전환기에 일어났다. 1990년

대 초반, 구소련이 붕괴하고 유럽에 그 여파가 가해짐에 따라, 독일에 기반을 둔 에이전시 인 트러스트Agency in Trust와 프랑스에 기반한 CGE(이후 '비벤디Vivendi'로 사명 전환)를 대표하는 각 회사의 협상 담당자는 마치 각국의 정체성을 대변하는 듯한 분위기를 감지하기 시작했다. 두 사람은 나무보다는 숲을 보려고 노력하고, 노골적인 양측의 입장 차를 좁히는 방안에 대해 창의적으로 접근하여 교착 상태에서 벗어나 각자의 이해관계를 충족할 수 있었다.

여섯 번째는 협상에서 갑—을 관계가 형성된 전형적인 사례로, 주도권을 신중하게 발휘하는 것이 얼마나 중요한가를 시사한다. 스티브가 운영하는 미국 기반의 신생 스타트업은 현금 유동성이 막혀 애를 먹고 있었다. 자금이 투입되지 않으면 파산할 조짐이었다. 이때, 피에르가 운영하는 한 프랑스 파트너사가 스타트업에서 필요한 자본을 조달해줄 수 있다고 제안했다. 그 프랑스 회사는 스타트업과의 협상 과정에서 상대측보다 훨씬 우위에 있다고 파악하여, 최대한 자사에 유리하게 주도권을 이용하기로 했다. 그 결과, 스티브와 그의 회사는 협상에서 자기네들이 불리하게 이용당했다는 느낌을 지울 수 없었다. 이 상황에서 스티브가 취할 수 있는 행동은 거의 없었기에, 상대측 조건을 모두 수용해야 했다. 그리고 몇 년 후, 피에르의 회사는 상장하기로 했다. 단, 상장하기 위해서는 스타트업에 대한 지분을 포기해야 했다. 스타트업은 더 이상 고군분투하지 않았고, 자금 상황도 전보다 훨씬 나아진 상황이었다. 스타트업은 지난날 협상에서 갑질하던 피에르를 똑똑히 기억하고 있었고, 이번 협상에서 호락호락하게 대하지 않아 협상은 난항을 겪었다.

일곱 번째는 유럽의 한 국가에서 협상의 난항을 겪었지만 결국 상호 만족할 만한 해결책을 찾은 사례다. 가족이 경영하는 사업에서 아버지 마르셀이 아들 루이에게 사업을 인계하는 과정에서 협상이 필요하게 되었다. 살면서 부자 관계가 원만하지 않았던 두 사람은 오랜 애증 관계 속에서 가족 간에 얽히고설킨 감정의 고리가 마르셀의 야심, 그리고 루이가 처한 현실에서 걸림돌이 되었다. 컨설턴트의 도움으로 두 사람은 결국 이견을 좁힐 수 있었지만, 오랜 상처를 치유하는 과정이 필요했다.

여덟 번째는 특정 상품에 대한 전문기술을 개발에 관한 협상 사례다. CXX 테크놀로지CXX Technology라는 캐나다 회사는 어떠한 표면에도 가상 키보드를 투사할 수 있는 레이저를 개발하고 있었다. 제조 공정이 매우 까다로워 개발이 쉽지 않은 상황이었다. 결국 펀딩을 받아야 하고 전문기술 공정이 필요한 상황에서 캐나다 회사는 메뉴픽스Manufix라는 중국 회사에 생산을 위탁하기로 했다. CXX 테크놀로지는 실사를 진행했지만, 프로젝트가 진행되면서 메뉴픽스의 생산기술 역량이 부족하다는 점이 가시화되었다. 그러나 이미 시간이 많이 흘렀기 때문에, 원점으로 돌리기에는 비용이 과도하고 CXX 테크놀로지의 상용화 일정에 큰 차질이 생길 수 있었다. 이에 CXX 테크놀로지는 끝까지 협상 노력을 포기하지 않았고, 자사의 목표를 달성할 방법을 찾는 데 성공했다. 협상 과정에서 걸림돌 '빼기'가 아닌 대안 '더하기'를 한 것이 그 비결이었다.

아홉 번째는 양측이 처음으로 사업을 함께하는 시점에서 끈끈한 관계를 구축하는 것이 얼마나 중요한지를 시사한다. 소기업 에크루Ecru는 인도의 중견기업 인데고프로Indegopro와 함께 사업을 해보고 싶은 열망이 있었다. 원격으로 소통을 이어가다 보니 인데소프로가 자기네들보다 작디작은 회사에 큰 관심을 보이지 않자, 에크루의 협상 담당자는 관계를 개선하기 위해 지구 반 바퀴를 돌아 인데고프로 사무실을 찾아가서 거래를 성사시켰다. 시간과 노력을 들여 멀리 떨어져 있는 상대 회사에 모습을 드러낸 사실만으로도 감동을 주기에 충분했고, 결국 인데고프로는 에크루의 제안을 받아들였다.

아홉 번째인 마지막 사례는 서로 다른 문화권의 두 회사가 함께 사업을 추진할 때, 상대에 대한 이해가 부족하여 많은 문제와 이슈가 발생한다는 점을 시사한다. 한국 기업 카이앰미Kyammi는 독일 회사 분다스코프Bundascorp와 제휴를 맺고 문화적으로 결례를 범하지 않기 위해 최선을 다하고 있었다. 그러나 안타깝게도 분다스코프의 협상 담당자는 협상 과정에서 중요한 요소인 양사의 문화 차이에 대해 인지하지 못했다. 그 결과 양측이 합의에 도달했음에도 카이앰미 협상 담당자는 협상 결과와 향후 관계에 대해 의구심을 품은 채 협상을 마무리했다.

제9장

양측 힘의 불균형이 클 때
효과적으로 협상하는 법

아무리 해도 잘 안 풀릴 것 같은 협상이 있다. 특히 '독점 협력 업체와의 협상'에서 흔히 경험하는 일이다. 독점 협력 업체와 협상을 해야 하는 상황에서는 협력 업체가 특정 물품이나 서비스에 대한 독점권을 지니므로, 협상 가능한 여지가 턱없이 부족하다. 그러면 두 가지 선택권—협력 업체의 조건대로 구매할 것인지, 아니면 아예 구매 자체를 포기할 것인지—의 갈림길에 서게 된다. 구매 측은 '울며 겨자 먹기'식으로 주장을 내세우기 어렵기 때문에, 협력 업체 마음대로 쥐락펴락하기가 딱 좋은 상황이 펼쳐진다.

이번 사례는 겉으로 보이는 부분이 전부가 아닌 전형적인 협상이다. 힘의 불균형이 심한 이러한 협상에서는 충분한 준비, 모호하지만 중요한 이슈에 대한 건설적인 질의, 그리고 무엇보다 진정한 창의적 사고가 있어야 힘의 균형을 어느 정도 맞출 수 있다. 이 사례에서도 이러한 노력 끝에 합의에 도달할 수 있었다. 그 비결을 알아보자.

배경 설명과 협상에서의 도전과제

이번 협상에서 구매 측인 이노어그리는 중국 상해에서 농업용 중장비와 광산장비를 제조하는 회사였다. 내수 판매와 수출을 모두 하는 회사는 생산 가동에 오래된 기계를 이용하고 있었고, 치열한 국내외 경쟁에서 살아남기 위해 공정을 간소화하고 생산 공정과 제품을 개선할 필요가 있었다. 그런데 문제가 하나 있었다. 공장에서 가장 많이 필요한 기계를 공급하는 협력 업체인 솔란타르가 중국 전역에서 해당 장비의 유일한 공급원이라는 점이었다. 솔란타르는 제조업에서 그 기계의 사업권을 유지할 수 있도록 중국 정부의 보호를 받고 있었다. 여담이지만, 중국에서는 특정 업종에서 공급업체, 즉 물품을 납품하는 협력 업체가 독점권을 보유하는 일반적 관행이 있다. 정부와의 유착관계 혹은 기타 정치·금융적 이해관계로 정부로부터 독점권을 보호받기도 한다. 정부가 해당 기업에 대주주로 등재된 경우도 있다.

이노어그리는 장비를 매입하는 것 외에도 기계에 대한 서비스 지원 계약을 맺고자 했다. 솔란타르는 장비 및 서비스 계약에 대해 터무니없이 높은 가격을 요구했다. 그렇다고 다른 국가로부터 장비를 수입할 수도 없었다. 중국 정부의 강력한 보호주의 규제로 이를 금지화한 것이다.

이노어그리는 협상 컨설턴트를 수임하여, 구매 팀이 더욱 합리적인 금액으로 계약한다는 목표로 협상을 준비하는 데 도움을 받기로 했다. 진정 어려운 협상 과제였다.

협상 준비

이노어그리의 구매 팀은 중국인 세 명과 호주인 두 명으로 구성되었다. 협상에 필요한 자료—핵심적인 질문 사항과 정보—를 받은 컨설턴트는 상황의 심각성을 파악하기 시작했다. 컨설턴트는 현재의 딜레마적 상황을 신중하되 창의적으로 접근해야 했다. 그는 며칠 동안 혼자 깊이 고민한 끝에 좋은 생각을 떠올렸다. 꽉 막힌 듯한 협상의 물꼬를 틔우는 데 도움이 되는 아이디어였다. 컨설턴트는 솔란타르가 어느 날 갑자기 사업을 접으면 어떠한 대안을 실행할지 구매 팀에게 깊이 고민해 보라고 강력히 조언했다. 심지어 플랜 B를 3일 이내에 생각해 오라며 긴장감을 바짝 높였다.

이노어그리의 구매 팀은 처음엔 매우 당황하며, 어찌 대안을 떠올릴 것인지 난감해했다. 그러나 한참 하소연한 끝에, 기존 생각의 틀을 깨고 모든 가능성을 브레인스토밍하고 탐구하기 시작했다. 회사에서 자체적으로 공정을 재설계해서 문제의 장비 자체가 필요 없도록 하는 방안을 떠올렸다. 또 다른 대안은 유사 장비를 제조하는 회사에 접촉하여 이노어그리의 니즈를 충족할 장비를 재정비할 가능성에 대해 논의하는 것이었다.

결국 이노어그리의 구매 팀원 한 명이 세 번째 대안을 구상해냈다. 협력 업체의 다른 고객사들이 해당 기기를 매입했지만, 현재 판매하기를 희망하는 경우를 조사해보자고 제안했다. 깊은 고민과 몇 번의 전화 통화 끝에 구매 팀에서는 몽골의 한 고객사와 연락이 닿았다. 사용하기에는 하자가 없는 중고 장비를 이노어그리에 판매하고 싶어 했다. 몽골 회사는 장비가 더 필요하지 않았기 때문에 장비를 매각하여 투자금 일부를 회수하고자 했다. 이노어그리가 정확히 바라던 대상을 찾은 것이다. 솔란타르로부터 품질보증이 되는 신규 장비를 구매하고 그 회사와 서비스 지원 계약을 맺는 것이 우선순위였지만, 필요에 따라서는 플랜 B인 배트나를 선택할 필요가 있었다.

본격적 협상

그 후, 이노어그리의 분위기는 절망에서 희망으로 바뀌었고, 이전에 솔란타르와 느꼈던 힘의 불균형도 더 이상 존재하지 않았다. 이노어그리는 솔란타르와 평등한 위치에서 합리적 가격을 제안할 만한 대안을 무기로 갖고 있다는 생각에 한결 당당했다. 이노어그리의 구매 팀은 유보가격(reservation point, 협상의 마지노선—옮긴이) 보다는 약간 높지만, 솔란타르가 처음에 요구한 과도한 가격보다는 대폭 낮은 금액을 제안했다. 구매 팀은 함께 사업을 하고 싶지만, 협상이 결렬되더라도 신뢰할 만한 대안을 갖고 있다는 점을 명확히 했다.[1]

협상이 진행되면서 이노어그리의 대표단은 솔란타르와 중고 장비를

---

[1] 협상에서 상대측에 우리 측의 배트나를 비장의 무기로써 알려 주는 경우, 어느 정도 위험이 수반된다. 상대가 위협적으로 받아들여, 자기방어적으로 나올 수 있기 때문이다. 신뢰할 만한 방식으로 잠재 위험을 완화하도록 배트나를 소개하는 방법에 대해서는 깊이 있는 코칭이 필요했다.

매각하고자 하는 몽골리아 회사 간의 입찰전을 발동시켰을 수도 있다. 강렬하고 기나긴 협상 끝에 이노어그리는 매우 합리적인 조건을 얻을 수 있었다. 장비 매각과 서비스 지원 계약에서 솔란타르 입장에서도 손해 볼 것이 없는 조건이었다. 그날 저녁 이노어그리와 수고해 준 컨설턴트는 그 어느 때보다 달달한 맥주를 마시며 축배의 시간을 보냈다.

독점 협력 업체와 협상해야 하는 상황만큼 난해한 상황도 없을 것이다. 이번 사례를 통해 알 수 있었겠지만, 이러한 상황에서 손을 쓸 수 있는 부분이 거의 없다고 해도, 생각의 틀을 넓혀 창의적으로 접근하며 열심히 임하다 보면 협상 구도는 바뀔 수 있다. 다음의 교훈은 이러한 상황에서 협상을 성공으로 이끌 수 있는 최고의 기회를 시사한다.

교훈 1: 철저한 준비태세로 무장하라

첫째, 이번 협상은 준비과정의 중요성을 강조하는 대표적 사례다. 철저한 준비는 자신감과 평정심을 주어 목표로 향하는 데 한눈팔지 않도록 하며, 불필요한 손해를 보지 않도록 지탱해 준다. 이노어그리는 더 나은 배트나를 찾기 위해 밤낮으로 고민했고, 해답을 찾을 수 있었던 비결은 철저한 준비였다. 준비태세를 강화하여 배트나를 개선했을 뿐 아니라, 협상 도중에 발생할 예측 불허의 상황에 당황하지 않고 대처할 수 있었다. 모든 협상에서 발생 가능한 일을 전부 예측할 수는 없지만, 신중한 분석을 통해 상당수의 변수는 해결할 수 있다.

교훈 2: 배트나에 대해 신중하게 검토하라

둘째, 이번 협상에서 주요 요소는 이노어그리가 플랜 B, C 및 배트나를 심층적으로 탐색했다는 점이다. 초반에는 이노어그리가 힘을 쓸 수 있는 부분도 없고 배트나도 매우 엉성해 보였지만, 컨설턴트의 도움으로 이노어그리는 배트나를 파격적으로 개선할 수 있었다. 새롭게 정립한 배트나를 무기로 자신감이 오른 채 솔란타르와의 협상에 임했다. 솔란타르는 이노어그리에게 타당한 대안이 있다는 사실을 알고 뻣뻣했던 그간의 입장을 조율할 수밖에 없었다.

교훈 3: 어설픈 단정은 협상에 해가 될 뿐이다

세 번째, 협상 담당자가 주어진 협상에 대해 바탕에 깔린 모든 전제를 자세히 검토하는 것이 매우 중요하다. 초반에 이노어그리는 독점 협력 업체를 상대로 하고 있고, 더 중요하게는 이들에게 공급받는 것 외의 대안은 절대 없다고 단정 지었다. 그러나 혹시라도 그 가정을 뒤집을 만한 예는 없는지 자세히 검토했고, 그 결과 기존 가설을 뒤집을 만큼 자신감이 생겼다. 불가능이란 없다는 자신감이 생기니, 전엔 안 보이던 대안들이 눈에 들어오면서 자유롭게 탐색하기 시작한 것이다.

교훈 4: 시야를 넓히면 숨은 진주가 보인다

마지막으로 협상을 준비할 때, 컨설턴트 혹은 회사에서 협상에 대한 배경지식이 있는 직원의 도움을 받도록 하라. 단, 해당 협상에 직접 관여하는 사람은 부적합하다. 상황을 새롭고 객관적으로 보는 자세는 섣부른 단정을 억제하고, 방대하고 창의적인 사고를 통해 문제 해결법을 찾도록 유도한다.

제10장

상대의 가치관을 존중하여
협상의 교착 상태를 타개하다[1]

협상에서 교착 상태는 비일비재하다. 그러나 큰돈이 걸려 있는 경우인데다, 협상에서 양측이 협상의 승패를 결정지어야 한다는 자세로 임하고 협상의 추이가 대중에게 공개되는 상황이라면, 자칫하다간 자기 무덤을 파고 있는 격이 될 수 있다. 이처럼 난해한 변수 여러 개가 동시에 닥치면, 원래 세운 목표와 점점 멀어지게 된다.

나의 동료 윌리엄 유리는 어느 날 협상에 난항을 겪는 당사자 중 한 명의 딸로부터 연락을 받았다. 그녀는 유리에게 자신의 아버지에게 연락하여 끝이 안 보이는 협상의 난국에서 빠져나올 수 있도록 도와달라고 SOS를 요청했다. 유리는 그녀의 요청을 들어주기로 했지만, 과연 자신이 도움이 될 수 있을지는 반신반의했다. 유리는 아버지를 만나서 몇 가지 주요 질문을 한 후, 얽히고설킨 실타래를 풀 수 있겠다고 생각했

---

1) 윌리엄 유리의 《Yes를 이끌어 내는 협상법》에 등장하는 이야기다. 이야기의 배경은 같지만, 이 책에서 중시하는 주제와 관점에는 차이가 있다.

다. 그 이야기를 소개한다.

배경 설명과 협상에서의 도전과제

아빌리오 도스 산토스 디니즈Abilio dos Santos Diniz는 브라질 상파울루 출신의 유통 재벌이다. 그의 아버지는 포르투갈에서 브라질로 가족과 함께 이민을 와서, 1948년 브라질에 '그루포 빵 데 아수까르Grupo Pão de Açúcar'를 창립했다. 디니즈는 아버지로부터 사업을 물려받아서, 2012년 기준 249억 달러의 이익을 거두는 브라질 최대 유통기업으로 성장시켰다. 디니즈가 이 자리에 오르기까지 어떠한 일들이 있었고, 협상 문제의 발단이 무엇인지를 알기 위해서는 프랑스 회사 '그룹 카시노Groupe Casino'를 빼놓을 수 없다.

1999년, 그룹 카시노가 '그루포 빵 지 아수까르'의 보통주의결권이 있는 주식를 24.5퍼센트 매입하면서 두 회사의 관계는 시작되었다. 2002년, 디니즈는 회사명을 GPACompanhia Brasileira de Distribuição로 변경하며, 브라질 최대 유통 체인 기업으로 발전시켰다. 2005년, 디니즈는 그룹 카시노에 회사의 상당 지분을 한 번 더 매각했다. 이번에는 8억 6천만 달러 규모의 지분을 매각한 후, CEO직에서 물러났다. (반면 이사회 의장직은 그대로 유지했다.) 2012년, 그룹 카시노는 빵 데 아수까르 그룹의 경영권을 갖게 되었고, 디니즈의 경영권은 상실된 채 이사회 의장으로만 남게 된 것이다. 이 시점부터 디니즈와 카시노 그룹의 관계가 틀어지게 되었다. 2016년, 디니즈는 '까르푸 SACarrefour SA'의 대주주가 되었다. 프랑스 기업 까르푸는 카시노 그룹의 최대 경쟁사였다.[2]

디니즈와 카시노 그룹의 관계는 악화일로였다. 특히 카시노 그룹의 CEO 장 샤를 나오우리Jean-Charles Naouri와는 적대적인 관계가 되었다. 브라질의 최대 유통기업 GPA와 15만 명의 직원에 대한 경영권도 걸려 있었다. 이 협상은 연이어 언론에 보도되며 유통업계에서 한 획을 그은 역사적인 사건으로 남았다.

문제의 발단은 이러했다. 디니즈가 어느 시점에 나오우리에 경영권을 이전하는 데 합의했지만, 결정을 번복한 후 이전하지 않기로 한 것이다. 이는 여론의 뭇매를 맞았고, 주요 언론과 SNS에서도 설전이 이어졌다. 디니즈와 나오우리는 회사의 브라질 유통기업 GPA에 대한 경영권 문제를 전 세계 유수의 변호사들을 대거 투입하며 수백만 달러를 지출했다. 비난이 거세지면서 서로의 회사에 기업 스파이를 보냈다는 주장도 불거져 나왔다. 하루가 멀다고 언론에서는 두 남성의 서로에 관한 인신공격 기사를 실었다. 〈파이낸셜 타임스〉는 이 문제를 최근 역사상 가장 큰 규모의 대륙 간 비즈니스 분쟁으로 일컬었다.[3]

손을 쓰지 않으면 앞으로 8년은 더 끌 수 있는 사안이었다. 8년 안에 디니즈의 의장직도 만료되는 상황이었다. 협상 전문가 유리를 만나기 전까지 디니즈는 자포자기 상태였다. 그러나 두 사람의 솔직한 대화 끝에 판도는 변하기 시작했다.

---

2) https://en.wikipedia.org/wiki/Abilio_Diniz 참조.
3) https://www.ft.com/content/cb17619b-9388-3397-ac60-48eae6b56ce2 참조.

협상 준비

어느 날 오후 유리는 브라질 상파울루에 있는 디니즈의 집을 방문했다. 두 사람은 거실에서 대화를 나누고 있었고, 디니즈의 어린 자녀들이 거실을 들락거리며 주변을 맴돌았다. 유리는 조언가 다운 어조로 진지하게 물었다. "의장님이 정확히 원하는 게 무엇입니까?" 디니즈는 자기 회사의 주식 가격이 매우 높은 부분과 3년간 '경영금지 조항(non-compete clause, 사업체 양수도 시 양도자가 일정 기간 동종 업종이나 경쟁 업종에 종사할 수 없도록 하는 조항─옮긴이)'의 삭제, 기업 본사에 관한 문제 등 5~6가지 중요한 가시적인 사안을 위주로 언급했다. 디니즈가 언급한 사안들은 협상에서 전형적으로 요구되는 사항들로, 감성적 요소가 일절 없는 딱딱한 리스트였다. 그러나 유리는 어떠한 협상이건 눈에 보이지 않는 영역 혹은 정신적인 영역이 존재한다고 생각했다.[4] 그 영역에 도달해야 문제의 핵심에 다가갈 수 있다고 파악했다.

유리는 디니즈의 마음을 더 열기 위해 노력했다. "그러한 바람은 이해합니다만, 의장님이 진심으로 원하는 것이 무엇인지요?" 디니즈는 유리가 무슨 의도로 그러한 질문을 하는지 파악하기 위해 잠시 그를 바라보았다. 유리가 조금 더 설명을 덧붙이니, 디니즈는 "자유죠."라고 말했다.[5] 유리는 그 말에 질문에 대한 진정한 답이 있다고 느끼며 고개를 끄

---

4) 협상에서 눈에 보이지 않은 가치관은 우리를 인간답게 만드는 덕목─존중, 위엄, 영예, 두려움 등─과 깊이 연관되어 있다.
5) 윌리엄 유리와의 인터뷰

덕였다. 자유는 넓은 의미에서 내면의 소리이자 중요한 가치관이었다. 유리는 디니즈가 어떠한 삶을 살았는지 조사를 하면서, 그가 1989년 도심에서 게릴라 세력에 의해 납치된 적이 있다는 사실을 알게 되었다.[6] 당시 언론에 대서특필된 크나큰 사건이었다. 그는 납치되어 일주일 동안 관 속에 갇혀 지내다가 기적적으로 경찰에 의해 구출되었다. 따라서 디니즈에게 자유는 쉽게 입에 올릴 수 없는 말, 너무나도 깊은 의미를 지닌 말이었다.

하지만 유리는 그가 말한 자유에 대해 확대 해석하지 않으려고 노력했다. 이어 유리는 "당신에게 자유란 어떠한 의미인가요?"라고 디니즈에게 물었다. 이번에 그는 생각할 필요도 없이 "가족과 함께 시간을 보낼 수 있는 자유, 비즈니스 협상을 성사시킬 수 있는 자유에요. 이런 걸할 때 행복하거든요."라고 말했다. 유리는 충분히 공감하며, "당신이 언급한 세부적인 요구사항이 전부 성사될지는 모르겠지만, 당신이 원하는 자유를 얻는 건 도와줄 수 있을 것 같아요."라고 대답했다.

2개월 후, 유리는 '데이비드 드 로스차일드David de Rothschild'라는 저명한 프랑스 은행가이자 파리에서 나오우리의 친구이자 사업적 멘토와 파리에서 회의하기로 했다. 로스차일드는 나오우리의 회사에서 이사직을 맡고 있었다. 유리는 이번 협상 건에서 유리와 오랫동안 함께 참여한 경험 많은 비즈니스 협상 전문가이자 자신의 동료인 데이비드 랙스David Lax와 함께 회의에 참여했다. 진정한 협상의 포문을 여는 중요한

---

6) https://www.nytimes.com/1989/12/31/world/guerrillas-kidnapping-ring-broken-brazil-says.html 참조.

자리였다.

본격적 협상

9월 첫 번째 월요일, 고급스러운 프랑스 레스토랑의 개별 방에서 로스차일드는 유리에게 매우 단순한 질문부터 던졌다. "왜 이 자리에 오신 건가요?" 유리는 프랑스어로 "Parce que la vie est trop courte"라고 대답했다. "인생이 너무 짧아서요."라는 의미였다. 약간 당황한 로스차일드는 "무슨 의미입니까?"라고 물었고, 유리는 "모든 사람이 패자가 되는 전투를 벌이기엔 인생이 너무 짧다고요. 전투 당사자들이건, 그들의 가족이건, 회사 직원이나 국가이건 상관없이 말이죠."라고 답했다. 곪을 대로 곪은 양측 관계의 불똥이 사방으로 튀어 나갔다. 오죽하면 프랑스와 브라질 대통령들도 정부 차원에서 자원 사격에 나섰다. 양국의 비즈니스 관계에 금이 가고 있었기 때문이다. 유리는 '정말 이 상황이 실제 상황인지 믿기 어려울 정도로 갈등의 골은 깊었다'라고 회고했다.[7]

지금까지 8개월 동안 아무런 진전 없이 협상을 질질 끌어왔다. 각자의 입장만 내세우는 설전이 오갔고, 돈은 돈대로 들어갔다. 진흙탕 싸움에 끝이 안 보였다. 승자와 패자를 가르는 것에만 혈안이 되었기 때문이

---

7) 윌리엄 유리와의 인터뷰

었다. 두 사람 모두 절대 승복할 수 없었다.

한편 로스차일드는 유리가 대화를 끌어가는 방식이 신선하다고 여겼다. "그러면, 이 문제에 어떻게 접근할 생각인가요?" 대화의 물꼬를 틔우기 위한 유리의 대화법이었다. 유리는 자세한 얘기로 들어가지 않고, '자유와 존엄성'이라는 가치관이 중요하다고 여기는지 물었다.[8] 유리는 두 사람 모두 다시 자유롭게 이전의 삶을 되찾고 싶어 하고, 기나긴 협상의 소용돌이에서 패자로 비칠 생각은 추호도 없다고 말했다. 유리는 '존엄성'으로 다시 돌아가, 이번 협상에서 그 개념이 얼마나 중요한지 강조했다. 로스차일드는 유리의 의도를 이해했고, 나오우리에게 전달하겠다고 밝혔다. 로스차일드는 유리와 랙스가 미국으로 언제 돌아가는지 물었고, 그들은 바로 다음 날 떠날 생각이라고 말했다. 그들은 곧 대화를 마치고 자리를 떠났다.

그날 오후, 로스차일드는 유리에게 다시 전화를 걸어, 프랑스에 좀 더머물 수 있는지 물었다. 논의할 사안이 더 있으니 자신의 사무실에 다시와달라는 것이었다. 그렇게 유리와 랙스는 일정을 변경하기로 했다. 다음 날, 유리와 랙스는 로스차일드와 만나, 45분 동안 회의를 했다. 로스차일드는 유리에게 자유와 존엄성을 언급한 깊은 의도가 무엇인지 물었고, 셋은 이 두 가지 원칙을 반영하는 여섯 가지 계약사항을 작성하기 시작했다. 예를 들어, 주요 사안 중 하나는 3년간 경영금지 조항에 관한 것이었다. 유리는 디니즈의 나이76세를 고려할 때, 3년은 지나치게 길다고

---

8) 윌리엄 유리와의 인터뷰

설명했다. 이전 협상에서도 3년을 3분의 1이나 절반으로 줄이려고 시도했지만, 자유의 원칙을 적용하면 경영금지 연수를 '제로'로 만드는 것, 즉 경영금지 조항 자체를 삭제하는 것이었다. 또한 존엄성의 원칙에 따라, 두 사람 모두 패자로 인식되지 않도록 해야 했다. 언론에 여러 번 대서특필된 갈등 국면이라 대중의 인식이 매우 중요했다. 유리와 랙스는 로스차일드와 합의하여 계약에 수치화할 만한 내용은 하나도 포함하지 않도록 했다. 유리는 "숫자를 언급하는 순간 누구는 승자가, 누구는 패자로 비칠 것이다"라고 말했다. 보통주를 우선주의결권이 없는 주식와 1:1의 같은 조건으로 할인율 없이 거래되도록 했다. 즉, 수치에 대한 논란의 여지를 두지 않는 것이다. 양측의 심적 부담을 최소화하는 것에 초점을 두려는 의도였다.

순조롭게 협상의 틀을 만드는 큰 성과를 거둔 유리는 프랑스에서 미국으로 가지 않고 브라질 상파울루로 향했다. 그곳에서 수요일 오전에 디니즈를 만나, 로스차일드와 상의한 내용을 말해주었다. 금요일이 되자, 두 사람은 유리의 도움으로 서로 만족할 만한 협상의 개요를 만들어나갔다. 유리는 계약서 작성의 마무리 작업을 하면서 디니즈 측에 혹시 추가로 요청하고 싶은 사항이 있는지 물었고, 그들은 덧붙일 내용이 없다고 말했다. 디니즈는 "모든 사안을 내가 원하는 방향으로 결론지었다. 무엇보다 나는 내 인생을 되찾게 되었다."라고 말했다. 나오우리도 계약서에 100퍼센트 만족한다고 로스차일드가 전했다. 그 결실은 두 사람은 물론이고, 그들의 가족과 직원, 각자의 국가 모두에 진정으로 '윈윈win-win'의 결과를 가져왔다.

마침내 두 주인공은 상파울루의 법률사무소에서 최종 계약서에 서명하게 되었다. 모든 조항에 자유와 존엄성의 원칙이 녹아든 계약이었다. 유리는 두 사람에게 계약에 서명하는 것 외에도 서로의 앞날에 축복과 건승을 기원하는 공동 성명을 발표해 줄 것을 제안했다. 두 사람은 그러기로 했다.

그다음으로 유리는 디니즈와 나오우리와 함께 회사 사무실로 가서 경영진에게 계약서를 보여주었다. 두 사람은 경영진이 보는 앞에서 서로의 앞날을 축복해 주었다. 곧 기자회견이 열렸고, 기자들은 불가능할 것 같았던 계약을 체결한 두 사람을 보고도 믿을 수 없었다.

그날 저녁, 유리는 디니즈의 집으로 초대를 받아 저녁 식사를 함께했다. 이번 사건의 중재 심리에 참여하기 위해 전 세계에서 온 몇몇 변호사들도 왔다. 디니즈는 이들 앞에서 두 사람이 계약을 체결했다는 기쁜 소식을 알렸다. 그러나 중재 심리 단계까지 가지 못하고 이쯤 해서 수임 계약을 종료해야 하는 변호사들에게는 떨떠름한 소식이었다.

이 사례는 큰 돈이 걸리고, 처음부터 끝까지 여론에 공개된 협상은 순식간에 악화되고, 당사자들은 어떻게든 대중 앞에서 이미지를 회복해서 체면을 세워야 하는 상황을 나타낸다. 파격적으로 협상의 틀을 새롭게 하지 않으면, 이 협상은 교착 상태로 마무리되어 두 사람 모두가 불행한 결과로 이어졌을 것이다.

교훈 1: 협상 당사자들이 심적으로 중시하는 가치관에 깊이 다가가라

첫째, 이처럼 난해한 협상을 해결하는 열쇠는 문제의 근원으로 파고드는 것이다. 금전적인 문제보다 더 중요한 사안은 두 사람이 인간으로서 중요시하는 핵심 원칙—자유와 존엄성—에 다가가는 것이었다. 협상 과정에서 온갖 부정적인 정서는 자유와 존엄성에 대한 니즈가 충족되지 않아서 터져 나온 것이었다. 설상가상으로 두 사람은 서로의 자유와 존엄성을 마구 짓밟고 있었다. 의도적인 행동의 결과인지, 악의는 없었지만, 결과적으로 상처를 준 것인지는 중요치 않다. 그 여파는 똑같기 때문이다.

중요한 심리적인 요소 외에도, 대화를 파국으로 몰고 간 원인은 두 사람이 섣부른 추측과 가정을 이어갔다는 점이다. 디니즈는 협상 초반에 유리에게 "내가 죽는 그 날까지 이 싸움을 포기하지 않겠다는 각오를 다져야 할 것 같다."라고 말했다. 여기에 소송전과 승패에 대한 집착이 더해져 금전적인 문제와 경쟁 금지조항으로 번지며 문제를 악화시켰다.

교훈 2: 주요 원칙과 객관적 기준을 적용하라

둘째, 유리와 랙스는 해결 방향을 금전적인 문제에서 찾는 함정을 최대한 피해 갔다. 그전까지 협상에 투입된 전문가들과는 전적으로 반대되는 접근 방식이었다. 유리와 랙스는 어떻게 피해 가면서 문제를 해결할 수 있었을까? 바로 주요 원칙과 객관적 기준을 중심에 두고 사태를 분석했기 때문이다. 앞서 언급했듯, 자유와 존엄성은 두 사람에게 매우 중요한 가치관이었다. 마찬가지로 객관적 기준을 준수하는 것도 중요했다. 우선주와 보통주를 같은 선상에 두고 교환하도록 했고, 결국 두 사람 모두 승리를 거머쥐었고 체면도 살렸다.

교훈 3: 협상의 틀과 축을 바꾸는 '리프레이밍reframing'과 '피봇팅pivoting'

마지막으로 이번 사건에서 유리는 협상 당사자들에게 거울을 내밀어 자신을 보게 하고, 협상의 틀과 축을 바꿔서 다른 방향으로 나아가도록 해야 했다. 유리는 "사람들이 문제를 바라보는 관점을 변화하도록 한다면, 협상에 관한 대화의 방향도 바꿀 수 있다."라고 말했다.[9] 튀어나온 못을 탄탄하게 박아 넣어야 하는 관점으로 문제를 바라봤기 때문에 당사자들은 모두 망치를 들고나온 것이다. 이러한 접근으로는 문제가 절대 해결되지 않고, 수백만 달러의 비용을 부어 넣어도 결국 만족스러운 결과를 얻지 못한다. 못의 각도를 바꾸는 것처럼 협상의 틀을 바꾼 것 하나만으로도 문제 해결을 위한 여러 가능성이 열리게 된다.

---

9) 이번 협상의 해결책에서 금전적인 요소가 핵심이 아니라는 점을 설명한 것이 아니라, 해결책 그 자체에 다가갈 수 있게 한 열쇠가 아니었다는 것이다.

제11장

선체의 밑을 보라: 숨은 정보를 찾아 새롭고 더 나은 계약을 체결하다

장기 계약에서 제약이 많다고 여기거나 업계에 크나큰 충격적인 사태가 발생할 경우와 기존 협상을 수정하여 재협상하고 싶은 의향이 생기는 경우가 빈번하게 나타난다. 특히 현재의 계약에서 한쪽이 득을 취하고 있다면, 재계약을 추진하는 일은 쉽지 않다. 이번 사례에서는 업계 환경이 크게 변했을 뿐 아니라, 새로운 정보를 통해 현재 계약 조건의 숨은 혜택이 발견된 경우다.

그렇다면 상대적으로 불리한 위치에 있던 회사가 어떻게 판세를 돌려, 재협상할 수 있었을까? 그 이유는 기존 계약을 심층적으로 분석하고, 자사에 유리하지만 기존에는 알지 못했던 혜택을 심층적으로 파악했기 때문이다. 그 외에도 현 계약에서 유리한 혜택을 받는 측이 의심스러운 행동을 취했고, 특정 문화권의 관점에서는 수용할 수 없는 행동이라는 판단이 작용했다.

배경 설명과 협상에서의 도전과제

이번 협상에서는 두 회사가 주요 당사자들이다. 첫 번째 회사는 중동 및 북아프리카Middle East North Africa, MENA 지역에 소재한 주요 기술기업 '아이언 웍스Iron Works, IW'다. IW를 대표하여 CEO 타일러 메이킨 Tyler Makin이 협상 당사자로 참여했다. 두 번째 회사는 북유럽에 기반을 둔 씨번 트레이딩Seabourn Trading, ST다. ST를 대표하여 CEO 얀 엘리히 Jan Erlich가 협상 당사자로 참여했다. 메이킨 대표의 말을 빌리자면, 중재 판정 단계까지 갔다면 IW가 패소하고도 남았을 텐데, 중재에 가려진 한 줄기의 빛을 찾아 극적으로 협상에 성공했다.

세계 경기침체의 먹구름이 드리워지기 직전인 2008년, IW는 5년 만기의 고정선적계약을 ST에 발주했다. IT는 광석 1톤당 25달러를 ST에 지급하고, 호주에서부터 MENA 지역까지 연간 대략 2백만 톤의 광석을 공급하기로 되어 있다. IW는 광석으로 철강 제품을 생산하고, 광석 비용이 IW의 생산비용 중 70퍼센트를 차지했다.

호주에서 광석을 공급받는 과정은 상대적으로 단순했다. ST 선박이 호주로 운항하고, 본선 인도 조건(Freight on BoardFOB, 물품이 도착하는 목적항까지 물품의 운송을 담당하는 선박의 본선에 적재되어야만 매도인의 의무가 완료되는 운송 조건—옮긴이)으로 화물을 적재하는 것이었다. IW에 광석을 운송한다는 명확한 목적으로 선박이 출항한다는 의미다.

그런데 IW가 호주에 소재한 1차 협력 업체와 논쟁에 휘말리면서 문제가 시작되었다.[1] 결과적으로 IW는 협력 업체와의 거래가 정상화될 때까지 ST 선박에 광석 화물을 적재할 방법이 없었다. IW가 선박에 화물을 적재할 수 없었기에 ST와의 관계로 불똥이 튀었다. 그러나 우여곡절 끝에 분쟁은 해결되었고, IW는 ST와 사업을 이어갈 수 있었다.

게다가 2008년 세계 경제 위기 이후 선적 비용이 톤당 25달러에서 10달러로 하락했다. IW는 5년 동안 고정으로 톤당 25달러를 ST에 지급하기로 합의한 바 있었다. 원자재 시장은 말 그대로 바닥을 쳤다. 메이킨 대표는 현재 계약이 손실을 거듭하는 상황에서 어떻게든 빠져나오라고 이사회의 강력한 압박을 받고 있었다.

양측 CEO는 상황에 대해 논의하기 위해 직접 만났다. 메이킨 대표는 상대측의 엘리히 대표에게 외부 환경의 변화와 업계에서 회자되는 새로운 정보를 고려할 때 계약을 다시 해야 할 필요가 있다고 주장했다.

협상 준비

메이킨 대표는 새로운 거래에 대한 협상을 준비하면서 두 가지 목표를 염두에 두었다. 첫째는 극심한 경제 위기로 인해 IW가 지불하고 있는 높은 단가를 고려할 때 고정계약에 대해 재협상을 추진하는 것이었다. IW와 ST가 사업 관계에서 얻는 수익의 과도하게 차이를 짚고 넘어

---

1) 광석 협력 업체는 땅에서 직접 광석을 추출하여 항구로 수송한 후 선박에 적재하는 업무를 일괄 담당했다.

가는 것이 두 번째 목표였다. 극심한 차이가 나타나는 이유는 ST가 호주에서 출항할 때 화물을 적재하고 IW에 운송하고 나서, IW 화물을 하역한 후, 선박에 화물을 다시 적재하기 때문이었다. 귀로 항로backhaul, 백홀에서 다양한 화물을 적재하여 생산성을 높인다는 의미였다. 백홀 영업을 하는 기업이 많지 않기 때문에, ST는 막대한 이윤을 남겨 왔다. 백홀에 대해서는 메이킨 대표와 IW가 알지 못했지만, 이 사실을 알게 된 메이킨 대표는 백홀 영업으로 남기는 수익은 양측이 나누어야 한다고 판단했다.

메이킨은 계약 조건을 변경할 방안을 알아내었다. 호주에서 1차 광석 협력 업체와 논쟁을 벌인 탓에, 광석을 ST 선박에 실을 수 없게 되었으니, 사업을 정상적으로 진행하기가 어려워진 것이다. IW는 ST에 이러한 문제로 양사의 계약을 이행할 수 없다고 설명했다. 메이킨 대표는 이러한 상황이 ST에 치명적이고 압박을 가하리라 판단한 것이다. 백홀 영업을 완수하기 위해 화물을 적재할 선박들이 항상 필요했기 때문이다.

메이킨 대표는 계약 변경 건을 준비하면서, 엘리히 대표가 재협상하는 데 동의할 만한 이유를 검토했다. 그러던 중 두 가지 핵심 사항을 파악하게 되었다. 두 가지 사안은 ST에 일방적으로 유리한 조건을 변경하여, 힘의 균형을 유지하는 대칭적 구도의 협상으로 바꿀 수 있을 만큼 영향력이 있었다. 첫째, IW는 포렌식 탐정(forensic accountant, 회계를 포함한 다양한 학문적 지식과 실전 경험을 갖추고 화이트칼라 범죄에 역량을 집중하는 조사관—옮긴이)을 영입하여 파트너사들과 함께 ST의 장부와 금융 계약을 검토했다. 그 과정에서 ST에 경미한 부패 문제가 있다는 사실을 발견했다. 같은 문제가 과거 수년 동안 발생했지만, IW는 ST가 소재한 국가의 언론사에 이 사실을 제보했다. 그 국가는 유럽에서도 특히 도덕과 윤리 정신을 매우 중요시하는 국가였기 때문에, ST의 명성에 큰 오점이 되었다. ST는 이 문제를 최대한 빨리 해결하고 싶었다.

두 번째 이유도 포렌식 탐정 분석으로 파악된 것이었다. ST가 이익을 취하고 있는 백홀 영업이 밝혀졌는데, 톤당 10~15달러의 추가 이윤이 발생했다. ST는 이렇게 이윤이 많이 남는 계약을 포기하기는 죽기보다 싫었을 것이다.

메이킨 대표에겐 흩어진 조각들을 이어 붙이는 것이 관건이었다. 두 가지 사안이 메이킨 대표에게 유리할 순 있어도, 중재까지 이어지면 중재 기관 수수료 지급과 영업 손실을 비롯하여 총 잠재 손실이 1억 달러 정도는 될 것이라는 점도 알고 있었다.

한편 엘리히 대표도 상황에 대해 깊이 고민했다. 계약을 재협상해야 할 만한 이유가 많다는 점을 그도 알고 있었다. IW를 상대로 하는 중재 소송에서 이길 것이고, 협상 초반에는 유리한 고지에 있다는 믿음이 있었다. 한편 IW가 주도하는 부패 혐의 수사가 시작되었다. ST에서도 내부 수사를 했는데, 과거에 시공사 한 곳이 ST에 거래처를 소개해 준 대가로 수수료를 받았다는 IW의 주장이 사실임이 드러났다. 당시만 하더라도 그러한 방식으로 계약이 성사되는 것이 합법적이었지만, 그 후 법이 개정되어 뇌물수수로 혐의가 씌워지게 되었다. ST는 해당 시공사가 관여된 이 문제에 대해 전혀 몰랐지만, 결국 책임을 인정했고, IW에 배상해야 할 필요를 직시하게 되었다. 엘리히 대표는 개인적으로도 수치심을 느꼈고, ST의 이미지도 크게 훼손되었다. 엘리히 대표와 ST의 회장은 최대한 빨리 이 문제를 해결하고 언론 공세가 잠잠해지길 바랐다.

결국 엘리히 대표는 많은 고민 끝에 백홀 영업 때문에라도 IW와의 계약이 매우 소중하다는 결론에 도달했다. 이제 백홀 영업에 대한 사실이 드러났으니, 협상도 새로운 국면을 맞이했다. ST는 IW와의 거래를 놓치고 싶지 않았다. IW와 관계를 정리했을 때의 배트나는 산발적이고 임시적인 화물 운송을 하는 것인데, 그렇게 되면 이윤이 매우 높은 백홀 영업에 영향을 줄 수도 있는 상황이었다. ST의 서비스를 수주하고자 하는 회사들도 꽤 많았지만, 대부분 다른 회사들과 이미 장기 계약을 체결해 놓은 상황이라 거래처를 변경하는 일이 쉽지 않았다.

본격적 협상

메이킨 대표와 그의 변호사 팀은 엘리히 대표와 그의 변호사 팀을 만났다. 그야말로 치열한 설전 그 자체였다. 변호사들이 쉴 새 없이 상대측에 비난을 퍼붓는 가운데, 회의장의 긴장감은 최고조에 달했다. 엘리히 대표는 그 자리에서 "당신네는 이 계약에서 발을 뺄 수 없을 겁니다. 중재까지 가야 하면, 가면 되는 거죠."[2] 회의가 끝났고, 메이킨 대표와 엘리히 대표는 술을 마시면 좀 더 허심탄회한 대화를 하기로 했다.

---

2) 사례 기고자와의 인터뷰

두 사람이 어느 정도 대화를 이어가자, 엘리히 대표는 중재판정으로 가면 된다는 점을 강조하면서 암묵적으로 협박했다. 메이킨 대표는 재협상을 피해갈 수 없겠노라 판단했다. 엘리히 대표는 IW가 ST의 부패 혐의 수사에 관한 내용을 언론과 ST의 회장에게 알렸을 때, 매우 불쾌했다는 점을 얘기했다. 엘리히 대표의 "지금 두 회사가 처한 현실을 생각해 보면서, 이제 본격적으로 문제를 해결해 봅시다."라는 말이 기억에 남았다고 메이킨 대표는 회고했다.[3]

메이킨 대표는 사태의 심각성을 직감했다. IW가 1차 광석 협력 업체와 분쟁에 휘말렸을 때, ST에 약점이 잡혀 눈치를 봐야 했었다. 그래서 ST와의 원 계약에서 가격이 높게 책정되었다고 해도 계약을 이행 못 할 만한 타당한 이유가 없게 된 것이다. 아이러니하게도 광석 협력 업체와는 원만하게 문제를 해결했지만, ST와의 거래에서는 협상력을 잃게 된 셈이다. 광석 협력 업체와 문제를 해결하는 조건으로 IW는 그 업체와의 계약을 훨씬 더 장기화하기로 했다. 그러다 보니 ST와의 계약도 장기화할 수 있겠다는 확신이 들었고, 결국 ST에 기존의 5년 계약보다 더 장기 계약을 맺자고 제안할 수 있었다.

그런데 장기 계약이 협상 안건이 되자, 양측은 일방적인 주장에서 한 발 뒤로 물러나는 데 합의했다. 어느새 긴장감도 한풀 꺾이는 듯했다. 장기 계약에 대한 합의를 마치자, 메이킨 대표는 IW가 이전에 광석 협력 업체와 계약을 장기화했을 때가 뇌리를 스쳤다. 그러고는 ST에 고수익

3) 사례 기고자와의 인터뷰

의 백홀 영업을 유지하는 데 필요한 모든 화물을 ST에 보장해주겠노라 약속했다. 이에 대한 대가로 ST는 현재의 시장가격을 반영하여 전에 합의한 톤당 25달러에서 톤당 대략 10달러로 대폭 낮추는 등 계약서를 다시 쓰기로 합의했다.

결국 양측은 각자의 목표 달성에 성공했다. IW는 불리한 계약에서 벗어났고, ST는 계약에서 보장하는 장기 수익의 확보와 높은 이윤의 백홀 영업 유지에 대한 지원을 약속받았다. 마침내 ST는 부패 사건의 구설수에서 벗어나 명성을 되찾을 수 있었다.

이 사례는 협상의 이면과 관련된 시사점을 제시한다. 앞서 논의했지만, 협상에서 불완전한 정보를 토대로 상대측에 대해 추측하고 비난하는 경우가 더러 있다. 사실 관계가 명확하지 않은 정보가 서서히 공개되었을 때 어떠한 파국으로 치닫게 되는지를 보여주는 사례였다.

교훈 1: 새로운 정보를 물색하고 쉴 새 없이 협상 대상자들의 관계가 어떠한지 평가하라

본 협상의 첫 번째 교훈은 협상이 전개되어 이행 단계에 이를 때, 상대측이 처한 상황이 어떻게 전개되는지에 대해 최대한 촉각을 곤두세워야 한다. 이번 사례에서 IW는 ST와 거래에 대해 협상했지만, 결국 현재의 계약을 통해 ST가 고수익의 백홀 영업으로 거머쥐는 이익이 막대하다는 사실을 알게 되었다.

이 사실을 알지 못했더라면, IW는 상대측과의 불균형적 관계를 '그러려니'라고 받아들이며 개선할 생각조차 안 했을 것이다. 그러나 백홀을 통해 고수익을 올리고 있다는 사실을 알고 나서 IW는 자사가 ST와 맺은 계약 조건이 ST에 얼마나 중요한지 파악하게 되었고, 전에 생각했던 것보다 더 많은 주도권을 쥐고 있다는 사실도 알게 되었다. IW는 주도권을 최대한 활용하여 ST가 이전의 거래를 검토하여 상호 만족할 만한 새로운 계약을 체결하도록 설득하는 데 성공했다.

교훈 2: 문화적 기준을 지렛대로 활용한다

두 번째 교훈은 문화적 관념에서 비롯된다. 이번 협상에서 부패 혐의를 받은 ST의 기업 이미지에 막대한 타격을 주었다. 사회 분위기가 부패를 용납하지 않은 터라 문제의 심각성은 가중되었고, 결국 양측은 협상하지 않을 수 없었다. 가끔은 문화적 요소가 협상 과정에 어떠한 도움이 될지를 파악하는 것만으로도, 굽힐 줄 모르는 상대를 어르고 달래 설득하는 좋은 미끼가 된다.[4]

교훈 3: 여러 문제가 있을 때, 문제에 대한 해결 순서가 중요하다

세 번째 교훈은 문제 해결의 순서에 관한 것이다. 협상의 특징에 따라 순차적 접근을 취해야 하는 경우가 있다. 첫 번째는 협상 내에서 어떠한 사안을 먼저 해결할지를 고민해야 하는 경우다. 두 번째 종류는 이 장에서 소개하는 사례도 해당되는데 동시에 처리해야 하는 협상 과정에서 순서를 정해야 하는 경우다. 이번 사례에서는 IW가 ST와 진행한 협상에 몇 가지 주요 요소로 차질이 빚어졌고, 가장 심각한 원인으로는 IW의 1차 광석 협력 업체와의 거래가 임시 중단되었다는 점이다. 공급처와의 거래가 성사되지 않으면, IW는 ST와의 계약을 마무리 지을 수가 없었다. ST가 IW를 특별히 배려하여 ST

---

4) 양측 모두의 윤리성에 금이 간 사례였다. 첫 번째는 ST와 시공사와의 문제였다. ST가 몰랐다고 얘기했지만, 사실 관계가 입증되면서 책임을 떠안아야 했다. 두 번째 윤리적 문제는 IW에 관한 것, 특히 ST의 본국에서 윤리적 문제를 들고 나온 부분이었다. 불법 행위는 아니다 하더라도, 악랄한 의도로 읽히는 대목이다.

와 계약을 이어가는 데 문제가 없도록 해 주었지만, 결국 ST가 기간
적으로도 손해 보지 않도록 처리되었다. 결국 시간이라는 변수 IW
에 유리하게 작용하기도 했다. IW는 광물 협력 업체와의 협상, ST와
의 협상을 모두 효과적으로 관리할 수 있었다.

교훈 4: 회사 안팎의 협상에는 굴곡이 있다

마지막 교훈은 이번 협상에는 여러 요소가 동시에 작용했지만, 각
회사가 회사 내부의 협상을 관리해야 하는 중요한 변수가 공통으로
나타났다. 메이킨 대표는 그가 합의한 IW에 불리한 계약을 재계약
하라는 이사회의 크나큰 압박을 견뎌야 했다. 또한 IW의 법무 팀마
저 메이킨 대표를 조여 왔다. 그 모든 압박을 견뎌 내면서도 ST와의
나은 방향을 모색해야 했다.

한편 ST는 부패 보도에 대한 부정적 이미지로 금이 가서, 이사회
가 고개를 들지 못할 정도로 추락한 기업 명성을 복구하느라 애를
먹었다. ST는 위기를 맞았고, 이사회는 엘리히 대표와 월간 회의를
열며 사업을 '마이크로 매니징'하기 시작했다. 상황을 빠르게 수습
하고자 하는 이사회의 바람이 메이킨 대표와 협상하느라 골머리를
앓고 있는 엘리히 대표에 더 큰 부담을 주었다.

제12장

성급한 합의로 문제를 키웠지만
결국 해결책을 찾다

이번 사례는 복잡한 제휴 관계에 있는 두 회사 간에 문제가 발생했을 때, 협상의 범위를 대폭 확대하고, 서로의 이해관계를 충족하는 여러 방법을 다양한 각도로 살피게 된 경우다. 이때 제3자의 도움으로 양측은 결국 협업이라는 해결책을 찾아냈다.

배경 설명과 협상에서의 도전과제

'아르마Arma'는 'PPM'이라는 제조사에 위탁생산을 맡기는 제조사다. 두 회사는 위탁생산에 대한 장기 계약을 맺은 상태였다. 그런데 막상 뚜껑을 열고 보니 여러 이유로 아르마에 압박과 부담이 큰 계약이었다. 아르마는 제품에 대한 수요가 예상보다 급증하게 되어, PPM에 발주량을 대폭 늘려야 하는 상황이었다. 이론상으로는 양측에 수익이 증가하는 게 맞았다. 그러나 PPM은 계약에서 정한 생산량까지는 감당할 수 있지만, 그 이상을 생산하기엔 역부족이었다. 생산량을 늘리려면 PPM이 공장을 증설하는 등 자본투자를 크게 늘려야 하는데, 그렇게 투자를 늘린다고 해도 과연 아르마에 납품하기로 정한 공장에서 아르마의 모든 요구사항을 들어줄 수 있을지도 불확실했다. 그뿐만 아니라, 수면 위로 불거진 공장에서의 치명적인 품질과 생산 문제를 시급히 해결해야 했다. 마지막으로 아르마는 치솟는 수요에 발맞추기 위해 공급량을 더 많이 확보해야 했지만, PPM은 이미 약정한 납품 수량도 맞추지 못하고 있었다. 생산에 차질이 빚어지자, 계약을 체결한 직후부터 누적된 위약금과 지불 비용이 눈덩이처럼 쌓여 갔다. 결과적으로 공장의 중급 및 하급 직원들과도 마찰이 커졌다.

아르마는 PPM이 교착 상태에 빠져 도움이 필요하다고 파악했고, 컨설팅 기업인 밴티지 파트너스를 투입하기로 했다. 복잡한 제휴 관계, 위탁생산 계약 및 협상을 전문으로 하는 밴티지가 문제 해결에 도움을 줄 수 있다고 판단한 것이다. 계약 체결 시점부터 발생한 온갖 문제를 어떻게 하면 가장 효과적으로 해결할 것인지에 대해 아르마와 밴티지는 본격적인 조사를 실시했다.

협상 준비

아르마가 밴티지로부터 컨설팅을 받기로 했기 때문에, PPM에도 설득이 필요했다. 아르마와 PPM의 문제를 해결하려면 밴티지의 직원이

PPM 사업장에 출입해야 하기 때문이었다. 당연히 PPM은 의심의 눈길을 보냈다. 밴티지는 설득 조건으로 PPM의 입장에서 PPM을 대변할 수 있는 직원을 이번 협상에 투입했다. PPM의 담당 직원들은 이 직원에게 사내 대외비 정보를 공유하고, 함께 비밀회의를 갖도록 했다. 결과적으로 PPM의 담당 직원들은 그 직원에게 우려 사항을 표명할 수 있도록 하고, 이 과정을 통해 현 상황을 다른 관점에서 보거나 건설적으로 문제를 제기할 수 있도록 장려할 수도 있었다. 결국 PPM은 밴티지 직원 투입에 찬성했다.

밴티지는 본격적으로 양측이 협상을 효과적으로 준비하도록 지원해 주었다. 그 과정에서 협상에 힘을 실어줄 매우 중요한 정보를 찾아냈다. 아르마는 처음부터 제조와 수율 관리에 있어서 고유의 전문기술을 갖고 있다고 설명했다. 밴티지 컨설턴트들은 아르마가 자사의 시스템, 기업문화, 자체 육성한 인력에 대한 자부심이 매우 크다고 느꼈다. 이전에 아르마는 PPM에 기술료를 받지 않고 라이센싱 기술을 사용할 수 있다고 제안했다. 아르마의 시스템을 이용하여 이전 계약에서 비롯되는 여러 문제를 해결하라는 의도였다. 밴티지는 공장에 대한 소유권 혹은 부분적 운영권을 양도하는 의견을 내놓았다. 다시 말해, 아르마가 PPM의 공장에 대한 소유권이나 일부 운영권을 양도받도록 한다는 의미였다. 협상할 때 이러한 조치가 취해질 때가 가끔 있지만, 그 과정이 매우 복잡한 편이다.

밴티지는 아르마와 협상 준비를 하면서, 협상에 직접적인 관련은 없지만 중요한 몇몇 요소를 쉽게 발견할 수 있었다. 우선 아르마의 시스템은 PPM 공장의 일부 문제를 해결하는 데 도움이 되지만, 그 시스템을 최대한 도입하여 실행한다고 해서 아르마가 필요로 하는 생산 용량의 근처에도 못 간다는 점이었다. 공장 자체에도 공간이 정해져 있어서, 생산량을 늘리기엔 한계가 있었다.[1] 그래도 시스템을 도입하면 부분적으로나마 해결책이 될 수 있었다.

둘째, 아르마의 시스템을 활용하는 것이 어떤지에 대해 밴티지가 PPM의 의견을 묻자, PPM은 크게 거부 반응을 보였다. 아르마의 시스템 기능에 대한 설명을 들은 PPM은 아르마의 시스템이 자기네 시스템보다 월등하다고 느끼지 않는다고 했다. PPM의 대표단은 아르마의 제조 공정이 얼마나 대단한지에 지긋지긋할 정도로 많이 들었다. 게다가 아르마의 시스템을 공장에 도입할 경우, 아르마의 대표단이 조사와 감사를 빌미로 공장을 들쑤시고 갈 것이 뻔했다.

한편, PPM이 계약 미준수로 위약금은 누적되고 있었다. 현재 계약에서 명시한 공급량을 충족하지 못하여 계약을 위반하고 있었다. 게다가 공장을 샅샅이 감사하면 법적으로 문제 될 만한 이슈가 나올 수도 있어 PPM은 불안에 떨고 있었다. 밴티지가 알게 된 사실인데, PPM이 두려워하는 데는 나름의 이유가 있었다. PPM의 담당 직원이 밴티지의 직원에게 알려준 바에 따르면, 아르마는 이전에 공개 불가능한 모종의 이유로 PPM을 소송하겠다고 협박한 사례가 있다고 말했다.

---

1) 여러 이유로 공장의 공간을 확대할 방법은 없었다.

밴티지가 공장의 생산 용량을 평가하고, 아르마의 제품을 분석하면 할수록, 현재 공장으로는 중장기적으로 아르마의 발주량을 충족할 수 있다는 결론이 확고해졌다. 그래서 밴티지는 아르마 측과의 대화 내용과 자체 시행한 연구를 토대로 다음의 몇몇 옵션을 도출했다.

1. 공장에 대한 소유권이나 일부 운영권 양도를 체결한다.
2. 현재의 계약을 변경하여, 아르마가 PPM에 대한 제조사가 되도록 역할을 변경하되, PPM이 공장에서 생산한 PPM의 주요 제품 하나에 대해서는 예외로 한다. 이때 아르마는 나머지 공장 시설을 양도받고, PPM에 일정 기간 공장의 일부 용량을 제공한다.
3. 아르마에 공장 시설 일체를 매각한다.

마지막 옵션은 PPM의 공장에 대한 투자액회수$_{exit}$이므로, 아르마에는 최선의 방안이었다. 게다가 아르마가 공장에 대해 전적으로 통제권을 갖게 되므로 문제를 간단하게 해결할 수 있었다. 그러나 아르마와 밴티지는 설마 PPM이 마지막 옵션을 선택할까 싶었다. 그동안 여러 제안에 대해 저항이 거셌고, 협상 초반에 시설 매각에 대해서는 완강히 거부했기 때문이었다.

공장 양도안에 대해 명분이 하나 더 있다. 두 회사의 취급 품목이 국제적으로도 판매되고 있으므로 제품 유통이 원활해지려면 유통 기지 근처에 생산시설을 배치하는 것이 최상의 선택일 것이다. 그러나 아이러니하게도 세부 정보가 수면 위로 올라오는 과정에서, 아르마가 현재와 같은 지역에 또 다른 공장을 건설 중이라는 사실이 밝혀졌다. 아르마는 PPM의 공장을 매입할 것인지, 자체 생산을 이어갈 것인지를 고민하며, 어떠한 접근법이 더 타당한지를 평가하고 있었던 것이다.

바로 이 부분에서 시간이라는 변수에 초점이 맞추어졌다. 밴티지는 아르마의 대표단에 "생산 용량이 더 커지면 어떻게 할 생각이세요? 아직 개발되지 않은 공장의 기공 일자를 미루고, 그 돈으로 협력 업체인 PPM의 시설을 업그레이드하는 데 자본을 투입할 생각인가요? 그렇게 되면, PPM은 필요한 단기 자본이 투입되어 좋고, 아르마는 큰 비용을 들이지 않고 PPM의 시설을 인수하여 업그레이드하고, 결국 통제권을 100퍼센트 갖게 되지 않을까요?"[2]라고 말했다. 앞서 언급했지만, 아르마는 단기적으로 현재보다 생산 용량을 훨씬 더 늘리길 바랐고, PPM은 현재 필요 용량이 크지 않지만, 미래에 필요할 생산 용량을 지금 확보해 두고 싶었다. 게다가 PPM은 향후 생산 용량을 아르마와 배분하는 문제에 대해 말을 아꼈다.

밴티지는 이 문제에 대해서 계속해서 깊이 파고들었고, 단기 및 중장기 차원에서 이 사안을 분석했다. 어느새 흩어진 조각들이 한데 맞춰지는 듯했다. 아르마는 현재 생산 용량을 늘려야 하는 명백한 니즈가 있었지만, PPM이 간절히 바라는 부분은 계약에 대한 누적 위약금을 털어 버리는 것이었다. 현재 아르마에 대한 공급 약정을 지키지 못해 PPM의 손실은 누적되고 있었다. PPM은 중기적으로 어떠한 조치가 취해질 수 있

---

2) 밴티지 파트너스와의 인터뷰

는지에 대해서도 의견을 말했다. 마지막으로 PPM은 최고의 해결책이 도출되려면 수년이 걸릴 테지만, 그렇더라도 생산 시설의 위치를 이전하여 발생하는 여러 이슈를 해결하는 데 물꼬를 틔워줄 것이라고 설명했다.

본격적 협상

아르마와 PPM 대표단은 협상 준비를 철저히 실행한 후에 밴티지가 주관하는 자리에 참석했다. 밴티지에서 단기 및 중장기적인 요소들의 중요성을 설명하자, PPM의 선임 한 사람이 PPM은 단기적 변화보다는 오직 장기적 옵션에만 관심을 두고 있다고 설명했다. 이 말을 듣고 다소 당황한 밴티지 측의 한 담당자는 그 이유를 물었다. PPM은 진정한 해결책이 중장기적 전략에 있다는 의견을 말해주었다. 밴티지는 단기적 사안에 대해 논의하다 보면, PPM의 위약금도 어느 정도 탕감되고, 아르마도 필요한 양의 제품을 얻을 수 있을 것 같다고 설명했다. 그렇게 되면, 양측의 불안과 압박을 낮추고, 중장기적 관점으로 어떻게 관계를 이어갈 수 있을지 생각해 볼 수 있다고 했다. PPM의 선임은 이 접근법이 과연 효과가 있을지 의심하는 듯했지만, 밴티지는 우선 단기적 문제부터 해결하다 보면 중장기 제휴 방향이 명확해질 것이라고 하면서 협상을 이어가는 것으로 가닥을 잡았다.

그런 다음 밴티지는 협상 준비 단계에서 도출한 몇몇 옵션을 제안했고 양측 대표단에게 충분히 시간을 줄 테니 별도로 내부 회의를 하고 제시된 다양한 옵션을 논의하라고 요청했다. 아르마는 자기네들에게 가장 좋은 선택은 시설 일체를 매입하는 것으로 판단했다. PPM이 이미 거절 의향을 확실히 해 두었다는 점을 알기에, 이 부분에 대해서는 거의 포기하고 있었다. 그러던 중, 그날 오후 PPM이 다시 와서는 모든 옵션을 하나씩 검토했는데, 아르마에 시설 일체를 매각하는 것이 최상의 선택이라고 말했다. 아르마와 밴티지 대표단 모두 약간 당황하는 기색이었지만, 아르마가 바라던 답변이라는 점에 이내 만족을 금치 못했다. 일단 큰 틀에는 합의했으니 세부 사항—시설에 대한 가치평가, 매각 시점 등—을 논의하면 되는 거였다. 이렇게 모두에게 최상의 선택이 채택되어 이 방향으로 협상을 추진하게 되었다.

아마 이런 궁금증이 들 것이다. 어떠한 계기로 PPM이 마음을 바꾼 것일까? 시설 매각은 추호도 안 한다던 PPM이 어떤 이유로 이것이 최상의 선택이라고 주장한 것일까? PPM은 상황에 대한 인식의 틀을 재정비했고, 열악한 재정 상황을 먼저 염두에 둔 것이다. 원래의 계약대로 위약금을 다 지급해야 하지만, 시설 매각을 통해 막대한 위약금을 면제받을 뿐 아니라, 세부적인 여러 문제를 수습하느라 막대한 시간을 들였는데 이제는 시간 낭비를 하지 않을 수 있었다. 시설을 매각하여 상당 금액의 선수금을 받을 수 있다는 것도 큰 장점이었다. 현재 시설이 위치한 지역에서 자원을 철수하여 미래 성장성이 좋은 다른 지역에서 역량을 키우면 되는 거였다. 문제의 공장 시설은 PPM보다 아르마에게 더 소중한 자산이었다.

이 사례는 상대로부터 "Yes"를 이끌어 내려는 집착은 관계를 악화시킬 수 있다는 교훈을 시사한다. 협상 당사자들은 상대의 동의를 얻어 내는 데에만 집중한 나머지, 적합한 동의에 도달하지 못하고, 백해무익한 협상으로 전락하는 상황에 처한다. 다행히도 양측은 악화된 관계를 회복할 수 있었고, 새로 체결한 협상은 전보다 양측의 요구를 더 확실히 충족해 주었다.

교훈 1: 실사와 창의적 사고를 더 철저히 했다면 처음부터 문제를 쉽게 해결했을 것이다

아르마가 기대하는 생산 용량에 대해 상대측은 제대로 파악하지 못하고 있었기 때문에 초기 계약에서 충분히 다루어지지 못했다. 게다가 PPM이 단기 및 장기적으로 같은 공장에서 자체 제품을 제조하려는 의향도, 기업의 향후 성장 계획에 대한 출자금 마련에 어려움이 많은 점도 명확히 전달되지 않았다. 첫 번째 합의 단계에서 더욱 방대하고 투명한 협상 과정을 거쳤다면, 대대적인 재협상을 하지 않아도 될 뻔했다.

초기 협상의 재무 조항—생산목표치를 달성하지 못하면 추가 비용과 위약금을 지급하는 조건—은 흔히 볼 수 있는 내용이지만, 특수한 경우와 시장 상황에서 취할 수 있는 예외적 조치를 고려하지 않은 채 합의에 이른 것이다.

교훈 2: 상황을 바꾸는 것이 생각을 바꾸는
가장 좋은 방법일 때가 많다

협상에서 다른 사람들의 생각을 어떻게 바꿀 것인가에 대해 인류는 오랫동안 고민해 왔다. 설득하거나 어떠한 영향을 주는 등 활용할 수 있는 여러 방법이 있다. 그러나 때로는 절대 굽힐 줄 모르는 사람들의 마음을 바꾸기 위해 상황 자체의 변화도 필요하다.

이 경우에서는 협상이 진행됨에 따라 PPM이 품었던 공장 매각에 대한 두려움을 다시 한번 평가할 수 있는 적합한 상황이 연출되었고, 공장 매각이 처음에 생각했던 것보다 불리한 결정은 아니라고 공감하게 되었다. 이 방법을 선택함으로써 그들에게도 이득자본 투입이 되어 전략적으로 힘을 실어주었다.

교훈 3: 섣부르게 결론짓기보다는 놓치는 부분 없이
치밀하게 협상 과정에 임한다

이번 사례의 마지막 교훈은 협상 과정의 중요성에 관한 것이다. 아르마와 PPM은 서로에 대한 의심이 많았고, 양사의 협상 과정은 기존의 부실 계약으로 인해 협상 과정에서 교착 상태에 빠졌다. 이 방향으로 나아갔다면, 협상도 양측 모두에게 불리하게 종결되었을 것이다.

그러나 외부 자문역을 투입하여 협상 과정 그 자체에 도움을 받게 되었고, 양측은 다른 각도에서 현상을 바라보면 창의적으로 사고를

할 수 있었다. 해결 방안에 대해 여러 옵션을 고안하고, 각 옵션에 대해 각 측이 내부 회의를 하도록 했다. 이후 다시 모여 최상의 방안을 비교했고, 각자의 이익에 부합하는 최적의 해결책을 찾을 수 있었다.

제13장

이해관계와 창의성으로
협상의 온도 차를 극복한 방법

　금전적인 부분을 비롯한 여러 면에서 입장 차이가 좁혀지지 않는 협상들도 있다. 양측이 타협할 수 없어 보인다고 판단하면, 더 이상 협상의 의미를 찾지 못하고 각자 제 갈 길을 가기로 하기도 한다. 이는 '합의 가능한 영역Zone of Possible Agreement, ZOPA'에서 양측의 접점이 없을 때를 일컫는다.

　이러한 사례를 소개한다. 이 사례에서 양측은 다행히 직접 협상에 참여하지 않고, 비공식 워킹그룹을 지정했고, 결국 기존의 생각의 틀을 바꿀 수 있었다. 그렇게 워킹그룹을 만들고 나니, 전에 고려하지 못한 다른 요소들이 협상에 영향을 주고 있다는 사실을 깨닫게 된 것이다. 그러한 통찰을 기반으로 양측의 의견 차를 극복하여 모두에게 득이 되는 창의적인 해결책을 마련할 수 있었다.

배경 설명과 협상에서의 도전과제

1993년, 동독과 서독의 통일을 기점으로 여러 산업의 민영화가 활개를 쳤다. 이때 '에이전시 인 트러스트Agency in Trust, AT'는 유명한 '도이치 필름 악티엔게젤샤프트Deutsche Film-Aktiengesellschaft, DEFA' 영화제작사를 매각하기로 했다. DEFA는 독일 필름 산업의 요람이었고, 프리츠 랑Fritz Lang과 마를레네 디트리히Marlene Dietrich를 비롯한 많은 영화배우를 스타로 거듭나게 한 울타리였다. 스튜디오는 40만 제곱미터 면적의 부지[1]에 있었고, 아직 개발되지 않은 필지가 상당 부분 있었다. 협상의 또 다른 당사자는 프랑스 기업 '꼼빠니 제네랄 드 조Compagnie Générale des Eaux, CGE'였다. 오늘날, 비방디Vivendi로 불리는 기업이다.

거트 슈미트Gert Schmidt 박사는 AT의 부서 총괄자였다. 그가 맡은 임무는 6개월 이내에 AT의 총자산과 지분을 매각하고 스튜디오 전체를 폐쇄하는 것이었다. 만약 주어진 기한 동안 그 미션을 달성하면, 막대한 보수를 보너스로 받게 되었다. 협상을 성사시켜도 6주 안에 매각금을 받지 않아도 되었지만, 보너스를 받기 전까지 고정 수익을 받는다는 내용의 계약은 체결해야 했다. 슈미트 박사는 AT에서 몇 안 되는 전직 동독 관료 출신의 경영진이었다. 나중에 언급하겠지만, 이 사실이 여러 이유로 협상에서 중요한 변수로 작용했다.

한편, 이반 로리에Ivan Laurier는 CGE에서 국제인수사업부 부사장이

---

1) 1헥타르는 1만 제곱미터 정도의 규모다. 이 협상에서 문제의 대지 규모는 약 40만 제곱미터에 해당되었다.

었다. 협상 진행 시점을 기준으로 그는 10년 동안 다양한 업종에서 국제 인수를 성사시킨 경력을 갖고 있었다. 로리에는 DEFA 소유 기업인 AT와 협상을 하기 위해 베를린으로 왔다. 로리에는 협상이 어떠한 결과를 나을지, 회사 차원에서 얼마나 큰 이득을 가져다줄 것인지 확신할 수는 없었지만, 여러 가능성을 탐색하는 데에는 큰 관심이 있었다.

협상 준비

양측 모두에게 불확실한 요소가 많은 협상이었다. CGE와 로리에가 상황을 분석해 보니, 자신들에게 진정 적합한 협상이 되도록 하려면 신중하고 찬찬히 단계별로 진행해야겠다는 결론에 도달했다. 특히 CGE는 그 넓은 부지를 어떻게 사용할 것인지 감이 오지 않았지만, 한 가지만큼은 확신할 수 있었다. 스튜디오를 인수하면, 영화제작 산업에서 계속해서 입지를 확대해 나가고 있는 상황에서 유럽 전역에서 CGE의 명성이 올라갈 것이라는 점이었다. 로리에는 독일 통일 이후 동독의 부동산이 빠르게 매각되는 추세였고, 스튜디오가 위치한 장소가 많은 독일인에게는 향수를 불러일으킬 수 있다는 점을 알고 있었다. 마지막으로 최초의 제안서를 DEFA로부터 받고 보니, 양측 ZOPA의 격차가 너무 커서 과연 이 협상을 성사시킬 수 있을지 매우 의문이 들었다.

로리에는 협상을 반드시 성사시키길 바라는 회사 분위기에서 자신이 맡은 임무에 부담을 느끼며 협상을 준비했다. 로리에의 상사는 CGE의

DEFA 매입에 대한 의향서Letter of Intent, LOI에 서명했고, 로리에가 대상 부지에 대해 실사를 하기도 전에 양사가 함께 참여하는 기자회견에 참석하라고 지시했다 (그러나 로리에가 보기엔 부지에 대해 추가 조사가 필요했다). 게다가 CGE는 이미 여러 회사를 인수했고, CGE 그룹 내에서 계열사 간 차입금 이자도 매우 높은 상황이었다.

로리에 팀은 기존에 인수한 회사들에 대해 초기 수익에 기반한 현금흐름 가치평가valuation를 했고, 그 결과를 토대로 DEFA에 최대 3,500만 유로를 지급할 수 있겠다는 결론에 도달했다. 또한 DEFA 매입에 대한 지급금도 몇 년에 걸쳐 지급하는 전략을 제안했다. 로리에의 상사는 5천만 유로까지 지급 가능하다고 설명했지만, 로리에가 회사 사정을 고려할 때 비현실적인 금액으로 판단했다. 그러나 DEFA 매입을 해야 하는 명분에 대해서는 로리에도 전적으로 동의했다. CGE의 전반적인 사업 계획과 향후 방향에 DEFA의 전략적 가치가 큰 시너지를 일으킬 것이라는 믿음이 있었다.

그런데 협상을 준비하면서 로리에가 확인해야 하는 다른 한 가지 주요 이슈가 있었다. 로리에는 이번 협상을 서둘러 진행시킬 마음은 전혀 없었지만, 시간적 압박감은 느끼고 있었다. CGE가 최근 유럽연합EU이 지원하는 1억 유로 규모의 유럽 영화 프로젝트를 수주하게 된 것이다. 그해 연말까지 착수해야 하는 프로젝트였다. 따라서 DEFA의 명성을 고려할 때 DEFA를 매입할 경우 이 프로젝트에도 시너지를 줄 수 있다고 판단했다. 이 거래가 성사되지 않으면, 새로운 부지에 영화제작 스튜디오를 만들어야 하는 상황이었다. 이 배트나는 불가능한 옵션은 아니었지만, 시간과 비용이 많이 들고, DEFA와 협상을 체결하는 것에 비해 불리한 점이 많았다.

한편, 협상의 다른 편에 있는 AT의 슈미트는 경기 침체 시기에 독일의 문화적 상징물이자 국가 차원에서도 매우 중요한 기업체를 매각해야 하는 힘들고 부담되는 임무를 수행해야 했다. 엉뚱한 상대에 매각하거나, 협상에 대한 타당한 명분을 제시하지 못하면, 여론의 뭇매는 불 보듯 뻔한 현실을 그는 잘 알고 있었다.

여러 협상에서 그러하듯, 협상 담당자인 슈미트는 회사의 이해관계뿐 아니라 본인에 대한 영향과 이익도 고려해야 하는 상황이었다. 이 임무가 그에게 주어졌을 때, 6주 이내에 회사를 매각하면 막대한 보너스를 받게 된다는 약속을 얻었다. 또한 협상 과정에서 다음과 같은 조건들을 충족해야 했다. 급히 처분하려는 이미지를 주지 않으려는 의도가 엿보이는 조건들이었다.

첫째, 매각 가격에 대한 조건이었다. 회사 내부의 자산 가치 평가 결과, 회사의 자산 가치는 최소 6천만 유로라는 사실을 슈미트는 전달받았다. 회사 자산 일체를 매각과 동시에 청산할 경우, AT에 대한 청산 금액이 약 3천만 유로로 집계되었다.

슈미트가 충족해야 하는 두 번째 조건은 AT의 전체 매매계약에 투자 기업이 일정 비율의 일자리를 유지하고 적정 자본투자를 한다는 보증 조항을 삽입해야 한다는 것이었다. 슈미트는 당시 DEFA에 고용된 1,100명의 직원의 일자리를 최대한 많이 유지해야 한다고 지시를 받았다. 슈미트는 앞으로 최소 5년 동안 최소 8백 명의 일자리를 유지하도록 협상해야겠다고 마음먹었다.

마지막으로 슈미트가 준수해야 하는 조건은 CGE가 DEFA를 반드시 영화 사업체로 발전시켜 나가야 한다는 것이었다. 슈미트는 DEFA가 위치한 상당 부분의 필지가 부동산 가치가 매우 높으므로, 몇몇 개발업자들이 그 땅을 매입하여 아파트나 사무실로 용도를 전환하려고 쉴 새 없이 제안하고 있다는 점을 직시하고 있었다. 혹시라도 용도가 전환되면 AT의 명성은 끝없이 추락할 것이고, 투자자들이 땅 투기를 하느라 여념이 없다고 생각할 것이다. 그야말로 최악의 상황이었다. 슈미트는 과연 CGE가 용도 변경을 하지 않을 것인지, 매우 의심스러웠다. 영화제작사도 아닌 CGE가 여러 사업을 하는 수도공급회사이기 때문이었다.

마지막으로 슈미트는 당시 AT 내부 분위기가 매우 어수선한 상황에서 이처럼 중요한 협상을 처리해야 했다. 연이은 정리해고와 회사에 대한 스캔들로 AT의 경영은 악화될 대로 악화되었다. 한편 독일의 한 영화제작사가 슈미트에게 제안 의향을 밝혔지만, 미심쩍은 구석이 많았고, CGE와의 협상이 결렬된다 해도 바람직한 배트나는 아니었다.

본격적 협상

베를린에서 본격적인 협상이 시작되자, 여러 이슈가 즉각적으로 수면 위로 떠올랐다. 첫째, CGE가 DEFA를 매입하는 의도와 향후 사용 계획에 AT가 우려하는 부분을 논의해야 했다. CGE가 여러 사업을 하는 수도 공급회사였기 때문에, AT는 왜 영화 스튜디오와 해당 부지에 이렇게나 관심을 보이는지 알고 싶었다. 앞서 언급했듯, 영화 스튜디오를 그대로 보존하고 향후 영화 개발에 사용하도록 하는 것에 AT는 사활을 걸었다. 협상 초반에 로리에는 슈미트에게 회사의 영화 사업 진출 계획과 EU로부터 계약을 수주한 사실을 비롯하여 CGE의 의도를 충분히 설명했다. 또한 스튜디오 부지를 다른 용도로 개발하는 부분에는 관심이 없다고 설명하면서 CGE의 목표를 슈미트에게 충분히 설득할 수 있었다. 협상의 일부로 상대측을 안심시키기 위해 내세운 조건이긴 하지만, CGE의 입장에서 유리한 것만은 아니었다.

협상테이블을 뜨겁게 달군 두 번째 사안은 매각 시점이었다. 슈미트는 여러 차례에 걸쳐 6주 이내에 계약을 체결해야 하는 점을 강조했다. 처음에 로리에는 왜 이 부분이 슈미트에게 그렇게 중요한지 명확하지 않았지만, 직접 물어보는 것은 결례라고 생각해서 함구하고 있었다. 결국 뒷조사를 통해 로리에는 협상이 그 기간 내에 체결되면 슈미트에게 보너스가 돌아간다는 사실을 알게 되었다. 다행히 최종 협정문에 기재한 모든 세부 사항에 대해서는 6주 이내에 확정할 필요가 없었다. 다시 말해 양측은 원칙에 대해 거시적으로 합의하되, 세부적 조율은 시간을 두고 해도 무방했고, 로리에도 시간적 압박 없이 실사를 진행할 수 있었다.

이번 협상에서 가장 중요한 마지막 요소는 양측이 생각한 금액이 큰 차이를 보였다는 점이다. 관련 이해 당사자들의 이해관계를 제대로 파악하지 않고, 그들의 니즈를 충족할 창의적 옵션을 생각지 못했다면 그렇게 큰 금액 차이를 좁히지 못했을 것이다. AT가 염두에 둔 금액과 CGE가 지급하고자 한 금액이 처음에는 엄청난 차이를 보였다. CGE는 최대 3천만 유로를 지불하고자 했지만, AT가 목표로 생각한 금액은 6천만 유로였다. 제안과 거절이 별다른 진전 없이 수차례 반복되자, 슈미트와 로리에는 합동으로 워킹그룹을 구성하여 꽤 많은 접점을 찾아낼 수 있었고, 결국 양측의 이익이 배가할 수 있었다.

그런데 부지에 관한 협상 난제가 계속해서 주목받았다. 영화제작으로만 사용하기엔 부동산 가치가 매우 높고 규모가 컸다. 이에 양측은 결국 CGE가 미개발 대지를 부분적으로 매각할 수 있도록 허용하는 합의에 도달했다. 이때 '매매대금 환급clawback' 조항을 삽입하여, 순차적 대지 매매금의 50퍼센트를 AT에 지급하도록 했다. 이처럼 창의적인 해결책은 '딜 브레이커(deal breaker, 양측이 입장 차이를 전혀 좁히지 못해 전체 협상을 결렬시키게 만드는 쟁점—옮긴이)'를 효과적으로 수익화하는 수단이 되게 했고, 양측이 소재하고 있는 각 대륙에서 성공적인 사업을 영위하는 데 효자 노릇을 톡톡히 해 주었다.

협상에서 국가나 문화적으로 상징적인 주요 사업체를 대상으로 할 경우, 그 상징적인 의미로 인해 협상의 중요성이 배가된다. 이번 사례가 그 특징을 극명하게 보여주었다. 관련 기업들이 첨예하게 다른 문화권에서 온 기업들이라면, 합의에 도달하기까지 넘어야 할 산이 많다. 그래도 우여곡절 끝에 다음과 같은 전술을 사용하면서, 협상 문제를 현명하게 해결할 수 있었다.

교훈 1: 협상 문제로부터 양측의 관계나 문화적 이슈는 배제한다

CGE프랑스와 AT동독는 문화권이 전혀 다른 기업이기 때문에 처음부터 원활한 관계를 맺기가 어려웠다. 프랑스와 동독은 역사적으로 첨예한 긴장 관계를 유지해 온 터라, 각 측은 협상에 임할 때 서로 다른 문화적 기준을 적용했다. 프랑스인들의 대화 방식은 언어적 뉘앙스를 중시하고, 에둘러 표현하며, 외교적인 방식을 선호하는 반면, 동독인들은 더 직접적이고 논리적인 편이다. 결국 로리에와 슈미트는 이와 같은 첨예한 국민성의 차이는 차치하고 거래를 진행하는 데 초점을 맞추었다. 협상에서 문화적 제약을 배제할 수 있었던 비결은 두 사람으로부터 독립적인 워킹그룹을 구성한 것이었다. 결과적으로 협상 분위기가 크게 개선되었고, 양측은 협상 과정의 내용에 지속해서 집중할 수 있었다.

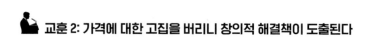 교훈 2: 가격에 대한 고집을 버리니 창의적 해결책이 도출된다

이번 사례에서 가장 중요한 교훈 중 하나는 전반적인 가격에 집착하지 않되, 거시적 관점에서 협상을 파악하는 것이다. 양측이 가격 문제를 내려놓자, 창의적인 사고를 할 수 있었고, 결국 양측 모두 금전적인 혜택을 얻는 해결책을 찾았다.

이렇게 하기 위해 양측은 해당 협상을 개념화하고 세 가지 원을 만들어 구조화했다. 우선 스튜디오가 첫 번째 원으로, 가장 핵심에 위치하며 보존해야 할 대상이었다. 양측은 이 부분에 대해서는 확실히 합의했다. 두 번째 원은 스튜디오를 둘러싸고 있는 원으로, CGE의 영화제작에 도움이 될 건물과 사무실을 포괄하고 있었다. 세 번째이자 마지막 원은 가장 바깥에 있는 것으로, 전체 대지의 바깥 부분에 있는 개발 가능한 필지였다. 양측은 함께 고민한 끝에 CGE가 이 대지를 부분적으로 매각할 수 있도록 허용했고, 단 매매금의 50퍼센트를 AT에 환수하는 환급 조항을 계약에 삽입하기로 했다. '딜 브레이커'로 전락할 요소를 양측의 수익창출원으로 발전시킨 것이다. 이를 계기로 CGE는 AT에 영화제작 산업 진출에 얼마나 진지하게 임하고 있는지를 보여줄 수 있었다. 마지막으로 이번 협상은 CGE가 영화제작을 위해 정부 보조금과 투자 자본을 신청하는 데 큰 힘을 실어주었다.

교훈 3: 다양한 이해관계를 파악한다

이번 협상에는 다양한 이해관계가 녹아 있었고, 이 점은 협상의 온도 차를 줄이는 데 핵심적인 단서이기도 했다. 협상테이블에 이처럼 다양한 이해관계를 담론화했을 때, 다양한 난제를 극복할 수 있었다. 특정 시점 내에 협상을 성사했을 때 개인적인 이익이 발생하는 상황에서부터 DEFA를 보존해야 하는 절체절명의 과제, 그리고 금전적 온도 차를 좁히기 위해 상대적으로 중요도가 낮은 필지를 활용하는 방안에 이르기까지, 협상을 성사시키는 것 자체가 불투명해 보이는 상황에서도 다양한 이해관계에 대한 상호 이해는 훌륭한 디딤돌이 되었다.

교훈 4: 금기사항을 존중하며 상대의 명성을 유지하는 데 일조한다

이번 사례에서 중요한 교훈 중 한 가지는 몇몇 금기사항을 존중하고 AT가 협상으로 인해 사회적으로 체면을 잃지 않도록 보장하는 노력이었다. AT의 '딜 브레이커'는 개발업자가 대지를 들락거리며 상징적인 DEFA 스튜디오를 보존하지 않는 상황이었을 것이다. AT는 독일 역사의 혼이 담긴 사업체를 보존하면서 최종 협상이 어떠하건 그것을 보호했다는 점을 입증해야 했다. 이 부분이 AT에 얼마나 중요한지에 대해 CGE가 공감하지 못했다면, AT가 사회적 명성을 잃게 되었을 것이다.

제14장

권능은
권능을 만든다

　앞서 언급했듯, 협상에서 주도권의 문제, 즉 힘의 관계는 가장 큰 난제에 해당된다. 확연한 갑을 관계에서 나타나는 힘의 불균형이 발생할 때 상황은 심각해질 수 있다. 때로는 힘없는 측이 "이 협상에서 나한테 뭐라도 좀 줘요."라고 대놓고 주장하지 않으면 안 될 것 같다는 생각마저 든다.

　그러나 협상에서 힘의 문제는 이렇게 단도직입적으로 정의할 수 없을 만큼 훨씬 더 복잡하고, 신중하게 행사되어야 할 것이다. 고대 그리스의 정치가이자 사상가 루키우스 안나이우스 세네카Lucius Annaeus Seneca는 "힘을 가진 자는 그것을 약하게 사용해야 한다."라고 말했다.[1] 세네카는 왜 이렇게 언급했을까? 협상에서 한쪽이 상대적으로 주도권, 즉 힘이 강할 때, 그 힘을 잃게 될 때에 대해서는 전혀 생각지 못하고 판세가 바

---

1) https://www.brainyquote.com/topics/great-power-quotes 인용.

뀔 때 어떠한 상황이 펼쳐질지 모르는 경우가 많다. 그런데 협상에서 힘의 이동은 비일비재하다. 어느 순간에는 힘이 우세하지만, 다음 순간에는 힘을 잃을 수 있다는 의미다. 이번 사례에서는 한쪽이 신중하게, 그리고 관계를 해치지 않는 방식으로 힘을 휘두르지 않을 경우, 후에 그 대가를 톡톡히 치른다는 교훈을 시사한다.

배경 설명과 협상에서의 도전과제

이번 사례에서 스티브라는 인물이 사업을 시작했는데, 초반부터 자금난에 시달려 회사 운영을 위해 자금이 절실한 상황이 되었다. 보험업에서 보험설계사들을 혁신적으로 지원하는 방식에 관한 사업이었다. 결국 수년에 걸쳐 사업은 크게 번창했고, 대기업에 의해 인수되었지만, 사업 초기에는 난관이 많았다.

특히 사업을 하면서 진행한 협상—스티브가 "악마와 체결한 딜"이라고 표현하는—으로 힘든 경험을 했다. 협상을 체결하고 한동안은 고통 그 자체였지만 결국은 자신과 자신의 회사에 놀라운 협상으로 변모하는 전화위복이었다. 초반에는 하나부터 열까지 거래의 모든 조항이 상대측인 피에르에 의해 좌우되었다.

스티브는 현금이 바닥난 상황에서 직원들의 월급이 누적되는 난감한 상황에 처했다. 해결책이 거의 없는 상황에서 그는 피에르에게 회사에 필요한 자본을 투입해 달라고 요청했다. 피에르도 스티브가 별다른 뾰족한 수가 없다는 사실을 간파했다. 초기 제안의 일부로 피에르는 스티브에게 사업 주도권을 자신에게 맡기면, 6개월 동안 사업을 유지할 수 있도록 백만 달러를 주겠다고 제안했다. 그 대가로 회사 지분의 70퍼센트를 보장해 달라고 요구했다.

스티브는 자신에게 주어진 선택지를 검토했다. 매우 제한적인 데다 자신에게 영향력이 거의 없다는 자각이 일었다. 그래서 그는 피에르에게 66퍼센트의 지분을 줄 테니 120만 달러를 달라고 역제안을 했다. 피에르는 툭 던진 제안을 거의 그대로 받아준 것에 기뻐하며 잽싸게 그렇게 하자고 합의했다. 자신의 입장에서는 매력이 넘치는 협상이었기 때문이다. 피에르는 이 상황에서 자신에게 주도권이 있다고 판단해서, 자신이 원하는 방향으로 힘을 최대한 활용하여 결국 원하는 결과를 얻은 것이다. 그런데 이에 대한 대가는 무엇이었을까? 당시만 해도 피에르는 멀지 않아 또 다른 협상이 필요할 것이라는 사실을 알지 못했다.

협상 준비

첫 번째 협상에서는 준비과정이 거의 필요 없었다. 피에르는 진정한 '갑'으로서 스티브와 그의 회사를 '을'로 대하면서 갑을 관계를 최대한 누리고 있었다. 또한 스티브는 피에르가 계약대로 자신에게 부여된 보장권을 행사할 경우, 회사에 상당한 지분을 갖게 될 것이라는 점을 알고 있었다.

몇 년 후, 스티브의 회사는 크게 번창하여 시장에서 확고한 입지를 갖게 되었다. 어느 날, 피에르는 스티브에게 전화를 걸어 또 다른 거래를 하고 싶다고 했다. 스티브는 어떠한 상황이 변했는지 궁금해졌다. 결국 스티브는 이것저것 캐물은 후에 피에르가 새로운 협상을 바라는 이유를 간파했고, 판세가 완전히 바뀌어 자신이 우위에 있다는 사실을 알게 되었다.

이번에는 피에르가 자신의 회사를 상장시키기로 한 것이다. 피에르는 개인적으로 자신이 지분을 가진 스티브의 회사를 통해서 거두는 수익보다 자신의 회사로 더 많은 돈을 벌고 있었다. 그러나 피에르의 대차대조표상으로 스티브 회사 지분을 10퍼센트 이상 보유하고 있다는 사실이 드러났기 때문에 규정상 자신의 회사를 상장시킬 수 없었다. 따라서 스티브 회사에 있는 자신의 지분을 청산해야 하는 상황이었다. 상황이 이러하니 이제 역으로 스티브가 피에르에게 지급할 청산 금액을 지정할 수 있었고, 피에르가 보유했던 지분을 헐값에 환매수할 수 있었다. 스티브의 재정 상황이 훨씬 나아졌기 때문에 판세가 완전히 역전된 것이다.

본격적 협상

스티브가 피에르로부터 스티브 회사의 본인 지분을 매각해야 한다는 내용의 전화를 받았을 때, 스티브는 잠시 한 발짝 물러나서 전략적으로 큰 그림을 보기로 했다. 피에르는 이번에도 최대한 본인에게 유리한 조건으로 프레임을 만들어 협상을 추진하려고 애썼다. 그러나 스티브는 이번에도 피에르가 의도하는 프레임대로 따라가지 않을 것이라고 다짐했다. 즉 이전처럼 스티브가 정해 놓은 정박anchoring 지점에서 대화를 이어갈 생각이 없었다. 스티브는 피에르가 어떠한 계기로 지분을 매각하고 싶어 하는지 파악했기 때문에, 이번 협상이 절박한 측은 피에르라고 판단했다.

스티브는 이 상황에 대해 깊이 생각할수록, 피에르가 스티브 회사의 지분을 유지하는 것보다 본인 회사를 상장하여 얻는 수익이 훨씬 크기 때문에 공은 스티브의 코트에 있다는 확신이 들었다. 따라서 환매수 금액에 대해 스티브가 부르는 게 값인 상황이었다. 게다가 이전 협상에서 피에르가 진정한 갑의 행세를 했다는 점이 스티브를 자극했다. 스티브는 자신이 당했던 그때처럼 똑같이 행동하겠다고 마음먹었다. 스티브는 이렇게 회상했다. '만약 그때 피에르가 지배지분을 가져가면서 그렇게 욕심을 안 부리고, 첫 협상에서 갑질을 하지 않았더라도, 우리는 지금 기분 좋게 서로에 득이 되도록 협상을 했을 것이다. 그런데 그가 초반에 했던 행동을 곱씹으면, 그의 편의를 봐주기가 매우 힘들었다.'[2]

결국 피에르는 스티브가 제안한 환매수 금액을 수락했다. 그렇게 헐값에라도 지분을 청산할 수밖에 없는 상황이었기 때문이다. 피에르가 만족할 만한 조건은 아니었지만, 자승자박의 상태를 본인도 파악한 것이다. 스티브가 제시한 조건을 수락하고 협상에서 힘의 균형에 대해 배

---

2) 스티븐 호크와의 인터뷰

운 교훈을 마음에 새기며 살 것이다.

판세의 역전은 양측에게 상황의 반전을 경험하게 했고, 스티브의 회사가 새롭게 약진하는 기회가 되었다. 지분을 환매수한 덕에 회사는 더 저당 잡혀 있는 부분이 없었고, 결국 스티브는 회사를 키운 후에 큰 수익을 남기고 회사를 매각하는 데 성공했다.

이 사례는 협상의 한 측이 상대측에 힘을 행사하는 전형적인 협상 건이
다. 그러나 시간이 지나 힘의 관계가 역전이 되었을 때는 부의 방향도 이
전과는 반대라는 점을 시사한다.

교훈 1: 갑의 힘과 영향력 행사

협상에 힘의 논리가 작용할 경우 어떻게 효과적으로 대처할 것인
지를 보여주는 대표적인 사례다. 내용에서 보았듯 피에르는 협상 초
반에 일체의 힘을 갖고 최대한 휘두르고 있었다. 자신에게 유리한
상황에서 단물을 한 방울도 남기지 않고 빨아 먹으며 인정사정없는
자세로 일관했다. 자신의 행동이 낳을 여파에 대해서는 전혀 양심의
가책도 없었다.

그러나 상황이 역전되어 공이 상대방의 코트에 넘어가자, 피에르
는 자신의 고압적인 언행에 대해 톡톡히 대가를 치르게 되었다. 스
티브는 만약 피에르가 첫 번째 협상에서 그렇게 자신의 이익만을 추
구하며 과욕을 부리지 않았더라면, 두 번째 협상에서 자신이 더 인
심을 썼을 것이라고 회고했다. 존 폴 게티John Paul Getty가 했던 유명
한 말이 떠오른다. "우리 아버지는 '거래의 모든 돈을 가져가려 애
써서는 안 된다. 상대도 어느 정도 가져가도록 해라. 돈을 싹쓸이한
다는 평판이 자리 잡으면 여러 협상을 할 수가 없다'라고 말씀하셨
다"[3] 그런데 피에르는 자신의 힘을 여지없이 다 써버렸기 때문에,

---

[3] 《성공하는 리더의 경영 수첩(Making Sense of Business: A No-Nonsense Guide to Business Skills)》, J 폴 게티, 앨리슨 브래니건(Alison Branagan), Kogan Page, 2009.

스티브는 훗날 피에르가 지분을 환매해야 하는 상황에서 그에 대해 어떠한 연민도 느끼지 못했다.

협상에 임할 때는 힘을 신중하게 휘두르고 미래에 힘의 관계가 뒤바뀔 수 있는 경우를 염두에 두어야 한다. 일반적으로 협상에서 우리 측이 이득을 보게 하도록 최선을 다해야겠지만, 상대측에 해가 가진 않을지, 관계를 손상하는 것은 아닌지를 검토하며 선을 넘지 않도록 해야 한다. 특히 상대측과 앞으로 볼 일이 없을 것 같아 막무가내로 과욕을 부리지 않도록 해야 한다. 생각보다 세상은 좋고, 협상에서의 평판이 꼬리표가 되기 때문이다.

교훈 2: 협상의 많은 요소가 통제권 밖에 있다

스티브가 언급했듯, 창업 초기에 상대가 누가 됐건 거래를 성사하는 것이 절실한 상황에서 '악마'와 첫 번째 협상을 진행했다. 그러나 예측하지 못한 상황과 행운이 찾아오면서 판세는 역전이 되었고, 스티브는 두 번째 협상에서 일체의 힘을 발휘할 수 있었다. 협상의 많은 요소가 통제권 밖에 있다는 교훈을 새겨야 할 것이다. 상황이 바뀌면 완전히 새로운 일련의 변수가 등장한다. 협상을 잘하는 사람들은 예상치 못한 상황을 예측하고 준비태세를 갖추며 민첩하게 반응하고 행동한다. 현재의 상대측과 향후 다시 협상할 가능성이 미미하게라도 있다면, 의사결정에서 이 부분을 반드시 참작하라.

교훈 3: 장기이득을 희생한 단기이득

이 책 전반에 걸쳐 강조하는 대목은 장기적 관계를 유지하는 동시에 단기이득에 대한 니즈를 관리해야 한다는 점이다. 피에르는 협상에서 마지막 단물까지 다 빨아 먹는 과욕을 보이며, 단기이득이 장기이득을 무색하게 했다. 돈을 싹쓸이할 수 있는 능력이 있다고 해도, 과연 현명한 판단인지 반드시 자신에게 질문해봐야 한다. 최악의 상황을 마음 한편에서 항상 염두에 두어야 한다….

결국 약한 상대측에 해를 가하는 협상은 자승자박의 자멸로 이끌 수 있다. 이번 사례에서는 다른 협상을 해야 하는 상황이 닥친 것이지만, 회사의 평판 차원에서도 주의하는 것이 바람직하다.

제15장

상처로 얼룩진 가족 관계에서
진행하는 사업 협상

　가족과 사업. 이 두 단어는 나란히 붙여 사용하는 경우도 많지만, 가끔은 서로 잘 녹아들지 못하는 경우도 있다. 문제는 가족이 사업을 함께 운영할 때, '사업'보다는 '가족'에 방점을 찍기 때문이다. 결과적으로 사업의 구조를 어떻게 세우고, 결과를 어떻게 평가하며, 복잡한 관계를 어떻게 관리할지가 혼란스럽다. 독자 여러분도 추측했겠지만, 이 모든 과정에는 수많은 협상이 필요하다.

　이러한 차원에서 협상이란 단순한 사업적 협상보다 훨씬 더 복잡한 편이다. 켜켜이 녹아 있는 여러 관계와 여러 가족 구성원들, 그리고 서로가 함께한 오랜 세월이 상황을 매우 복잡하게 만든다.

　이 장에서 소개할 협상 건이 그 대표적인 사례다. 가족 간의 애증이 얽히고설켜 있고, 사업을 인수인계하는 과정에서 지난날의 묵은 감정이 같이 쏟아져 나오는 상황이었다. 그러나 외부 컨설턴트의 도움으로 아버지와 아들은 몇 가지 난제를 극복하여 사업인계를 순조롭게 진행하는 방법을 찾아내었다.

배경 설명과 협상에서의 도전과제

이야기의 시작은 유럽에서 의료기기 판매업으로 자수성가한 아버지 마르셀로부터 시작된다. 그는 회사를 거의 30년 동안 경영해 왔고, 동업자가 있었지만 그가 갖고 있던 회사의 전체 지분을 매수한 상태였다. 동업자의 지분을 매수한 것은 마르셀에게 의미 있는 결정이었다. 많은 아버지처럼 마르셀도 자신이 힘들게 일군 결과물을 자녀에게 물려주고, 자녀들이 자신의 길을 걷길 바랐기 때문이다. 마르셀의 세 자녀 중에 두 아들 중 한 명인 루이는 아버지가 은퇴를 고려하자 사업을 물려받는 것에 관심을 표했다. 이때 가장 중요하게 짚고 넘어가야 난제들—'경영권 이전은 어떠한 형태로 할 것인가?', '양측은 아버지와 아들로서 오랜 세월 동안 묵은 갈등과 반목을 어떻게 극복해 나갈 것인가?'—이 있었다.

마르셀과 루이는 한자리에 앉아 여러 사안에 대해 논의하기 시작했지만, 대화는 오래가지 못했다. 마르셀이 루이에게 사업을 넘겨주고 싶어 했지만, 두 사람이 함께 일을 하기에는 문제가 많았다. 팽팽한 긴장 관계는 짜증과 언쟁으로 불거지기도 했다. 원만치 않은 부자 관계와 미래에 대한 각자 생각하는 바가 다르다는 점을 고려할 때, 과연 인수인계가 원만하게 진행될지 두 사람은 의구심이 들었다.

루이는 의료기기 판매업에 종사한 경험은 없지만, 또 다른 업종에서 지난 15년간 꾸준히 일해 왔다. 여러 번 승진도 되어 국제적으로 영업을 하는 중견기업을 경영인의 직위까지 올랐다. 자기 분야에서 성공 가도를 걷고 있었기 때문에, 그가 느끼기에 확실한 명분이 없다면 삶의 방향을 틀 이유가 전혀 없었다.

협상 준비

마르셀과 루이는 본격적으로 루이가 아버지 사업에 투입되는 사안에 관해 대화를 시작하면서 세부 사항으로 파고들게 되었다. 두 사람에게 협상은 민감하고 섬세한 과정이었다. 그런데 각기 상대의 문제점을 비난하고 자기의 입장만 고수하는 입장적 협상positional negotiation에서 벗어나지 못했다. 그동안 부자 관계가 원만하진 않았지만 두 사람은 최대한 주어진 사안을 해결하려고 수차례 노력했지만, 의견의 충돌과 논쟁에서 벗어나지 못했고 도움이 절실히 필요했다. 바로 이 시점에 '회르츠'라는 컨설턴트를 영입하게 되었다.

회르츠는 두 사람을 별도로 만나 각자의 관점으로 상황을 어떻게 바라보는지 이해하고자 했다. 개별적으로 들은 내용은 오랜 세월 동안 여러 부분에 쌓인 격한 감정과 상처뿐이었다. 루이는 그때를 회상하면서 "아버지와의 관계에서 해결하지 않고 묻어 둔 사사로운 문제가 오랫동안 쌓여 왔고, 이제 훨씬 더 큰 문제를 일으키는 것 같다."라고 말했다.[1]

---

1) 구트 안 드 후스와의 인터뷰

예를 들어, 두 사람은 회르츠에게 자신이 일궈낸 성과에 대해 상대방이 인정해주지 않는 것 같아 서운하단 말을 공통적으로 했다. 마르셀은 회사를 일궈내기까지 자신이 고생한 부분을 가족들이 크게 인정해주는 것 같지 않다고 토로했다. 그는 아들에게 자신이 물심양면으로 지원해주었지만, 고마워하는 것 같지 않다고 생각했다. 루이도 아버지의 눈에는 자신이 항상 부족한 아들이라고 평생 자책했고, 아버지는 자아가 너무나 강한 사람이라고 회르츠에게 털어놓았다. 루이는 심지어 아버지에서 직전 회의에서 이렇게 말했다. "아버지 눈에는 저는 항상 부족한 사람이죠. 그런데 이제 저를 필요로 하시네요. 여전히 아버지 방식대로 하길 바라고요!"[2] 간단히 말해 두 사람은 서로에 대한 오랜 상처와 몰인정으로 인해 상대가 자신을 무시한다고 느꼈다. 사업의 미래는 심각한 위기에 직면해 있었다.

회르츠와의 대화에서 또 다른 중요한 문제점이 도출되었다. 부자의 협상 방식이 분명 충돌하고 있었다는 점이다. 인생을 살다 보면 원수는 늘 우리 주변에 있다. 두 사람 모두 경쟁심이 강한 성격이라, 한번 격해지기 시작한 언쟁을 멈출 줄 몰랐다. 자기주장을 강하게 밀어붙이기만 할 뿐, 상대의 입장을 헤아리는 재주가 없었다.

본격적 협상

두 사람이 회르츠와 만났을 때, 성격과 협상 방식이 워낙 비슷해서 협상을 순조롭게 진행하기가 쉽지 않았다. 각자의 배트나를 듣는 일도 쉽지 않았다. 마르셀이 생각하는 차선책은 거의 없었다. 자신이 평생 일군 사업을 가족경영으로 이어가고 싶었기에 아들에게 물려주고 싶은 마음뿐이었다. 루이 외에 다른 자녀들도 있었지만 루이에게 물려준다는 생각 외에 그 어떤 차선책이나 배트나는 생각해 본 적도 없었다. 문제는 루이의 형제자매들은 사업을 물려받는 것에 그다지 관심이 없다는 것이 문제였다. 한편, 루이는 처음부터 아버지가 사업 때문에 자신을 필요로 한다고 생각했고, 굳이 자신의 삶을 변화할 필요는 없었다. 협상 단계에 들어갔을 때, 그에게는 이미 훌륭한 배트나가 있었다.

회르츠가 두 사람의 얘기를 번갈아 듣자, 그에게 협상을 진행하려면 반드시 답변이 나와야 하는 두 가지 질문이 떠올랐다. 협상 초기부터 짚고 확실히 해두어야겠다고 생각한 질문은 "두 분은 이 문제에 대해 협상할 의향이 있습니까?"와 "협상할 마음의 준비가 되었나요?"였다.[3] 왜 이 질문들이 중요했을까? 이에 대해 회르츠는 이렇게 말했다. "협상 의향이 있는지에 관한 질문은 각자의 이해관계, 즉 요구사항, 그리고 목표에 관한 것이었다. 두 사람이 함께 일하면서 이해관계를 충족하고 있는지, 그들의 목표가 이 부분에 부합하는 것인지에 관한 질문이었다. 준비

---

3) 구트 얀 드 후스와의 인터뷰

되었는지에 대한 그다음 질문은 그들의 마음가짐과 희망 사항에 관한 것이었다. 지금의 난제를 해결하는 데 필요한 시간과 노력을 들일 의향이 있는지를 물었다. 이 문제를 해결하고자 하는 마음의 준비가 되어 있는지를 묻는 것이었다."[4]

이 질문들은 간접적으로 정서적인 부분을 담론화하여, 협상의 중심이 될 수 있도록 대화를 유도할 수 있었다. 마르셀은 감정이 북받치기 시작했다. 지금까지 진행한 논의에 대해 본인이 얼마나 짜증과 분노를 느꼈는지 설명했다. 회르츠는 "그가 이 문제를 스스로 해결할 수 없다는 생각에 이러한 감정을 강렬하게 느끼며 자책을 심하게 했다"라고 말했다.[5] 루이는 아버지의 말을 들은 후 솔직하게 핵심 사안에 대해 논의할 의향을 표출했지만, 과연 마음의 준비가 되었는지를 말을 아꼈다.

최소한 두 사람 모두 문제를 해결하고 싶은 의향은 있었다. 회르츠는 각자에게 원하는 결과가 무엇인지 물었다. 그는 두 사람이 협상할 마음의 준비를 하도록 분위기를 유도하면서, 대화가 긍정적이고 허심탄회하게 흘러가도록 애썼다. 마르셀이 원하는 결과는 아들이 바로 자신의 회사에 들어와 중요한 역할을 하는 것이었지만, 처음부터 경영권을 완전히 넘길 생각은 없다고 말했다. 그 말을 들은 루이는 안심하면서 자신의 의사가 존중받고 있다는 느낌이 들면서, 자신에게 주어질 임무에 대해 마음을 열기 시작했다. 회르츠는 잠시 후 대화의 톤이 점차 바뀌고 있다고 느꼈다. 어조는 부드럽게 바뀌었고, 회르츠에 대한 두 사람의 신뢰와

---

4) 구트 안 드 후스와의 인터뷰
5) 구트 안 드 후스와의 인터뷰

서로에 대한 신뢰가 점차 쌓이기 시작했다. 과거와 현재의 협상 문제를 생산적으로 풀어가기 시작하면서, 미래를 제대로 관리할 수 있는 기술을 배워나갔다.

세 사람이 그들의 과거를 짚은 후에 미래를 얘기하기 시작하자, 자연스럽게 두 사람의 입장 차이와 공통의 관심사에 대한 주제로 넘어가게 되었다. 그러다 결국 서로의 입장에 대한 존중심이 없어서 비롯된 마음의 상처로 돌아왔다. 그런데 마르셀과 루이가 이번에는 이전과 달리 상대를 공감하는 긍정적인 프레임으로 대화에 임하기 시작했다. 두 사람은 오래전부터 상대가 자신을 대하는 방식에 불만이 많았다고 토로했다. 특히 감정이 격해진 순간에 상대방이 하는 말을 두 사람 모두 헤아리지 못했다고 마르셀은 말했다. 이제는 그동안 서로에게 어떻게 상처를 주었는지 명확히 알 수 있었다. 안타까운 마음과 용서할 수 있는 용기가 두 사람의 마음에 생겨났다.

서로의 마음을 헤아릴 수 있게 되니, 또 다른 묵은 상처가 튀어나왔다. 루이는 자신이 어렸을 때 아버지가 항상 집을 비우셨다고 하면서, 잘못한 것만 지적하는 부정적인 꾸지람보다는 긍정적인 피드백이 절실했다고 말했다. 마르셀은 이 부분을 인정했다. 그런 다음 수년에 걸쳐 자신이 회사를 크게 키워낸 부분에 대해 가족이 더 많이 인정해주길 바란다고 말했다. 두 사람 사이에 너무나 오랫동안 끊겼던 감정의 고리가 서서히 수면 위로 올라오고 있었다.

이 시점에서 회르츠는 중요한 질문을 새롭게 던져 볼 수 있겠다 싶었다. "그렇다면 대화의 방향을 돌려, 경영권을 인수인계하는 몇 가지 방법에 대해 어떻게 이야기할 수 있을까요?"[6] 마르셀은 자신이 아들을 신뢰하지만 천천히 인계하는 것이 안심될 것 같다고 말했다. 사업에 대해 시간을 두고 알아가야 할 부분이 많으므로, 곁에서 한동안 도와주고 싶다고 루이에게 설명했다. 인수인계 기간을 거치면서 본인은 서서히 경영에서 물러나겠다고 했다. 루이는 이에 동의했고, 그 기간을 2년으로 정하는 데 합의했다.

마르셀은 사업에 사사건건 관여하는 마이크로 매니징은 하지 않겠다고 약속했고, 두 사람은 협력에 대한 엄격한 규칙을 세웠다. 이제 루이는 자신이 총괄하는 영역과 두 사람이 협력해야 하는 영역을 파악할 수 있었다. 대화가 순조롭게 흘러 기타 중요한 세부 사항—지분 소유구조와 다른 가족의 역할 등—에 대해서도 논의할 수 있게 되었다.

---

6) 구트 얀 드 후스와의 인터뷰

이 사례에서 알 수 있듯, 가족 사업에 대한 협상은 파악하고 헤아려야 할 부분이 상당히 많다. 유사한 상황에서 적용해 볼 수 있는 주요 교훈을 소개한다.

교훈 1: 협상에 대한 준비태세와 의향을 점검하기

회르츠가 협상에 처음 투입되었을 당시, 상황은 암울함 그 자체였다. 어디서부터 매듭을 풀어야 할지 많이 고민한 끝에, 양측의 이해관계 혹은 요구, 목표, 희망 사항, 마음가짐 (프레임)을 평가하여 산적한 문제를 풀어 나가야겠다고 판단했다. 그런 다음 두 사람에게 협상에 임할 의향이 있는지, 다시 말해 두 사람이 나아가고자 하는 방향과 각자의 요구와 목표가 맞닿아 있는지 물었다. 그러나 이것으로 충분치 않았다. 의향이 있다는 것과 준비 태세를 갖추었다는 것은 별개이기 때문이다. 필요한 마음가짐을 갖고 있고, 목표를 향해 열심히 노력하고 싶은 의지가 있는지 등을 이어 물어볼 수 있는 것이다. 두 사람은 처음에는 협상할 의향이 있다고 했지만, 루이는 충분히 준비가 안 되었다. 현 상태를 가감 없이 평가하는 단계는 협상을 진행하기 전에 부족한 부분을 점검하는 데 도움이 되었다.

교훈 2: 경쟁에서 협력 구도로 전환하기

두 사람 모두 경쟁적인 협상 방식을 고수해온 터라 부정적인 감정의 소용돌이에 빠지게 된 것이다. 상대의 마음에 공감하는 것만이

유일한 탈출구였다. 역지사지를 실행할 방법을 찾아야 했다. 그런데 일단 서로의 입장을 헤아리기 시작하니 상대에 대한 분노가 점차 사그라질 수 있었다. 공감대를 형성함으로써 묵은 상처와 협상 과정의 중심에 놓인 감정의 고리를 풀어갈 수 있었다.

감정의 보따리를 풀기 시작했을 때, 자신의 입장이나 요구를 내려놓고 이해관계에 집중하기 시작했다. 회르츠는 각자의 이해관계를 생각하고 얘기한 다음, 상대의 이해관계와 그것이 상대에게 중요한 이유에 대해 생각해 보라고 했다. 단도직입적이면서 명쾌한 이 과정을 거치니 인수인계에 대해 자연스럽게 논의하게 되었고 세부적인 내용까지 순조롭게 다룰 수 있었다.

교훈 3: '의도와 영향'의 문제

'의도와 영향'의 문제는 협상에서 보편적이지만 눈에 띄지 않은 측면이다. 두 사람이 바로 이 문제로 큰마음 고생을 한 것이다. 둘은 최대한 건설적이고 긍정적인 자세로 협상에 임했지만, 묵은 감정의 고리로 인해 상대에 가해지는 영향이 항상 부정적인 것으로 인식되었다. 지난날의 상처와 오해를 털어놓은 후에야 협상이 진전되기 시작했다. 두 사람이 그동안의 관계로 인한 문제에 효과적으로 다가가자, '의도와 영향'의 문제로 인한 섣부른 추측과 오해도 사라지게 되었다. 바로 이 지점부터 두 사람은 원활한 대화를 이어가면서 장기적인 해결책을 세우기가 한결 편해졌다.

제16장

문제에 봉착한 순간, 피하지 말고 협상의 틀을 재설계하라

협상을 하다 보면 심각한 문제에 봉착하는 순간이 있다. 이때 협상 자리를 떠나는 것으로 일단락해버리려는 사람들이 의외로 많다. 지극히 자연스러운 반응일 수 있다. 그러나 위기를 일단 피하고 보는 행동으로 모든 이해관계자에게 이로운 상황을 도출해 낼 기회를 잃을 수도 있다. 따라서 피하는 대신 구체적으로 어떠한 문제에 화가 났는지 깊이 고민한 후, 다음 각도로 접근해보라. 그 과정에서 협상의 틀을 재설계하는 것도 유용한 전략이다. 다른 형태로 협상을 구상해 보면서 협상이 관여하는 기저의 이해관계와 이익을 충족하도록 한다.

협상의 틀을 다시 세울 때 여러 걸림돌이 있지만, 특히 기존에 일을 처리했던 방식, 즉 선례가 발목을 잡는 경우가 많다. 특정 업종에서 특정 방식으로 협상이 성사되고 있다면, 그 방식을 벗어나는 것 자체가 문제를 일으킬 수 있다. 그러나 친숙한 방식이 속 편할 수는 있지만, 선택의 폭이 제한적일 수 있다.

이 장에서 소개할 사례에서 협상 당사자들은 중대한 문제에 봉착했을 뿐 아니라, 협상의 틀을 다시 세우지 않으면 관계도 영원히 잃고 문제의 프로젝트도 납기를 놓치며 엎어지는 상황이었다. 게다가 양측의 문화 차이도 딜레마로 작용했다. 협상에서 문화적 요소가 핵심적으로 작용했고, 양측이 협상에서 이득을 얻기 위해서 해결해야 할 문제가 한두 개가 아니었다. 이 모든 걸림돌을 어떻게 극복하여 서로 만족할 만한 방향을 찾게 되었는지 알아보자.

배경 설명과 협상에서의 도전과제

아론은 CXX 테크놀로지CXX Technology는 캐나다 토론토에 기반을 둔 회사에서 최고기술책임자CTO로 재직해 있었다. 이 사례에서는 CXX 테크놀로지이하 'CXX'가 '휴먼 인터페이스 장치(human interface device(HID), 컴퓨터 주변 기기 중 사용자 인터페이스를 담당하는 것으로, 사람으로부터 입력을 받고 출력하는 기능이 있음—옮긴이)'로 블루투스 연결되는 초소형 가상 레이저 키보드를 생산하기 위해 어떻게 파트너사들과 협상을 진행했는지를 보여준다. 이 레이저 키보드는 어떠한 2차원 평면에도 일반 키보드를 투사시켜 이용자가 일반 키보드를 사용하는 속도로 타이핑을 할 수 있게 한다. CXX는 자사의 가상 레이저 터치 프로젝션 제품에 대한 내장 애플리케이션을 생산하는 주요 제조사를 지속해서 탐색하고 협업하고 있다.

CXX는 2012년 이 레이저 기술을 개발하는 데 막대한 비용이 들어가는 상황에서 중국의 메뉴픽스Manufix라는 업체와 위탁생산에 대한 협상을 협상하고자 했다. CXX는 해당 업체를 만나러 직접 중국으로 갔다. 위탁생산 방식이 원하는 제품을 생산할 수 있는 가장 비용 효과적인 옵션이었기 때문이다. 게다가 메뉴픽스가 CXX가 희망하는 이 제품을 제작할 수 있는 전문 생산기술과 노하우를 개발했다고 주장했기 때문에 직접 만나보고 싶었던 것이다.

CXX는 어느 정도 상대 회사에 대한 탐색과 조사를 실시한 후에, 레이저 키보드 제조에 대해 메뉴픽스에 위탁생산을 발주하기로 마음먹었다. 협상에 속도를 내기 위해 아론은 중국으로 가서 심층적으로 상황을 탐색하고 메뉴픽스가 해당 기기를 구축할 역량이 되는지 확인하고자 했다. 기술적 난도가 매우 높은 사업이라는 점을 강조하자 메뉴픽스는 여러 방면에서 품질보증을 위한 조처를 했다. 메뉴픽스 팀에 교수를 영입시키기도 했다. 그는 이 분야의 '전문가'이자 이번 업무에 대한 열정도 큰 사람이라고 했다. 메뉴픽스는 시도 때도 없이 "할 수 있습니다!"라고 말했다.

중국에서 회의를 마친 아론은 이번 답사에 흐뭇해하면서 토론토로 돌아왔다. 얼마 후 제품 개발과 타당성 검증proof of concept을 위해 선급금으로 10만 달러를 메뉴픽스에 지급하는 계약을 협상했다. 아론이 나중에 알게 된 사실이지만 이러한 종류의 제품을 취급할 때와 중국에 소재한 회사와 제휴할 때 이렇게 선급금을 지급하는 관행이 있었다. 또한 계약상에서 양측이 프로젝트의 진행 상황을 자세히 파악하도록 생산 단계별로 특정 일자까지 메뉴픽스가 달성해야 하는 목표들을 설정했다. 단계별 임무를 완수하면 그다음 단계로 진입하여 해당 단계에 대한 금액을 받는 방식이었다.

양측이 합의한 이 방식은 대략 1년 정도 유지되었다. 그 기간 동안 아론은 결과물이 부실하고 메뉴픽스가 변명하는 횟수가 늘어나고 있다고 인식하게 되었다. 그런데도, 메뉴픽스는 다음 단계에 대한 지급을 독촉했다. 당연히 그럴 자격이 있다고 판단한 것이다. 아론과 CXX는 그 요구를 수락하지 않았고, 계약에 명시된 작업을 수행하지 않았다고 주장하며, 수행 전까지 추가 지급은 없다고 못 박았다. 이에 대해 메뉴픽스는 돈이 들어오지 않으면 생산 업무를 더 이상 진행하지 않겠다고 했다. 양측은 분명 출구 없는 막다른 골목에 도달했다. 아론은 사무실에 앉아 창문 밖으로 공원을 바라보며, 관계를 정리하고 원점에서 다시 시작하는 수밖에 없다고 생각했다. 분명 자신의 회사에는 막대한 손실을 초래하겠지만, 다른 뾰족한 수가 없다고 판단했다.

협상 준비

아론은 창문 밖을 바라보던 시선을 멈춘 후, 관계를 청산하고 다른 제조사를 알아보는 배트나에 혹시라도 다른 옵션이 있을지 곰곰이 생각해보았다. 아무래도 현재 생각하는 배트나를 추진할 경우, 일정과 예산에 크게 차질이 빚어질 수밖에 없었다.

아론은 회사의 담당 직원들을 불러 함께 머리를 맞대고 브레인스토밍 brainstorming에 들어갔다. 메뉴픽스에 일괄 총액 계약 방식 하에서 선급금을 지급했는데 단계별 목표가 제대로 완수되지 않고 책임감이 없다는 것이 가장 큰 문제라는 것을 다들 알고 있었다. 아론은 직원들에게 "이 방식대로는 하지 않을 겁니다. 계약을 파기하고 다른 제조사를 찾아야 할 수도 있어요. 그런데 그렇게 되면 타격이 심각해지겠죠. 혹시 다른 대안이 있을까요?"라고 물었다.[1] 그들은 함께 고민했고 이런저런 아이디어를 제안하기 시작했다. 그러던 중 누군가가 계약서를 다시 작성할 수 있는지 물었다. 한 번도 생각하지 못한 아이디어였다.

그들은 메뉴픽스가 맡은 업무의 수행 역량을 신뢰하는지에 대해 논의하기 시작했다. 메뉴픽스가 역량이 되는 부분도 분명 있었지만, 메뉴픽스 자체적으로 주어진 모든 업무를 하는 것에는 매우 회의적이라는 의견이 지배적이었다. 그렇다면 메뉴픽스를 계약에서 밀어내어야 하는가? 아니면 혹시 상황을 개선할 만한 방법이 있는가?

앞서 언급했듯, 이러한 종류의 계약 관행은 여러 단계별 임무를 명시한 일괄 총액 계약 방식을 따르게 된다. 일반적으로 초기 선급금을 지급하여 초기 비용을 처리한 다음, 다음 단계의 임무를 완수하면, 양산 준비에 들어갈 때까지 단계별로 추가 납입을 하는 것이었다. 그러나 CXX는 레이저 기술 부품에 관해서는 메뉴픽스가 역량이 부족하므로 외부의 도움을 받아야 한다고 줄곧 주장해 왔다.

---

1) 데이비드 루스웍과의 인터뷰

아론과 담당 팀은 메뉴픽스와의 몇 차례 불미스러운 일들을 고려할 때, 조건 변경을 불허하는 계약서를 작성하여 내밀어야 한다고 판단했다. 그런데 현실적으로 납기일이 계속 지연되고 있어서 메뉴픽스가 제안에 거절하고 협상을 질질 끌기만 한다면 다른 제조사를 신속히 물색해야 하는 상황이었다.

한편, 메뉴픽스는 협상에 걸려 있는 이해관계가 상당히 많았다. 우선 이번 사업에서 막대한 이윤을 내고 싶기 때문에, 추가 비용이 들어가는 솔루션은 고려 대상에서 제외했다. 그러니 문제를 해결하는 창의적이고 기발한 생각이 나올 리 만무했다. 그런데 메뉴픽스는 이 프로젝트를 성공리에 완수하고 싶다는 생각이 간절했다. 혁신 기술을 개발 생산하는 최첨단 기업으로 인지도를 높이겠다는 야심이 컸다. 이번 프로젝트가 문제없이 진행되면 앞으로 성공 가도의 디딤돌이 되어 줄 것 같았기 때문이다.

본격적 협상

재협상하기 위해 양측이 모였을 때, CXX는 현재 상황에 대한 관점을 설명했다. 메뉴픽스가 약속한 대로 성과를 내지 못했기 때문에, CXX는 다른 제조사에 위탁생산을 요청하거나, 계약을 수정하여 인센티브를 상향 조정하여 체결하는 방법을 구상했다. 새로운 협상에서 제안할 사항은 다음과 같았다.

1. CXX는 메뉴픽스에 개발에 투입된 비용을 지급하고, 이때 지급 청구서를 발행한다.
2. 메뉴픽스가 기술개발에 성공하여 생산에 들어가면, 판매 제품의 수만큼 기술료를 지급받는다. 새로운 협상에서는 CXX의 성공이 메뉴픽스의 성공으로 이어진다는 점을 원칙으로 한다. 이 공식에 따라 양측에 원원win-win의 결과가 도출될 것이다. 이 조항에 따라 메뉴픽스는 사업 성공을 위한 계획을 실행하고 최대한 빠르게 제품을 생산하여 상향조정된 인센티브를 받게 된다. 단 이 두 가지 조건을 충족할 때만 이익을 얻게 된다.
3. CXX는 '라조Lazo'라는 대만의 레이저 전문기업을 투입하여 현재 메뉴픽스가 부족한 이 전문기술에 대해 레이저 개발 관련 자문을 받도록 한다.

CXX가 계약의 변경사항을 제안했을 때, 메뉴픽스는 결국 동의는 했으나 수락하지 못하는 부분이 몇 군데 있었다. 우선 업계에서 체면을 잃게 될 수 있기 때문에 메뉴픽스가 프로젝트 완수 역량이 부족하다는 부분은 인정할 수 없었다. 아론은 훗날 이렇게 회고했다. "중국기업들은 '할 수 있습니다'라는 말을 쉽게 뱉는 편이다. 그러나 정작 혁신과 연구개발에는 매우 부족하다. 전에 안 해보던 분야이기 때문이다. 따라서 이 부분은 역량이 못 미친다는 점을 우리는 확실히 알게 되었지만, 이와 같은 한계점을 문화적인 이유로 공공연히 인정할 수 없어 했다."[2]

---

2) 데이비드 루스웍과의 인터뷰

메뉴픽스가 문제의 심각성을 파악한 듯한 몇 가지 징후가 눈에 띄었다. 기술 역량 부족 문제가 불거지기 전에 이미 대대적인 인력감축을 했다. 아론이 보기에 이러한 조치는 중대한 문제를 익히 알고 있었던 것으로 해석되었다. 다행히 아론은 문제의 큰 그림을 볼 수 있었기 때문에 대만 기업 라조를 투입한 것이다. 그렇게 조처하지 않았다면 문제는 끝까지 미궁으로 빠졌을 것이다.

CXX가 리스크 관리에 얼마나 관심을 보이는지, 그리고 메뉴픽스가 연구개발만으로 돈을 벌겠다는 욕심을 내려놓을 것인지가 새로운 협상의 성공 여부를 좌우했다. CXX는 생각의 폭을 넓히고 이 제품을 개발하고 성공적으로 양산하기 위해 메뉴픽스가 합작투자사로서 필요했다. CXX는 거래를 처음 시작할 때는 모든 리스크를 가정했지만, 재협상 단계에서는 리스크를 고려할 준비가 안 되어 있었다. 아론이 설명했듯이, "메뉴픽스가 혼자서 이 일을 해 낼 수 없었기 때문에, 우리에게는 우리를 보호해 줄 새로운 계약, 리스크와 보상을 양사가 똑같이 나눌 수 있는 계약이 필요했다."[3]

메뉴픽스는 새로운 협상의 동의했고, 정확한 비용 명세서를 제출했으며, 라조가 투입되는 제안도 받아들였다. 메뉴픽스는 기술료를 받고 싶고 첨단 혁신 기술 제품을 개발해야 한다는 명분에 공감하면서 라조의 개입에 대해 저항하지 않았다. 이 협상이 기술 분야에서 본인들의 실력을 입증하여 전반적으로 회사의 포트폴리오를 개선하리라 판단했다.

---

3) 데이비드 루스윅과의 인터뷰

아론은 새로운 계약에 따라 CXX가 프로젝트를 완수해 낸 결과에 만족했다. 총 50만 달러 이상의 비용이 투입되어 프로젝트를 완수하기까지 1년이 더 걸렸다. CXX가 전화기 및 다른 소형 기기에도 해당 차세대 기술을 적용하고자 했기 때문에, 제품이 개발된 이후에 더 많은 연구개발이 진행되었다. 양측은 그 이후에 더 많은 협상을 했고 결과적으로 많은 제품이 완성되었다. 메뉴픽스는 이러한 협상으로 막대한 이윤을 남겼고, CXX와의 경험은 다른 기업들과 더 많은 딜을 할 수 있는 발판이 되었다.

협상 이행단계에서 여러 문제가 도출되는 일은 비일비재하다. 이럴 경우, 바로 협상을 뒤엎고 다른 회사를 찾아 나서고 싶은 충동이 들기 마련이다. 이 사례에서도 알 수 있듯, 프로젝트를 유지하면서 관계를 이어나가는 다른 방법들을 모색해 볼 수 있을 것이다.

교훈 1: 필요에 따라 추진 방향을 변경하고 체면을 세운다

중국의 철학자 노자는 "당신이 방향을 바꾸지 않는다면 당신은 결국 지금 향하고 있는 곳으로 갈 것이다"라고 말했다.[4] 문제가 일어나는 상황을 예의주시하며 큰 변화가 절실하다고 판단한 아론도 이러한 생각을 한 것이다. 인센티브를 상향 조정하면서 계약의 틀을 새로 만든 결과, 막막했던 상황에서 양측에게 생산적인 결과를 도출할 수 있었다.

체면을 살려야 하는 필요도 이 교훈과 관련이 있다. 다행히 아론은 구체적으로 문제의 원인을 파악하고 라조를 투입하여 메뉴픽스가 부족했던 레이저 부품 생산 역량을 보완할 수 있었다. 아론은 메뉴픽스의 사람들이 체면상의 이유로 직접 언급하지 못한 취약점을 직접 해결하기 위해 나섰다. 문화적 특수성을 고려할 때, 말보다는 행동이 열매를 맺은 경우다.

---

4) http://beyondquarterlife.com/change-direction-may-end/ 인용.

교훈 2: 교착 상태에 부딪혔을 때 회피하기보다는 협상을 재설계한다

CXX가 문제점들을 인식하기 시작하면서 단계별 임무가 수행되지 않는다는 점을 파악했을 때, 아론은 반드시 변화가 필요하다고 판단했다. 그는 처음에는 계약을 파기하고 위탁생산을 다른 업체에 맡겨야겠다고 생각했다. 속 편한 결정일 수도 있겠지만, 그렇게 변화할 경우 비용과 시간이 막대하게 들어갈 것이 불 보듯 뻔했다. 아론과 그의 팀은 그 선택안은 과감히 버리고, 그들의 이해관계와 니즈를 충족하는 방식으로 협상을 수정했다. 선급금 비용을 최소화하고, 최종 청구액의 부하를 줄이며, 인센티브와 지분을 메뉴픽스에 지급하는 것이었다.

간단히 말해 CXX의 조치는 "할 수 있다"라는 약속을 CXX가 만족하고 메뉴픽스가 감당할 만한 "할 수 있다"라는 행동 계획으로 탈바꿈시킨 것이다. 아론은 이렇게 말했다. "중국을 자주 방문하면서, 우리 회사의 이해관계와 이익을 보호하고 있는지 확인하면서 그들을 관리하는 것이 매우 중요했다. 10만 달러나 주고 얻은 교훈이라, 다른 업체와 처음부터 다시 시작하고 싶지 않았다."[5]

---

5) 데이비드 루스윅과의 인터뷰

🏊 교훈 3: 배트나를 효과적으로 관리한다

아론과 CXX가 염두에 둔 배트나는 계약을 파기하고 중국이나 대만에서 다른 업체를 찾아서 프로젝트를 완수하는 것이었다. 분명 가능한 옵션이었지만, 투입되어야 하는 시간과 비용이 상당했다. 이에 CXX가 선택할 만한 대안이 몇 가지 있었지만, 고심 끝에 처음에 생각했던 것만큼 매력적인 옵션이 아니라고 결론지었다.

배트나를 행사하는 대신, 문제점들을 토대로 메뉴팩스가 발전된 방향으로 임할 수 있는 시그널을 보냈다. 단 관계의 틀을 다시 짜고 또 다른 회사를 투입하여 결핍을 메움으로써 양사의 틀어졌던 관계를 복구하고자 노력했다. 특별히 선택할 만한 배트나가 없었던 메뉴팩스는 여러 이유로 이 프로젝트에 남길 바랐고, CXX의 모든 제안을 수용했다.

제17장

계약 체결을 위해
먼 거리를 마다치 않다

한 지역의 작은 회사가 지구 반 바퀴 너머의 중견기업과 사업을 같이 하고자 협상하려 한다고 상상해 보라. 두 회사의 규모가 극과 극이라 협상에서도 엄연히 힘의 불균형이 있고, 시작부터 협상을 풀어나가기가 쉽지 않을 것이다.

이번 협상에서도 분명 힘의 불균형이 있었다. 그러나 힘 있는 측이 강자의 관점에서 상황을 보거나 과시하지 않게 된 비결은 무엇이었을까? 협상이 힘으로 좌우되지 않는다면, 어떠한 이유로 힘 있는 상대가 함께 사업을 하자는 제안에 설득되었을까? 마지막으로 존중과 예의가 매우 중요한 문화권에서 힘의 차이를 극복하게 된 원인을 알아보자.

앞에서 언급했듯 이번 협상은 이례적인 힘의 구도와 불확실성을 밑바탕에 깔고 시작되었다. 한 측은 미국에 기반을 둔 회사로, 인도에 소재한 상대측과 제한적이지만 멀리에서나마 긍정적인 교류와 경험을 쌓아갔다. 그러던 중 미국 회사의 대표가 상대측에 사업을 함께 하고 싶은 간절한 마음을 전하고 싶다며 직접 인도에 가기로 했다. 이때부터 이어진 협상과 성과로 결국 양측에게 예상치 못한 결실을 가져다주었다.

배경 설명과 협상에서의 도전과제

에크루Ecru는 뉴욕시에 있는 작은 의류 회사다. 에크루의 CEO 하워드 쉬어는 인도의 중견기업 인데고프로Indegopro에 접촉하여 협력 업체가 되어 줄 것을 요청하는 협상을 주도해 나갔다. 당시 에크루의 이전 협력 업체가 중국에 있었는데 불미스러운 상황이 연이어 발생하는 바람에 인도로 눈을 돌리게 된 것이다.

인데고프로는 인도에 거점을 두고 여러 국가에서 공장을 운영하는 중견기업이었다. 쉬어는 여러 이유로 인데고프로와 손을 잡고 싶었지만, 협상 카드가 온통 상대측에 있다고 판단했다. 자신의 목표를 달성하고 피라미에 불과한 에크루에 이윤을 가져올 만한 협상을 성사시키기엔 협상이 쉽지 않을 것 같다고 예상했다.

쉬어는 함께 일해 온 다른 의류 공장들을 통해 인데고프로에 대해 알게 되었다. 상대측에 대해 꼼꼼하게 실사와 조사를 진행했다. 그 과정에서 에크루와 같은 영세회사들에서부터 갭과 바나나 리퍼블릭과 같은 대형 백화점 매장으로부터도 물량을 수주한다는 사실을 알게 되었다. 또한 이처럼 다양한 매장들과 제휴한 풍부한 경험이 있다는 점도 파악했다. 납품되는 제품의 품질과 가치뿐 아니라 제휴 관계 관리도 이미 검증

되었다. 단, 쉬어의 고민은 에크루가 상대적으로 규모가 매우 작다는 것이었다. 제휴할 만한 가치를 인정받으려면 어떻게 설득해야 할 것인지가 관건이었다.

협상 준비

쉬어는 다가올 협상을 본격적으로 준비하면서, 상당한 양의 관련 정보를 수집했다. 인데고프로에 소량의 발주를 한 건 넣었는데, 결과물이 상당히 만족스러웠다. 그러나 계약 조건이 에크루에 다소 불리한 면이 있었다. 인데고프로는 신용장Letter of Credit, L/C을 발행하여 줄곧 거래해 왔는데, 에크루의 입장에서는 L/C 발행이 비용적으로 부담이 되고 앞으로도 계속해서 이 방식을 유지할 능력이 못 되었다. 다시 말해, 에크루의 자금조달력이 한계가 있는 상황에서 은행은 L/C를 제한적으로만 개설해 주기 때문이었다. 따라서 쉬어는 협상의 핵심이 미래의 파트너십과 계약에 대한 금융 조건이 되리라 생각했다. 기존의 계약 방식으로는 원활한 협상이 어려워 보였다.

또한 쉬어는 인도 문화에서는 사업자들의 관계 구축이 매우 중요하다는 점을 알고 있었다. 현재로서는 관계라고 할 만한 것도 없어서 어찌할지 고민한 끝에, 양사의 관계를 얼마나 진지하고 확고한 의지를 갖고 대하는지 보여줄 방법이 필요하다는 결론에 도달했다. 그리고는 번뜩 떠오르는 생각이 있었다. 직접 인도로 가서 확고한 의지를 보여줘야겠다고 결심한 것이다.

쉬어는 인데고프로가 가족 사업으로 시작했지만 현재는 규모가 커져서 전문 경영 체제를 중심으로 운영된다는 사실을 알았다. 효과적인 사업구조와 전문적인 경영 방식이 자리 잡은 전문기업으로 변모한 것이다. 정교한 사업 운영 방식으로 주요 거래처에는 유명한 대형 유통업체들이 다수 포함되었다.

쉬어는 협상 전략에 대해 깊이 고민하던 중, 몇 달 전 협상 트레이닝에 참여했던 경험을 기억해 냈고, 전략적으로 협상을 준비하기 위해 그때 사용한 교재를 꺼내었다. 자신이 제안하고자 하는 조건을 토대로 협상의 프레임을 정한 후, 협상 안건에 대해 주도권을 갖고 대화를 이어가는 것이 관건이라고 결론지었다. 그렇게 하려면, 첫 번째 제안과 달성하길 희망하는 조건으로 협상을 시작하는 '앵커링anchoring'을 해야 할 것이다. 협상에서 다루는 모든 문제 중에서 가장 중요한 사안은 일반적인 L/C 방식보다는 에크루에 유리한 파이낸싱 조건을 선택하는 것이었다. L/C 방식에서는 앞서 언급한 부담 외에도 은행에 이자를 별도로 지급해야 했다. 신용장 방식을 선택해야 한다면, 쉬어는 신용장 개설 기간을 90일로 설정하길 바랐다. 90일이 그의 '열망점aspiration point', 즉 가장 나은 조건이었고, 60일이 목표점, 30일이 유보점이었다. 30일 미만으로는 협상을 성사시킬 수 없었다.

본격적 협상

쉬어는 직접 인도로 가서 다소 과감하게 최초의 제안을 밀어붙이기로 마음먹었다. 협상을 따내기 위해 이렇게 직접 만난 적이 없는 그였지만, 이번 협상에서 직접 인도까지 가는 정성을 보이면 어느 정도 자신의 입김이 작용하고 자신의 회사에 대한 좋은 이미지를 심어줄 수 있다고 생각했다. 인데고프로 사무실에 도착했을 때, 직원들은 의아해하면서 그를 상대해 줘야 할 이유조차 모르겠다는 반응을 보였다. 그러나 그는 그들을 충분히 이해했다.

이 외에도 인데고프로가 고객사들에게 직접 물건을 납품하고, 발주 건에 대해 일괄 지급하는 것을 조건으로 제안했다. 인데고프로와 같은 중견기업이 에크루가 그간 해온 방식대로 소량 발주량을 취급하고, 신용장 만료 일자를 연장하는 것 자체가 어떠한 기준으로든 에크루의 과도한 요구이자 열망점이었다.

쉬어는 직접 인도로 가서 양측의 문화 차이를 좁히기 위해 최대한 노력했다. 인데고프로와 장기적으로 제휴를 맺는 것을 매우 진지하게 생각한다는 점을 확실히 전달하고 싶었다. 그들이 일궈낸 사업 성과를 깊이 치하하고, 그 이유로 두 회사의 관계에 투자할 준비가 되어 있다는 점을 정확히 전달하는 것이 쉬어의 목표였다.

쉬어는 자신의 회사가 큰 유통업체가 아니라는 사실을 허심탄회하게 터놓으며 평범하지 않게 협상의 문을 열었다. 에크루가 영세한 부티크 형태의 점포로 사업을 하고 있다는 점을 강조했고, 이 점을 장점으로

부각하고자 했다. 그러나 에크루는 야심 어린 성장 계획을 갖고 있는 신생 브랜드라는 사실을 각인시키고자 했다. 이를 위해 에크루의 성장 계획을 세부적으로 설명했다. 인데고프로가 에크루의 고공행진에 함께할 것을 권유했고, 블루 오션이 뛰어든다는 마음으로 손을 잡자고 제안했다.[1]

그러나 협상이 진행되면서 쉬어는 뭔가 개운치 않은 구석이 있다고 느껴졌고, 이 부분을 인데고프로의 협상 팀과 상의하고자 했다. 그는 "우리 회사가 다른 발주처들에 비해 규모가 매우 작은데, 저희와 함께 일하고 싶은 이유가 무엇인가요?"라고 물었다. 인데고프로 측은 담담하게 말했다. "귀사가 취급하는 제품, 품질, 특별한 디자인이 마음에 듭니다. 저희는 귀사가 성장하길 바라고, 그 성장의 여정에 저희도 함께하고 싶습니다."[2] 쉬어는 어디든 가장 영세한 거래처가 있게 마련인데, 에크루가 바로 그런 거래처가 된 거겠다 싶었다.

쉬어는 인데고프로 협상 팀과 하루를 보내면서 협상에 관한 거시적인 내용을 논의한 후, 세부 주제로 들어가면서 자신이 생각하는 협상의 핵심 포인트를 언급하기 시작했다. 파이낸싱 조건에 관한 것이 가장 주요한 사안이었다. 쉬어는 물품 수령 시점에서 L/C 90일 이내의 결제조건을 첫 제안 기간으로 제시했다. 90일이라고 해도 실제로는 결제조건 120일과 같다. 화물수송 기간이 30일 소요되기 때문이다. 그런데 놀랍게도 인

---

1) 로버트 치알디니(Robert Cialdini)의 《설득의 심리학(Influence: The Psychology of Persuasion)》에서 저자는 설득과 영향의 여섯 가지 원칙을 나열한다. 사람들이 설득을 당하는 이유 중 하나가 바로 희소성 때문이다. 희소성은 신속하게 행동하지 않으면 나중에 놓칠 수 있다는 생각을 들게 한다.
2) 하워드 쉬어와의 인터뷰

데고프로 협상 팀은 90일 결제조건으로 해도 무방하다고 했다. 단 수수료를 1.75% 고정 요율로 할 것을 제안했다. L/C를 개설하거나 다른 목적으로 신용한도액을 L/C 개설과 결합할 때에 비해 훨씬 더 저렴한 조건이었다.

돌이켜보면 그다지 난해한 협상도 아니었지만, 여러 협상 변수, 그리고 처음 시작하는 관계라는 점 때문에 골머리를 앓았다. 인데고프로의 협상 팀은 계약 체결 후에 쉬어가 인도까지 먼 거리를 와 준 것과 향후 사업 계획 브리핑에서 느껴진 프로정신이 매우 감명 깊었다고 말했다.

협상을 체결하는 방법은 여러 가지다. 그중에는 상대적으로 노력이 더 많이 투입되어야 하는 경우도 있다. 그러나 노력한 만큼 결실이 나오고, 열망점을 초과하는 이득이 생겨나기도 한다.

교훈 1: 직접 대면하기

이 사례에서 얻을 수 있는 가장 중요한 교훈은 직접 대면을 통한 대화의 중요성, 그리고 얼굴을 마주하며 나누는 대화가 협상 분위기를 긍정적으로 유도할 수 있다는 점이다. 전 세계 여러 문화권에서는 상호작용과 인간관계를 중요시하게 여긴다. 쉬어가 상대방을 만나기 위해 직접 먼 걸음을 한 것과 그들의 문화에 대해 예의를 갖추며 존중한 점은 협상을 성사시키는 데 훌륭한 밑거름이 된다. 그러한 노력과 정성이 협상의 세부 사항을 압도할 정도로 높이 평가되었다. 상대방을 직접적으로 대면한다는 것은 회사에서 중시하는 확고한 의지와 진지함을 나타내고, 상대방에 대한 존중을 암시한다.

또한 쉬어는 그들과 식사를 함께하고, CEO에서부터 일부 공장 직원들을 비롯해 다양한 계층의 직원들에게 마음을 열고 다가갔다.

교훈 2: 힘과 규모도 중요하지만, 때로는 고정관념을 벗어난 결과가 나온다.

힘의 논리적 차원에서 표면상으로는 인데고프로가 모든 협상 카드를 쥐고 있는 듯했다. 규모도 크고, 오랜 이력을 보유하며, 에크루와 굳이 사업을 같이할 이유가 없어 보였다. 그러나 두 회사는 협상의 이러한 부분에 집중하지 않았다. 오히려 그 반대의 접근 방식을 펼쳤다. 쉬어는 에크루의 상대적으로 작은 규모와 특별한 제품 라인을 차별화 요소로 부각하며 인데고프로에 어필할 수 있도록 노력했다.

또한 쉬어는 자신이 의도한 방향대로 '프레이밍framing'과 '앵커링anchoring'의 효과를 최대한 협상에서 발휘했다. 쉬어는 자신이 구상하는 흐름에 대해 인데고프로가 어떻게 반응할지 감이 안 왔기 때문에, 협상에 대해 다소 모호하고 일반적인 접근을 취했다고 말했다. 협상이 어떻게 전개될지, 상대측의 기준이 본인 회사에 적합한지 파악해야 했기 때문이다.

에크루의 작은 규모는 오히려 예상치 못한 차원으로 협상에 윤활유가 되었다. 에크루의 사업 범위를 고려할 때, 인데고프로에 가해질 수 있는 리스크는 미미한 수준이었다. 또한 양측의 합의로 협상을 순조롭게 마무리하고 나서, 인데고프로는 에크루의 제품 라인이 인도 생산시설에서 개발된다는 점이 크게 어필했다고 밝혔다.[3] L/C 방식으로 에크루가 비용을 조금 더 지급해야 하는 상황이 되었지만,

---

3) 인데고프로의 목표 중 하나는 인도에서 공장 가동률을 최대한 높이는 것인데, 에크루와의 제휴로 가동률을 높일 수 있었다.

상대측이 에크루의 제품을 마음에 들어 해서 신용을 연장해줬으므로 충분히 비용 상쇄가 되었다.

교훈 3: 회사의 성장 계획과 미래의 비전을 소개하다

에크루가 인데고프로에 제시한 금액이 엄청나게 높았다고는 볼 수 없지만, 에크루는 미래에 더 큰 성과를 낼 수 있다는 약속과 인데고프로가 에크루의 성장 과정에 함께할 수 있다는 기회를 제시했다. 이를 위해 쉬어는 인데고프로에 앞으로의 사업 계획을 설명하여 이해하도록 해야 했다. 그래서 인데고프로의 사업장에서 직접 발표를 했고, 영세 회사와 제한적 협상을 할 것이라는 예상을 뒤엎고, 작지만 높은 수익과 최저 리스크가 보장된 회사와 협상하는 것이라는 믿음을 주었다.

교훈 4: 협상에서의 불확실성, 첫 번째 제안, 승자의 저주 (Winner's Curse, 치열한 경쟁 끝에 얻은 것의 실상을 들여다보니 이득은 고사하고 손해 막급인 상황을 비유하는 말-옮긴이), 그리고 목표 달성

모든 협상에는 불확실한 요소가 내재해 있다. 협상에서 여러 변수를 타진할 수도 있지만, 세세한 부분까지 미리 알기가 어렵다. 일단 본격적인 협상이 시작되기 전까지 상대방이 가장 중요시하는 부분을 알기 힘들다. 협상에서 여러 변수와 ZOPA를 파악하고 이해하면, 협상의 프레이밍과 앵커링을 하기 위한 최초의 제안을 하기가 매우 순조롭다. 그러나 파악하기가 힘들고 협상 범위에 대한 정보나 상대가 원하는 바를 파악하기 어렵게 되면, 상대가 먼저 제안을 하도록 하는 것이 현명하다.

이 사례에서는 쉬어가 최초의 제안을 하고 L/C 90일 결제조건이라는 열망점을 밀어붙여 다소 공격적으로 협상을 이끌었다. 결국 상대측이 낮은 이자율을 지급하는 조건으로 원하는 결제 조건을 획득할 수 있었다. 쉬어는 훗날 이렇게 설명했다.

"나는 처음에 60일을 요청하려고 했지만, 내 의지를 저버리면서 협상하고 싶지 않아서 90일을 제안했다. 충분히 내 바람을 반영하고 싶었다. 상대측이 약간 줄여 달라고 요청할 줄 알았는데, 별로 크게 문제 삼지 않았다. 나는 내가 원하는 바를 얘기하고, 해 줄 수 있는지를 묻는 것이 맞는다고 생각했다. 상대방이 터무니없다고 느끼더라도, 어쨌건 '제로'에서 출발하는 것이 아니라 그 정박 점에서 시작할 수 있으니 나에겐 유리하지 않겠는가. "4)

쉬어가 원하는 조건을 얻어냈을 때, 이와 같은 결과를 '승자의 저주'라고 한다. 요청한 부분을 승낙을 받았지만, 더 많이 얻었을 가능성도 있다는 의미다.5) 더 받아내지 못한 것을 후회하는 사람들도 있지만, 쉬어는 충분히 만족했다. 자신이 정한 목표점을 달성했기 때문이다. 목표점을 정하는 것이 매우 중요한데도 실제로 많은 사람이 협상 과정에서 목표점을 간과한다. 목표를 명확하고 신중하게 설정하고 도달한다면, 승자의 저주에 걸려 놓치는 부분이 있더라도 전혀 문제 되지 않는다.

---

4) 하워드 쉬어와의 인터뷰

5) 최초의 제안을 했을 때 상대가 즉시 수락하는 경우를 승자의 저주로 해석한다. 협상에서 바라는 결과를 얻었지만, 더 많이 얻었을 수도 있다는 가능성이 내재한다.

제18장

상대방의 문화에서
선을 넘고 오해를 사다

기업의 인수합병M&A 협상에는 위험과 난관이 많아 쉽게 결론을 내리기가 어렵다는 사실은 이 책에서 이미 소개했다. 여기에서 한 꺼풀 더 벗겨보면 어떨까? 눈에 보이지 않지만, 협상 참여자들의 행동과 접근법에 불현듯 영향을 주는 문화적 요소가 어떻게 작용하는지 알아보자.

협상에 임할 때 사람들은 문화를 떠올리면, 주로 행동과 관습을 생각하게 된다. 그러나 독자들도 공감하겠지만, 행동과 관습은 피상적 차원의 문화에 불과하다. 협상의 관점에서 문화의 난해한 부분은 수면 밑에 숨어 있으면서, 행동, 사고, 신념에 뿌리 박혀 있다. 자, 이제 이번 사례에서 그 깊숙한 부분을 함께 파헤쳐 보자.

배경 설명과 협상에서의 도전과제

한국의 판교에서 진행된 이번 사례는 한국의 바이오 기술 기업과 독일의 바이오 기술 기업 간의 M&A 협상이다. 판교는 미국의 실리콘 밸리에 비견되는 디지털 신도시다. 한국 정부가 외국 투자자들을 유치하기 위해 세계적으로도 판교를 홍보해 오고 있다. 한국에서 대부분의 IT 기업들은 '판교테크노밸리'라는 사업 단지에 밀집해 있다.

이번 협상은 한국 기업 카이앰미Kyammi의 CEO 사무실에서 대면 방식으로 진행되었다. 협상 상대측은 분다스코프Bundascorp라는 독일 기업이었다. 카이앰미의 CEO가 분다스코프의 자본 출자를 요청하는 상황에서 분다스코프의 CEO가 협상하기 위해 한국을 방문했다. 분다스코프의 CEO는 처음에는 카이앰미를 합병하고 결국 인수하여 경영권을 소유하고자 했다.

협상 준비

양측은 이번 협상 이전에도 서로에 대해 어느 정도 인지하고 있었다. 거의 20여 년 동안 다소 요원하지만, 비즈니스 관계는 유지해 왔다. 카이앰미는 분다스코프의 공식 자회사가 되어 자본 출자를 통한 관계를 이어가고 싶었다. 분다스코프가 바이오 기술 분야에서 전 세계적으로 우수한 명성을 갖고 있었기 때문에 사업 제휴를 희망하고 있었다. 한편 분다스코프는 카이앰미의 경영권을 통제하고자 했다. 훌륭한 인적 자원과 아시아 시장을 포괄하는 역내 네트워크를 갖고 있을 뿐 아니라 전 세계 선두 바이오 기술 중 하나를 확보하고 있었기 때문이다. 이와 같은 입장을 고려할 때, 양측에 윈윈win-win의 결과를 가져올 수 있는 협상이 되었을까?

한편에서는 카이앰미의 기저 이해관계는 회사에서 최대지분을 잃지 않도록 하여, 경영에 관한 의사결정을 자체적으로 할 수 있을 뿐 아니라 분다스코프의 출자액을 최대로 받고 싶었다. 반면, 분다스코프는 아시아에서 주요 입지를 보유한 카이앰미의 인지도를 최대한 활용하기 위해 카이앰미의 지배주를 인수하고자 했다. 경영 지배권을 행사하면 아시아를 장악하기가 훨씬 더 쉬워지기 때문이다.

본격적 협상

협상에는 여러 역학 구도가 있지만, 각 회사의 성향과 입장에 근간이 되는 문화적 요소를 파고드는 것만큼 협상의 해결책을 찾는 데 효과적인 방법은 없었다. 카이앰미의 CEO는 자신의 회사가 여러 외국인 투자자들을 유치하는 데 필요한 주요 기술을 확보하고 있었음에도 다양한 문화적 기준에서 본인을 '을'이라고 생각했다.

한국 문화에서는 외국인 투자를 유치하고자 하는 한국 측은 출자하는 상대측이 재정 능력과 자원을 보유하고 있다는 점에서 스스로를 지위가 더 낮은 '을'이라고 인식하는 경향이 있다. 따라서 스스로를 '을'로 인식하는 한국 기업들은 상대적으로 더 큰 힘을 갖고 있다고 여겨지는 외국인 상대측에게 목소리를 내고 의견을 제안하는 것 자체를 지양하는 편이다. 결과적으로 한국 사람들은 지위가 높은 '갑'의 상대방과 소통을 할 때 자신이 필요로 하고 원하는 바를 제대로 주장하지 못한 채 협상에 참여한다.

홉스테드는 '권력 거리power distance' 지수로 이러한 현상을 설명한다. 다양한 문화권이 힘에 대한 관념을 인지하는 정도를 나타낸다.[1] 앞서 언급했듯, 한국은 더 강하다고 여겨지는 상대방과는 협상 자체를 하지 않는 문화적 경향을 보인다. 그 결과 협상을 할 때도 실제 협상을 타결하기에 앞서 '자발적' 양보를 해야 한다는 심리적 부담을 느낀 채, 상호적 협상 과정에 적극적으로 참여하며 의견을 피력하지 못하는 것이다.

상황이 이러하니 협상이 진행될 때 두 회사가 각자가 필요로 하는 부분을 전달할 때 문화적 차이가 극명하게 드러났다. 카이앰미의 CEO는 분다스코프의 CEO가 협상하는 방식이 상당히 불편하다고 느꼈지만, 한국 정서상 이러한 감정을 드러내면 상대방이 얼굴을 찌푸릴 수 있으므로 굳이 드러내지 않았다. 카이앰미의 CEO가 의기소침해 있지만, 분다스코프 측은 회사에서 필요로 하는 부분을 직접적이고 주장이 강한 접근법으로 적극적으로 주장했다. 양측의 온도 차는 이보다 더 심할 수는 없었다.

---

1) 〈Culture's Consequences〉, Hofstede, G., Beverley Hills, CA: Sage Publication, 1980.

또 다른 문화적 요소는 협상 참여자들의 나이에 관한 것이었다. 한국 문화에서는 장유유서의 원칙에 따라 연장자에게 먼저 우선권이 주어지고, 어린 사람의 공경심과 예의에 따라 연장자가 본인이 먼저 득한 것을 나누어 주는 관례가 있다. 카이앰미의 CEO는 분다스코프의 CEO보다 훨씬 어렸는데, 나이가 어리다는 것도 스스로를 을이라고 생각하고 행동한 또 다른 이유였다.

마지막으로 언급할 한국의 주요 문화는 바로 조화 중심주의적 사고다. 불교와 도교가 혼합된 가치체계에서 비롯된 것으로, 그 어떠한 가치관보다 사회적 조화를 중시하는 민족성을 알 수 있다. 그렇기에 사회생활을 하면서 공공연히 누군가의 의견에 반대 의사를 밝히는 행동은 피하는 편이다.[2] 장유유서와 관련해서도 연장자 혹은 노인에 반박하는 행동은 개인적 · 직업적으로 '자기 얼굴에 침 뱉기'로 간주되어 손해를 보거나 불이익을 얻을 수 있다.

카이앰미 CEO가 협상에서 떨떠름해도 양보에 양보를 거듭했기 때문에 협상은 순조롭게 추진되었다. 그의 고분고분한 태도는 앞에서 언급한 이유에서 비롯된 것이기도 하지만, 무엇보다 두 회사가 조화로운 관계를 유지하는 것이 중요하기 때문이었다. 그 결과 카이앰미 CEO는 자발적 양보를 거듭한 결과 분다스코프가 65퍼센트 이상의 지분을 인수하도록 하여 회사 지분 대부분을 잃었다.

이와 같은 협상 상황에서는 카이앰미 CEO의 일방적인 양보로 합의에

---

[2] 한국뿐 아니라 많은 동아시아 국가 사람들에게도 적용되는 논리다.

도달하게 된 것이다. 최종적으로 분다스코프의 CEO가 아시아 시장에 대한 경영 통제권을 가져가도록 지분율을 65:35에 합의했다. 그러나 두 회사의 문화적 기대사항이 달랐기 때문에 창의적 해결책을 도출하지는 못했다. 카이앰미 CEO는 장기적인 거래 관계를 놓치거나 한국의 조화 중심주의를 위배하는 것이 두려워 상대측에 'No'라고 하지 못했다. 서로에 관한 호의에 타격을 줄 수 있는 이해관계의 갈등 상황을 공공연하게 해결하려고 애쓰기보다는 합의점을 찾는 것이 낫다고 생각하는 한국인들의 성향 때문일 것이다.

그러나 협상은 여기에서 끝나지 않았다. 완전히 내키지 않는 상태로 합의를 했기 때문에 본인이 동의한 계약을 제대로 준수하지 않은 경우가 많다. 계약을 준수하여 이행하려면, 상대방과의 인간관계도 원만해야 하고 협상 과정 자체도 만족스러워야 할 것이다. 따라서 카이앰미가 자발적 양보를 했다고 해도, 협상 이행단계에서 계약을 온전히 준수하겠다는 의미는 아니었다.

한국회사가 이처럼 자발적 양보를 하는 취지는 상호 신뢰와 의리를 기반으로 건설적인 비즈니스 관계를 구축하려는 것이다. 힘을 가진 측에 의리를 보여주었으니, 나중에 득이 되어 돌아올 것이라는 생각이다. 그러나 서로 유대가 쌓이지 못하면, 비즈니스 관계 자체가 무너질 수 있다.

한국인들이 협상에 임할 때는 상호관계에 대한 만족도가 중요한 요소로 작용한다. 한국에서 진행되는 모든 사업적 협상은 상호관계에 대한 만족을 밑거름으로 진행된다. 아시아인들이 협상할 때는 대부분 유교 문화의 영향을 받기 때문에 자발적 양보를 하면서 상대의 요구에 화합하려는 경향이 있다. 일보 물러나며 양보를 함으로써 상대와 의리를 지키고, 상대와 사업적으로 독점적 관계를 맺을 수 있다고 믿는다.

이번 협상은 카이앰미뿐 아니라 분다스코프에도 최적의 결과를 낳지 못했다. 한국 문화에 따라 협상에서 양보하면서 분다스코프와의 관계가 새롭게 기존과는 다른 방향으로 발전하길 바랐던 것이다. 그러나 분다스코프는 안타깝게도 그 의도를 파악하지 못했고, 결과적으로 자사에 유리한 상황과 관계를 최대한 누리기만 했다. 그러나 흥미롭게도 카이앰미의 CEO가 관계를 중시하는 경향이 워낙 강하다 보니, 균형을 이루진 않지만, 양사의 사업 관계가 오늘날까지 유지되고 있다. 하지만 카이앰미의 문화적 기대를 충족할 만한 상황이 펼쳐졌다면 두 회사의 관계는 훨씬 더 많은 결실을 보았을 것이다.

이번 사례는 협상에서 다른 문화권의 사람들을 이해하는 데 파악해야 할 여러 교훈을 시사한다. 독자들도 예상할 수 있듯, 상황에 내재된 문화적 뉘앙스를 예의주시하는 자세가 이번 딜레마를 해결하는 데 절실했다.

교훈 1: 문화의 가시적 요소와 비가시적 요소

첫째, 문화는 사람들이 자신의 니즈를 협상하고 전달하는 방식을 크게 좌우한다. 문화는 사람들이 문제를 제기하는 (혹은 제기하지 않는) 방식뿐 아니라 협상 중에 발생하는 논쟁이나 갈등을 공공연히 해결하는 능력에도 영향을 가한다. 또한 갈등 국면을 공공연히 해결할 만한 능력이 없다는 사실을 논하는 것 자체가 눈살을 찌푸리게 할 수 있는 행동이다. 상대방의 문화에 대한 배경지식이 없는 경우에 그러한 무능함을 보인다면 조롱을 사게 될 수 있다.

이러한 상황을 대처하는 비결은 상대방의 문화와 생활·업무·협상 방식을 충분히 숙지하는 것이다. 어떠한 문화를 학습할 때, 사람들은 해당 문화권에서 중요시하는 기준과 수칙부터 알아보려는 경향이 있다. 좋은 시작점이 될 수 있지만, 같은 문화권 내에서도 지역별 차이가 있다는 점을 파악해야 한다. 이처럼 지방색도 큰 차이를 보일 수 있으므로, 해당 지역의 문화를 인식하고 적절히 대응하는 자세가 필요하다.

교훈 2: 협상 과정의 중요성

둘째, 협상에서 그 과정도 매우 중요하다. 협상하는 동안 참여자들이 어떻게 행동하는지도 상대방에게 특정 시그널을 보내고 다양한 해석의 여지를 줄 수 있다. 이번 사례에서는 카이앰미의 CEO가 나이를 중시하고 장유유서를 강조하는 한국 문화에 근거하여 협상 과정을 나이 차에 따른 '형과 동생'의 관점에서 파악했다. 그 결과 한쪽에 일방적으로 무게가 실리는 과정이 펼쳐지면서 표출하지 못한 기대만 쌓였고, 혼란과 속앓이를 낳아 결국 이상적인 합의에 이르지 못하고 불균형적 관계로 이어졌다.

교훈 3: 요구사항을 표출하지 못하면 협상을 그르칠 수 있다

셋째, 카이앰미의 CEO가 취한 협상 방식은 분다스코프의 CEO가 특정 행동을 할 것이라는 기대와 예상을 하게 했다. 카이앰미의 CEO는 분다스코프의 CEO가 발전하고 있는 양측의 관계를 이해하고 그 성과에 대해 충분히 인정해 주리라 생각했다. 그는 힘이 약한 측, 즉 '을'의 위치에 놓인 측이 '갑'과 협상을 하면서 일련의 양보를 할 경우, '갑'도 이 점을 인정하여 '을'을 그만큼 보호해 준다는 관념이 통할 것으로 생각했다. '갑'이 예상만큼 '을'을 헤아려 주지 못하면, '갑'의 요구가 단기적으로는 충족되겠지만, 장기적으로는 불가능하고, 둘의 관계는 어긋난 기대로 인해 종지부를 찍을 가능성이 크다.

교훈 4: 사전 협상과 협상 과정을 논의하는 것의 중요성

　넷째, 카이앰미와 분다스코프의 사례는 아시아인들과 협상할 때 사전 협상과 협상 과정을 충분히 논의하는 것이 중요하다는 점을 시사한다. 협상의 의미에 대해 문화권마다 기대하는 바가 다를 수 있다. 한국인들은 실제 비즈니스 협상을 하기에 앞서 개인적 친목을 도모하는 편이다.[3] 따라서 아시아인과 성공적인 협상을 하려면 우선적으로 상이한 기대사항에 대해 협상하고, 협상 절차의 여러 심층적 측면에 대해 공감대를 쌓기 위해 사전 협상으로 문을 여는 것이 효과적이다.

---

3) 일본과 중국을 비롯한 다른 아시아 국가에도 해당된다.

Ⅲ

정부와 일상에서의 사례

정부와 일상에서의 사례

매일 우리 주변에서는 수많은 종류의 협상이 진행되고 있다. 시민단체 간의 협상, 인질 상황에서의 협상, 그리고 정부 차원에서는 갈등 중인 당파들의 협상 등 각양각색이다. 앞 장에서 소개한 여러 비즈니스 사례들처럼, 이 섹션에서 소개하는 사례도 방대한 분야에 걸쳐 있다. 각 사례의 특징은 다르지만, 흥미롭게도 비슷한 부분이 많다.

정부가 개입된 사례들—정부 내에서의 협상, 정부 기관 간의 협상, 정부와 반정부 단체와의 협상 등—에서 협상을 통해 예산 문제나 부처 간 분쟁을 해결하거나 수십 년간 앙숙으로 지낸 단체 사이에 새로운 길이 열리기도 한다. 단 정부가 개입된 협상은 여러 요소—이해관계자들의 수, 다양한 성향의 유권자층, 그리고 정부가 관리해야 하는 관료주의 등—로 인해 다른 협상 과정과는 구분된다.

첫 번째 사례는 인질로 붙잡힌 사람들에 관해 유엔 기관과 국가 정부 사이에서 벌어진 특수한 상황이다. 협상에 투입된 사람들의 철저한 실태 파악과 우연과도 같은 일련의 사건으로 인해 난민들이 처한 상황은 효과적으로 해결되었다. 난민들을 석방하는 과정에서 정부와 억류자들에게로 화살을 돌리지 않도록 신중한 자세로 협상에 임해야 했다. 또한 협상 과정의 토대가 되는 문화적 규범을 심층적으로 파악하는 노력이 성공의 열쇠였다.

두 번째 사례도 정부 차원에서 진행된 협상이지만, 이번에는 콜롬비아의 평화구축 프로세스에서 진행된 협상의 일부였다. 당사자들이 협상 과정에서 크나큰 진전을 보였지만, 위기를 피해 가지 못했다. '과도기 정의(transitional justice, 권위주의나 전체주의 체제의 국가가 민주 체제로 전환하거나 내전 혹은 분쟁이 종식되고 새로운 체제가 들어설 때, 기존 체제에서의 각종 인권침해와 전쟁범죄를 어떻게 처리할 것인지 논의하여 평화, 화해, 통합으로 나아갈 방향을 모색하는 과정—옮긴이)'를 다루기 위해 제안된 단어 선택의 문제에서 교착 상태가 생겼다. 전직 관료였던 협상 참여자 한 명은 이전 협상 과정에서 과거 군부의 잔혹 행위만 비난을 받았지만, 책임을 물어야 할 다른 이해관계자들도 많이 있다고 판단했다. 이 시점에서부터 협상이 교착 상태에 빠졌지만, 결국 예민한 사안을 해결한 비결은 놀랄 만한 것이었다.

정부가 개입된 세 번째 사례는 필리핀의 평화 프로세스에서 진행된 협상이었다. 전반적인 평화 프로세스의 핵심 부분에 대한 협상이 체결되었고, 협상의 조력 단체와 협상 담당자들은 비행기를 타고 공식 체결식에 가는 길이었다. 그러나 비행기 안에서 어느 정부의 협상 측 대표가 계약을 파기했다. 다른 당사자들과 지원 팀은 폭력 시비로 이어지지 않도록 빠르게 사태를 수습해야 했다. 결국, 나머지 사람들이 쉴 새 없이 머리를 맞대고 논의한 끝에 철저히 '플랜 B'를 준비하고 흩어진 조각들을 한데 모아 협상 프로세스를 수렁에서 건져 올릴 수 있었다.

네 번째 사례는 다시 북미로 방향을 틀어 캐나다 앨버타주의 캘거리에서 진행된 위기 협상이다.[1] 이 사례에서는 위기 협상가가 캘거리 경찰청과 함께 한 남성에 관한 사건에 관여했다. 그 남성의 부인에 큰 변화가 일어 남성이 극한의 상황까지 내몰린 사건이었다. 여러 차례 우여곡절을 거친 후에 결국 예상치 못한 결과가 도출되었다.

다섯 번째 사례는 인질 석방에 대한 협상, 그리고 강력한 반정부주의자의 체포에 관해 미국에서 진행된 협상이다. 인질범은 자기 주변의 사람들과 지역사회에 폭력을 가하겠다고 협박했다. 인질협상단이 경찰과 함께 치밀한 설득 작업을 벌인 끝에 인질범은 자수했고 상황은 평화롭게 마무리되었다. 인질범이 인질극을 벌인 진정한 동기를 파악하고, 주정부와 지역 정부의 담당관 여럿이 기나긴 대화와 조율을 했기에 가능한 결과였다.

여섯 번째 사례는 미국의 또 다른 인질 사건으로, 이번에는 연방수사국FBI이 수년 동안 인질 협상가와 인질범 간에 신뢰 관계를 구축해온 모델이 활용된 협상 건이다. 오랫동안 구축된 관계 덕에 인질들은 아무런 해를 당하지 않고 풀려났고, 인질범은 자수했으며, 인질 협상가는 인질범의 동기에서 핵심적인 내용을 파악할 수 있었다.

일곱 번째 사례는 두 개의 비영리단체가 겪은 힘든 협상 과정이다. 두

---

1) 위기 협상과 인질 협상의 차이에 대한 유용한 분석 내용은 다음을 참조.
https://leb.fbi.gov/articles/featured-articles/crisis-or-hostage-negotiation-the-distinction-between-two-important-term

기관은 전 세계적으로 중요하고 의미 있는 비영리사업을 진행하고 있었다. 그러나 문제가 발생하게 되었다. 두 조직의 이름이 매우 비슷해서 각 단체의 지원자와 후원자들도 헷갈릴 정도였다. 양측은 시간을 두고 우호적으로 논의한 끝에 해결책을 도출해 내었지만, 그 효과가 오래가지 못했다. 결국 협상 중재자의 자문이 투입되었다. 중재자는 양측의 의견을 듣고 문제점에 대해 깊이 고민한 끝에 단순하지만, 역발상적인 질문을 던졌고, 그때부터 해결책의 실마리가 보이기 시작했다.

마지막 여덟 번째 사례는 교수와 대학교 간의 계약 협상 건이다. 교수가 특정 국가에 거주하고 있었는데, 대학에서는 그에게 다른 국가에 가서 강의해 달라고 요청한 것에서 협상이 시작되었다. 이 사례는 협상의 프레임을 정해 두는 것, 그리고 시간이 지나면서 양측의 관계 구축이 각자가 진정 중시하는 부분을 파악하는 관건이 되어, 모든 이를 위한 더 나은 협상을 성사시키도록 도와준다는 점을 시사한다.

제19장

"이 모든 사건의 시작은
구겨진 쪽지 한 장이었다"

　중대한 협상일수록 그 형태도 다양하지만, 사람의 목숨이 걸린 협상만큼 중요한 협상은 없을 것이다. 사람의 목숨이 걸린 사안에 대해 협상을 할 때 협상가가 느끼는 압박감과 결과에 대한 책임감은 감히 설명조차 할 수 없다. 상황이 주는 긴장감으로 인해 거친 대화와 지나친 요구가 난무하는 구도가 연출되기도 한다. 이렇게 강성적 접근을 취할 때 두 가지 결과, 즉, 한 측이 요구를 마지못해 따르거나 협상 과정이 교착 상태와 실패로 전락하는 상황이 나타난다.

　이번 협상 사례는 상이한 문화적 기준이 협상 방정식에 더해질 때 사태가 얼마나 복잡해지는지를 보여준다. 협상에 관한 한 문화는 다양한 형태로 나타난다. 협상에서 언행의 적절성 여부를 좌우하는 것도 문화적인 요소들이다. 그런데 전 세계 많은 곳에서 공통적으로 나타나는 문화적 개념이 하나 있다. 바로 어떠한 상황에서도 지키려는 언행, 즉 자신의 명성을 지키려고 하는 열망은 보편적인 문화적 정서다. 모든 이해

당사자가 본인의 체면을 지켰다고 인식하지 않으면, 체면이 중요한 문화권에서는 협상이 완전하게 진행되었다고 볼 수 없을 정도다.

이번 사례에서는 이와 관련하여 민감한 측면들이 복합적으로 작용했다. 여아들과 여성들의 목숨이 걸린 사안이었다. 그들의 석방을 위해 국제협상 팀이 총대를 메고 협상을 추진해야 하는 상황이었다. 정부 측에서는 협상이 진행될 수 있도록 허가를 내주었다. 결국 인질들과 인질범들이 위기 상황에서 각자의 체면을 지킬 방법을 제시해 주어야 하는 상황이었다. 이 복잡한 이야기가 어떻게 전개되었는지 살펴보자.

배경 설명과 협상에서의 도전과제

유엔 난민 고등판무관 사무소United Nations High Commissioner for Refugees, UNHCR에서 아프가니스탄의 헤라트 서부지역 내 난민들과 국내 실향민들을 지원하는 선임 보호 담당관으로 활동하는 카렌은 이렇게 회고했다. "한 남자가 내게 구겨진 쪽지 하나를 건넸어요."[1] 이 쪽지가 협상의 단서를 찾는 암호와도 같았다. 때는 2002년이었다.

하루는 카렌은 전직 사령관이 운영하던 한 마을에서 인권교육을 하고 있었다. 그녀는 외교부의 사무소의 부엌에서 동료들과 점심을 먹던 중에 한 익명의 사람으로부터 앞에서 언급된 쪽지를 받았다. 미스터리한

---

1) 국내 실향민은 국가 내에서 고향을 떠나 다른 지역으로 강제 이주를 하지만 국가를 떠나지 않는 경우를 의미한다.

쪽지는 그녀가 근처 마을에서 벌어지는 상황을 검토해 달라는 요청의 메시지였다. 여아들과 여성들이 붙잡혀 있는 사실을 암시하는 내용이었다. 그녀의 비서와 통역사에게 전달된 그 쪽지는 문제의 상황과 이슈를 간략하게나마 암시하고 있었다.

카렌과 그녀의 팀은 이 단서를 이용하여 전체 상황을 파악하기 위해 상황을 심층적으로 조사하기 시작했다. 정보전달자를 수소문하여 찾아냈고, 그는 이 여성들에게 식량을 공급하면서 도와주려고 애쓰던 중, 어느 날 이들이 인질로 잡혔다는 사실을 알게 되었다고 설명했다. 처음에는 응징이 두려워 정보를 발설하는 것에 대해 망설였다. 이 정보가 어떻게 새어 나갔는지를 정부 측에서 알게 되면, 감금이나 사형이 불 보듯 뻔했기 때문이다.

카렌 측은 추가로 알 만한 사실이 있는지 파악하기 위해 심층 조사를 했다. 그러나 문화 차이로 인해 문제가 발생할 것을 우려하여 촉각을 곤두세우며 최대한 조심스럽게 진행했다. 그 정보전달자와 다른 소식통으로부터 세부 내용을 얻어내는 데 상당한 시간대략 한 달이 걸렸다. 무엇보다 그의 신변과 그가 제공하는 정보 차원에서 카렌 측을 신뢰해도 된다는 확신이 들도록 그와 돈독한 관계를 키워 나가야 했다. 그러한 인질 범죄에 대해 정부 기관을 기소하는 것 자체가 위험과 책임이 필요한 주장이었기 때문에, 최대한 확신할 만한 근거가 필요했다.

그는 인질로 잡힌 사람들이 이란 난민들이라고 설명했다. 그러나 아프간 인질범들이 아프간의 문화상 복잡하게 말하는 경향이 있어서 정확한 정보를 얻는 것이 힘들었다. 그래서 카렌 측은 정보의 조각들을 한데 모아야 했다. 여러 정보를 입수하여 추측과 가설에 대한 사실적 근거를 마련하기 위해 큰 노력을 기울였다.[2] 또한 필요로 하는 모든 정보를 다 입수하진 못했지만, 이 여아들과 여자들이 설명을 들은 장소에 인질로 잡혀 있다는 사실을 입증하는 근거로는 충분하다고 판단했다. 10세에서 20대 중반의 여아와 여성 22명이라는 사실도 알게 되었다.

강제 수용된 상황에서 부적절한 활동에 이용되고 있다는 정황이 확실해졌으니, 카렌은 이제 어떠한 조처를 해야 할 것인지 고민해야 했다. 아프간 문화에서는 이러한 여성들이 자신의 의지로 석방되는 것 자체가 용납되지 않았다. 그럴 경우 사형에 처해질 가능성이 컸다. 남자 가족이 곁이 없는 상태에서 혼자서 생활하는 여성들은 돌멩이 세례를 받거나 사형에 처해질 수 있었다. 남자 가족 없이 인질로 잡혀 있다는 소문만 있다 해도, 여아와 여성들은 위험한 상황에 처할 운명이었다.

결국 카렌 측은 이 문제를 해결하는 첫 단계를 실행해야 한다고 판단했다. 수차례 논의 끝에, 우선적으로 외교부 지역사무소에 파악한 내용만큼이라도 문제의 상황을 밝히는 서신을 발송하는 것이 최선이라고 판단했다. 그러고 나서 외교부의 답변에 따라 다음 조치를 준비하기로 했다. 이는 그들이 할 수 있는 최선의 방안이었다.

---

2) 다양한 출처를 통해 동일한 정보를 취득하여 사실관계를 명확히 하는 과정을 거쳤다.

협상 준비

카렌 측이 비공식적인 접근 대신 공식 서신을 쓰자고 제안했는데, 이 사안을 두고도 처음에는 갑론을박이 있었다. 비공식적으로 사태 해결에 대해 문의를 했을 때 돌아오는 답변은 한결같이 "그러한 상황은 있을 수 없는 일이고, 이곳에서는 절대 일어나지 않는 일입니다"였다.[3] 간단히 말해 비공식 루트는 비밀에 싸인 막다른 골목이나 다름없었다. 공식 루트를 활용하기로 한 것은 전략적인 결정이었고, 사태를 해결하기 위한 유일한 방식이라고 결론지었다.

카렌 측은 아프간의 서부지역에서 외교부와 인맥이 있는 사람을 전혀 알지 못했다. 서신을 발송하는 것 자체도 정보 유출이 가능하므로 다분히 위험한 일이었다. 게다가 공직에 있는 사람들에게 이렇게 서신을 발송하면 반드시 답변을 받아야 하는 관례가 있었다. 서부지역의 외교부 직원이 답변을 안 보내면, 아프간의 수도 카불에 있는 외교부 청사로 서신이 발송될 가능성이 매우 크다고 카렌은 파악했다. 그 정도의 위치에 있는 담당자가 답변해야 하는 상황이 될 수도 있는 것이었다.

카렌 측은 본격적으로 서신 작성에 들어갔다. 신중한 단어 선택과 최대한 예의를 갖춘 서신이어야 했다. 그들은 서신에서 외교부 보호 아래 있는 22명의 여아와 여성이 도움이 필요하다는 사실을 파악하게 되었다고 설명했다. 이 여아들과 여성들은 난민이기 때문에, 국제법에 따라 UNHCR은 그들을 지원해야 하고, 유엔의 법 규제에 따라 그들을 지원해

---

3) 카렌 한라한과의 인터뷰

야 하는 임무가 있다고 덧붙였다. 따라서 여아와 여성들에게 어떠한 일이 일어나고 있는지 정확히 사태 파악을 하기 위해 그들을 방문해야 한다고 주장했다.

서부지역 외교부 사무소는 답변을 해 주었다. 그 후로부터 몇 차례 서신이 오갔다. 처음에는 그 지역에서 그러한 일이 전혀 일어나지 않고 있다고 주장했다. 이란 난민들이 수시로 국경을 넘나든다고 덧붙이며 "이것도 그런 일 중 하나에 불과할 겁니다."라고 주장했다.[4] 이렇게 사태를 무마하려고 했지만 어림없는 일이었다.

본격적 협상

카렌 측은 마침내 직접 만나서 몇 차례 논의할 수 있게 되었다. 처음 목표는 외교부 관리들이 현재 진행되는 사태에 대해 인식하도록 하는 것이었다. 관리들은 어느 정도 사태를 인정했지만, 그렇게 하기까지 수차례 회의를 열었고 신중하게 프레임을 정하면서 설득하는 노력이 필요했다. 협상을 전개하는 동안 외교부 관리들이 외교부의 입장을 피력하며, 여성들이 석방되었을 때 그들을 살해할 수 있는 외부 세력으로부터 여성들을 보호하려는 의도를 유엔 팀이 알아주길 바란다는 사실이 명확해졌다. 어찌 됐건 카렌 측에서 염두에 둔 프레임을 이해시킬 필요가 있었다.

---

4) 카렌 한라한과의 인터뷰

아프간 문화에서 중요한 의미를 지니는 '체면 지키기'가 협상 과정 전체에 녹아 있다는 사실이 드러났다. 유엔 팀은 외교부가 정당한 조처를 했다는 점, 그리고 여아와 여성들이 석방되어 그들의 보호 속에 있어야 한다는 점이 타당하고 할 만한 근거를 찾아야 했다. 기존 관례대로라면 인권 이슈를 공개적으로 드러내면서 경각심을 부여하겠지만, 이번에는 '관련자들을 직접 기소하지 않는 것, 만약 기소할 경우 협상 자체가 무용지물이 될 것이라는 점'을 반드시 기억해야 했다.[5]

카렌 측은 다행히 문제 해결적 사고로 접근하고 있었다. 문제를 가장 효과적으로 해결하겠다는 의지가 없었다면, 협상은 불가능했을 것이다. 카렌은 외교부 관리들에게 "그들에게 제가 어떻게 다가가서 도와줄 수 있을까요?"라고 물었다.[6] 분명 민감한 사안이었다. 그러나 오랜 설득 끝에 외교부도 사태의 심각성을 인정하고는 그들에게 접근권을 허락했다. 이것을 기점으로 협상에서 다음 단계로 넘어갈 수 있었다.

카렌 팀은 누구에게도 혐의를 제기하지 않는 원칙을 준수하면서 UNHCR의 대표단으로서의 역할과 지위를 사건에 개입할 명분으로 삼았다. 외교부 관리들에게 "이 여성들은 난민입니다. 국제법에 따라 그들을 도와주고 보살피는 것이 우리의 임무입니다. 우리는 단지 그들에게 다가가 대화하고 잘 지내도록 해 주는 겁니다."라고 설명한 것처럼 명분을 확실히 했다. 또한 아프가니스탄이 유엔 회원국이고 국내 유엔 사무소 설치를 승인한 사실도 도움이 되었다. 카렌 측이 특정 정부를 대

---

5) 원래의 경우라면 훨씬 더 직접적인 접근을 위해 인권 유린자들을 기소했을 것이다.
6) 카렌 한라한과의 인터뷰

표했다면, 출입 자격조차 부여되지 않았을 것이다.

외교부가 카렌 팀이 여아들과 여성들을 만나도록 허락했을 때, 준수해야 할 조건을 명확히 설명했다. "그들을 인터뷰하는 것만 가능합니다. 우리가 그들을 보호해 주려고 애쓴다는 점을 그들이 알도록 해 주십시오."[7] 카렌은 통역사만 대동하여 외교부가 운영하는 외딴 수용 시설에 있는 여아들과 여성들을 만나러 갔다. 시설에는 정확히 22명의 여아와 여성들이 있다는 점을 확인할 수 있었다. 카렌은 그들에게 이란에서 어떠한 일이 일어났는지, 어떻게 이곳까지 오게 되었는지 질문하며 대화를 시작했다.

이렇게 단순한 질문과 답변을 주고받으면서 여아와 여성들과 새로운 협상 모드에 들어갔다. 이들과 친밀한 관계가 되고 그들이 실제 일어난 일에 대해 입을 열기까지 수개월이 걸렸다. 외교부 시설에서 공개적으로 이러한 대화를 하며 정보를 얘기하는 것 자체가 일반적인 상황에서도 어려웠지만, 경비가 삼엄한 야외에서는 극도로 힘들었다.

협상 과정은 순탄치 않았고 수차례 고비를 맞이했다. 가슴 아프게도 협상 과정에서 두 명의 여성이 스스로 목숨을 끊었다. 그들이 겪은 트라우마가 되새김질하기엔 너무나 고통스러웠던 탓이다. 나머지 여성들이 자신들의 성적 학대 경험을 서서히 털어놓자, 카렌 팀은 막중한 사명감으로 그들이 빠져나오도록 어떻게 도울 것인지를 고민했다.

---

7) 외교부는 협상 중 어느 순간에 가서 여성들이 범죄자라고 말했다. 남성을 곁에 두지 않고 집을 나선 죄로 이란에서 감금된 적이 있는 여성들도 있었다. 그러나 이러한 주장은 사태 해결의 곁가지 이야기에 불과했다.

카렌은 협상에서 핵심 요소가 계속해서 그들에게 얼굴을 비추는 것이라고 말했다. 당시에 카렌 팀의 행동이 외교부를 곤란하게 하지 않을 것이라는 확신을 주어야 했다. 외교부 담당자들에게 "저희는 그저 수다떠는 겁니다."라고 말하기도 했다. 그러나 때로는 입장을 분명히 하기도 했다. 예를 들어 시설 주변의 경비 요원들이 여아와 여성들을 불안하게 만들어 솔직하게 말하기를 불편해했다. 이에 카렌은 이들과 대화하는 동안 경비 요원을 내보내 달라고 요청했고 외교부는 이를 수락했다.

카렌과 통역사가 여성들과 처음 만난 시점부터 전체 인터뷰 기간이 6개월 정도 진행되었다. 처음에는 여아와 여성들이 거의 입을 열지 않았다. 그러나 계속 얼굴을 비추고 그들의 말을 듣고 공감하자 서서히 마음을 열었다. 그들이 겪은 비극은 기억해내기가 치욕스러웠다. 지난 일에 관해 얘기하는 것 자체가 고통스러웠고, 특히 성에 대한 문화적 금기가 있어서 더욱더 고통스러웠다.

여아와 여성들에 대한 협상이 가시화될수록, 외교부는 문제의 심각성을 파악하기 시작했고, 카렌 측이 문제 해결에 큰 역할을 할 수 있다고 인식하게 되었다. 상황을 해결해야 할 문제의 프레임으로 파악한 것이 도움이 되었다. 카렌 측이 만든 프레임—"외교부가 문제를 해결하는 데 우리가 도움을 주겠다."—이 협상을 원활히 하는 데 크게 기여했다.

여아와 여성들과의 협상은 외교부와의 연이은 협상과 동시에 추진되었다. 카렌 팀은 외교부가 이 일에 집중하고 있고, 여론의 관심도 이어지고 있으므로, 이 문제가 해결될 때까지 예의 주시할 것이라고 확신했다.

카렌 팀은 접근권을 얻는 데 성공했고, 난민들을 석방하는 해결책에 점차 가까워지고 있었다. 그런데 또 다른 변수가 생겼다. 여아와 여성들을 단순히 석방한다고 문제가 해결되는 것이 아니었다. 석방 이후에도 그들이 정상적인 삶을 영위하도록 하는 장기적인 해결책을 모색해야 했다. 그중 일부는 이란의 가족들에게 돌아가고 싶어 했지만, 돌아갈 가족이 없거나 이전과는 다른 삶을 살고 싶어 하는 경우가 대부분이었다. 카렌 팀은 여기저기 수소문 끝에 카불에 있는 여성복지시설을 알게 되었다. 석방 이후에 이 시설에 보내거나 이란으로 돌려보내는 것이 카렌 팀의 목표였다.

결국 카렌과 통역사는 이들과의 공식 인터뷰를 종료했고 외교부에 일련의 권고 사항을 제시했다. 외교부가 해결책을 모색하는 과정에 카렌 팀은 도움이 되고자 인터뷰를 진행한 것이었지만, 외교부는 그들에게 해결책 모색 과제를 위임했다. 결국 카렌 팀은 여아와 여성들의 석방이 가능하도록 물심양면으로 지원했고, 그 과정에서 외교부가 그들의 안녕을 매우 염려한다는 내용을 강조하면서 외교부의 이미지를 우호적으로 유지하는 데 신경을 곤두세웠다. 그들 중 일부는 이란으로 돌아갔지만, 나머지는 카불의 여성복지시설에 입소했다.

이번 사례는 협상의 복잡성, 협상 기저의 문화적 측면, 협상가들이 민감하고 조심스럽게 언행 해야 하는 상황으로 인해 시사점이 매우 많다.

교훈 1: 체면 지키기와 공동의 문제 해결법을 실행하다

협상 전반에서 체면 지키기의 관습, 그리고 UNHCR 팀이 이러한 문화를 이해하고 존중한 태도가 주요하게 작용했다. 유엔 팀은 두 가지 미션—외교부의 체면 지키기와 여아와 여성들의 석방—사이에서 살얼음을 딛는 것처럼 조심하되 두 마리 토끼를 다 잡는 데 최선을 다해야 했다. 문제 해결적인 사고과 접근이 없었다면 체면 지키기 미션은 달성하기 어려웠을 수도 있다. 두 가지 목표 사이에서 섬세한 균형점을 찾기 위해 유엔 팀은 여아와 여성들의 석방 목표에 최대한 집중하려고 노력했다. 외교부의 처지에서 생각하면서 외교부가 난민들의 '보호자'로 보이도록 하는 해결책을 고안해야 했다.

교훈 2: 구체적 계획보다 거시적 계획이 중요하다

이러한 종류의 협상에서 계획 자체를 세우는 일이 거의 불가능했을 것이다. 카렌이 처음에 쪽지를 받고 그 사실 여부를 판단한 후에 여아와 여성들을 석방해야 한다는 확고한 목표를 정했다. 그러나 그 방법은 생각지도 못한 도전 그 자체였고 처음에는 전혀 감이 오지 않았다. 협상 과정을 수차례 반복하면서 답을 찾아갔다.

문제의 기저에 있는 문화적 이슈를 이해하는 노력 등 거시적인 계획을 세울 수 있지만, 그 과정에서 침착하고 신중하게 여러 사실 관계를 밝혀내어야 했다. 불완전한 정보를 토대로 문제를 해결해야 하고 한 번에 하나의 퍼즐 조각밖에 맞출 수 없는 상황 때문이었다.

교훈 3: 관계 구축, 신뢰, 그리고 지속되는 방문

이번 협상에서 또 다른 핵심 사항은 협상 대상들과 관계를 쌓아 가려는 진득한 노력이었다. 문제 해결을 위해 필요한 부분이었다. 상대를 잘 알기 전까지 신뢰하지 못하는 아프간의 문화가 있다. 부엌에서 카렌에게 쪽지를 건네고 간 정보전달자, 그리고 외교부 관료들도 덤덤한 반응을 보였다. 협상의 첫 단추를 끼우려면 관계를 발전시켜야 한다는 원칙이 모든 상황에 적용되었다.

무엇보다 관계를 쌓아 가려면 얼굴을 지속해서 내비치는 노력이 중요했다. 카렌과 통역사는 수개월에 걸쳐 멀고 먼 수용 시설을 오가며 외교부에 유엔 팀의 의도를 내비쳤고, 더 중요하게는 여아와 여성들에게 자신들이 진지하게 그들의 석방을 고대하고, 석방하는 순간까지 그들 곁을 떠나지 않겠다는 믿음을 주었다.

교훈 4: 인권 옹호와 내부고발의 타이밍과 협상의 타이밍을 적절히 조율할 줄 안다

인권 문제를 다룰 때 보편적으로 인권 옹호 활동―공개적으로 인권을 주장하고, 인권 문제를 조명하고, 인권 유린자들에 압박을 가하는 등―을 한다. 이번 사례에서 유엔 팀은 인권 옹호보다는 '협상'에 방점을 찍는 이례적 행보를 보였다. 왜 그랬을까? 카렌은 "문제의 현장에서 멀리 떨어져 있을 때 내부고발을 하는 게 정석이다. 그러나 문제의 현장에 있고, 목숨이 걸린 사안이지만 뭔가 조처를 할 수 있다는 판단이 들 때는 협상 카드를 꺼내야 한다."라고 말했다. 간단히 말해 문제의 상황에 어떠한 접근법을 취할 것인지를 고민할 때, 상황의 특수성과 내재된 역학관계를 고려하여 결정하도록 한다.

현실적으로는 인권 옹호와 협상의 두 카드가 섞여서 사용된다. 이 상황에서도 카렌 팀이 외교부에 어느 정도 압박을 가하는 노력을 몇 차례 보여주었다. 인권 옹호를 암시하는 압박을 가하면서도, 외교부가 난관을 헤쳐 나갈 방법을 제시하면서 협상 쪽으로 방향을 틀 수 있었다.

교훈 6: 동시에 여러 개의 협상을 관리하고 처리 순서를 정한다

이번 사례의 마지막 교훈은 한 번에 여러 협상을 관리하면서 처리 순서를 정해야 하는 어려운 상황에 관한 것이다. 부엌에서 정보제공자와의 협상에서부터 외교부와 수차례 의견 교환을 통한 협상, 그리고 여아와 여성들과의 협상에 이르기까지 여러 협상이 동시다발적으로 진행되었다. 각기 다른 협상 과정이었지만 서로에 적잖은 영향을 주기도 했다. 여아와 여성들과 협상이 진전되면서 외교부와의 협상에도 실마리가 보이기 시작했고, 외교부와 대화가 순조롭게 진행되면서 여아와 여성들과의 협상도 급물살을 탔다. 게다가 해결해야 하는 문제에 처리하는 순서를 정하고, 특정 시점에 누가 누구와 대화를 시도해야 하는지를 결정하는 과정에서 전략적 사고와 계획이 필요했다.

제20장

교착 상태와 해결책은
'용어'의 차이

수십 년에 걸친 분쟁에는 여러 난제가 고착화되어 있다. 각 이해관계자의 입장과 요구가 강경하거나, 당파 간의 불신이 깊거나, 수년간의 투쟁으로 물리적 · 정신적 상처가 곪을 대로 곪아 있을 것이다. 이처럼 심하게 분열된 장소에서 평화를 정착시키려면 협상에 대한 섬세한 접근법, 테크닉, 전술이 필요하다. 강력한 세력들이 연이은 분쟁과 전쟁으로 치닫는 상황에서 협상은 단비와 같은 창의적 사고로 인도한다. 콜롬비아의 분쟁은 이 모든 요소를 나타내는 사례로, 1960년대 중반부터 불완전 합의에 이른 2016년까지 미대륙에서 이어진 최장기 분쟁으로 기록된다. 전문가들은 협상해 봤자 소용이 없을 것이라고 했지만, 결국 합의에 도달했고, 오늘날까지 협상이 긍정적 방향으로 진행되고 있다.[1]

평화 프로세스에는 크고 작은 결정적 순간이 많다. 추진에 힘을 실어

---

1) 이 글을 쓰는 현시점에 평화협정은 매우 불안정한 상태에 놓여 있다. 산토스 대통령이 물러나고 신임 대통령 이반 두케가 정권에 올라서자 FARC에 강경노선을 택했고, 산토스 대통령이 했던 방식으로 평가를 추진하지 않았다.

주고 중요한 모멘텀을 도출해 내는 역할을 한다. 2016년 콜롬비아 평화 프로세스에도 그러한 순간이 있었다. 신망 있는 장군이 평화 프로세스에서 영원히 철수하겠다고 협박을 가했고, 그 결과 국민과 군부의 지지기반이 흔들리기 시작한 것이다. 그러나 외부의 도움, 단순하지만 핵심적인 질의, 창의적 사고, 엄선한 용어 사용 등의 노력으로 협상가들은 문제를 해결하고 평화 프로세스를 복구할 수 있었고, 지금까지 상황이 진전되고 있다. 참여자들이 어떻게 이 성과를 거두었는지 살펴보자.

배경 설명과 협상에서의 도전과제

사회적 대립과 충돌은 대체로 여러 이해 당사자와 다양한 구도가 복합적으로 개입되어 매우 복잡한 형태로 펼쳐진다. 남미 역내의 영향과 국제적 개입뿐 아니라 국내의 수많은 분파가 소용돌이친 콜롬비아의 상황이 그러했다. 콜롬비아 정부와 마르크스주의를 신봉하는 두 개의 단체—'콜롬비아 무장 혁명군Revolutionary Armed Forces of Colombia, FARC'과 '민족해방군National Liberation Army, ELN'—가 대치하는 갈등 국면이었다. 1960년대부터 54년이 넘도록 지속된 대립 상황으로 막대한 사상자가 발생했다. 외교 협회Council on Foreign Relations, CFR는 사망자 22만 명, 실종자 2만 5천 명, 그리고 국내 실향민 570만 명이 발생했다고 보고했다.[2]

---

2) Felter, C., D. Renwick, "Colombia's Civil Conflict," Council on Foreign Relations, January 11, 2017, https://www.cfr.org/backgrounder/colombias-civil-conflict

주로 이데올로기로 인한 대립이었지만, 정치적 권력도 대립의 불씨를 낳았다. FARC와 ELN은 1948년부터 1958년 사이 10여 년 동안 정치적 폭력 사태가 발생한 이후 1960년대에 결성되었다. 두 단체는 폭력을 종식한 권력 공유에 관한 합의에서 제외되었다. FARC는 공산주의 전투 세력과 농민자위대로 구성되었고, 상대적으로 규모가 작은 ELN은 피델 카스트로의 공산주의 혁명을 재현하고자 하는 학생, 가톨릭 급진주의자, 좌파 지식인으로 구성되었다. FARC와 ELN은 천연 자원 민영화에 반대하고, 빈민층을 대표하여 부유 세력이 지배하는 부패한 정부에 대항했다.

FARC는 수년 동안 납치, 강탈, 마약 밀매를 통해 활동 자금을 조달해 왔다. 2000년대 초반, FARC는 전 세계에 유통되는 코카인의 약 90퍼센트를 공급했다. 다른 우파 단체들은 밀매에 가담하여, 더 많은 폭력 사태를 유발하며 여러 갈래로 분할되었다. 결과적으로 수많은 사상자와 파국을 낳았다. ELN도 납치와 강탈에 가담했지만, 초반에는 마약 밀매는 하지 않았다. 그러나 재정적 이유로 코카인 밀매에 뛰어들기 시작했다.

그러던 중, 2002년 대선에서 FARC와 ELN 게릴라 단체들에 저항하는 강경 노선을 주창한 알바로 우리베가 대통령으로 선출되었다. 외교협회는 당시 이렇게 보고했다.

"우리베 정권의 첫 번째 임기 동안 좌파 반군단체를 탄압한 결과 살인율이 40퍼센트, 납치율이 80퍼센트 하락했다. 그러나 국제인권단체들은 우리베 정권이 인권을 침해했다고 비난했다. (중략) 여러 전문가는 우리베 정권의 탄압정책으로 평화회담의 기틀을 마련했다고 주장한다. FARC가 협상에 합의한 2012년, 회원 수는 대략 7천 명으로 떨어졌다."

2010년, 알바로 우리베 전 대통령 아래에서 국방부 장관을 지냈던 후안 마누엘 산토스가 대통령에 선출되었다. 산토스 대통령은 협상을 통해 갈등 구도에 대한 해결책을 찾기 위해 FARC의 의중을 떠보기 시작했다. 이와 동시에 협상을 준비하고 그와 그의 협상 팀에 도움을 줄 국제협상 자문위원단을 구성했다. 자문위원단은 영국의 토니 블레어 전 총리의 비서실장이자 북아일랜드 협상 수석대표 조나단 포웰Jonathan Powell, 전 이스라엘 외무장관이자 오슬로 평화 프로세스 전문가 슬로모 벤 아미Shlomo Ben Ami, 전직 FMLN엘살바도르 게릴라군 사령관 호아킨 비야로보스Joaquin Villalobos, 그리고 하버드 협상 프로젝트의 전문가이자 협상 도서 부문 베스트셀러《자기 자신과 협상하기》의 저자 윌리엄 유리로 구성된 이례적인 조합이었다. 자문단은 콜롬비아에 25차례가 넘도록 콜롬비아를 방문하며, 산토스 대통령과 그의 팀과 7년 동안 평화 프로세스를 위해 긴밀히 협력했다.[3]

협상 준비

농지개혁 문제와 이해관계자들의 정치적 참여를 위한 전제 조건을 논의하는 것부터 협상은 시작되었고, 논의에서 놀라운 진전을 보였다. 가장 큰 난제는 정부와 FARC 간의 적대 행위를 중단하는 문제, 그리고

---

3) ELN은 평화협정에 참여하지 않았다는 점을 확실히 해둘 필요가 있다.

FARC가 병력을 철수하고 콜롬비아 사회에 결합하기로 합의하는 경우 FARC의 운명이 어떻게 될 것인지에 대한 내용이었다. 이러한 종류의 분쟁에서 '과도기 정의'의 문제와 직결되는 사안이기도 하다.

과도기 정의와 반대 세력의 사회 재통합은 다른 여러 분쟁 상황에서도 실마리를 찾기가 어려운 것으로 드러났다.[4] 그러나 평화협정을 체결했을 때, 각 측의 무장 세력이 분쟁에 대해 비난을 받고 대부분의 책임을 지며 막대한 벌금을 지불해야 하는 딜레마가 있었다. 그러나 많은 측면에서 공감할 수 있는 부분이지만, 의사결정 과정에 깊이 개입된 다른 기관들—정부군 및 비정부—은 면책 대상이 되는 경우가 많다.[5] 이러한 사태에 대해 국가가 과거의 상처를 딛고 분쟁이 할퀴어 놓은 상처를 치유하면서 어떻게 전진해 나갈 것인지에 대해 궁극적으로 되짚어봐야 할 것이다.

콜롬비아의 상황도 사태의 중요도와 심각성의 차원에서 다른 분쟁국과 별반 다르지 않았다. 과도기 정의에 대한 협상이 한 달가량 무산된 적도 있었다. 산토스 대통령은 협상 전문가 유리에게 연락을 취해서 도움을 요청했다. 유리는 곧바로 짐을 쌌다.

그러던 중 주요 정부 협상가 한 명이 협상에 제동을 걸었다. 그는 퇴역한 장군 출신으로 콜롬비아 군사 조직Colombian Armed Forces의 최고

---

4) 평화구축 이니셔티브(Peace Building Initiative)에 따르면, 과도기 정의는 역사적 선례를 남기고 평화를 부정하는 세력에 저항하며 책임소재를 명확히 하고 면책을 종식하고 화해와 사회정치적 재건을 도모하여 폭력 분쟁의 재발을 막고 항구적 평화를 구축하는 데 도움이 되는 개념이다. 링크 참고.
   http://www.peacebuildinginitiative.org/indexf0e6.html?pageId=1883

5) 전 유고슬라비아의 대통령 슬로보단 밀로셰비치와 같은 인물은 예외가 되겠지만, 일반적으로는 유효한 명제다.

지휘관으로 재직했었다. 그런데 그가 정부의 과도기 정의에 관한 제안을 강력하게 반대한 것이다. 그는 엘살바도르의 경우처럼 다른 지역의 분쟁 상황에서 진실규명위원회가 어떠한 결론을 내렸는지 조사했고, 항상 부당하게 군부 세력만 비난하며 합의를 이뤘다고 판단했다. 그는 정부의 제안을 결렬할 것, 현재 사태에 대해 다른 접근법을 위할 것을 요구했다. 한편 다른 협상가들이 몇 주에 걸쳐 정부 제안의 장점을 강조하며 그를 설득하기 위해 최선을 다했지만, 그는 꿈쩍도 하지 않았다.

이 문제에 대해서는 너무나 확고했던 그는 협상이 열리던 쿠바의 수도 아바나에서 진행된 협상에서 불현듯 탈퇴했고, 이 소식은 즉시 여론에 공개되었다. 장군의 탈퇴 소식은 언론을 장악했고, 대중의 지지를 한 몸에 받던 그에게 응원의 물결이 쇄도했다. 협상은 교착 상태에 빠졌다. 좀처럼 볼 수 없는 교착 상태였다. 군부의 적극적 지지가 없으면 합의에 도달할 수도, 장기적인 합의가 될 수도 없는 노릇이었다. 대통령이 협상 회담이 열리는 아바나로 돌아오게 할 만한 방법을 고민하는 가운데 협상은 실제로 동결된 상황이었다. 아무런 진전 없이 한 달이 지났다.

지금까지의 내용이 유리가 콜롬비아의 수도 보고타로 향하기 전에 파악한 내용이었다. 그는 본격적으로 협상을 자문하기 전에 대략 문제의 상황을 이해하는 편이지만, 이번에는 그 장군의 의중을 알 길이 없었다. 여러 차례 의견을 경청해야 그 뜻을 헤아릴 수 있을 것 같았다.

본격적 협상

유리가 보고타에 도착한 직후, 그는 일대일로 장군을 만나서 "진심으로 우려되는 부분이 무엇인가요?"라고 물었다. 장군은 평화 프로세스에서 군부에 비난의 화살을 돌리는 경우가 많아 우려스럽다고 밝히며, 콜롬비아의 평화 프로세스에서는 그렇게 되도록 좌시하지 않을 것이라고 말했다. 그는 "'제도적 행위자institutional actors'의 공동책임으로 문건에서 명시하지만, 그 대상이 결국 군대의 또 다른 암호명이라는 사실을 저는 알고 있습니다."라고 말했다.[6]

유리는 그와 회의를 마친 후, 다른 정부파견단과도 대화를 나누었다. 협상을 주도하고 있는 전직 부통령이 가장 크게 목소리를 내고 있었다. 그는 평화 프로세스를 합의할 때 이 부분의 중요성을 강조했다. "우리는 공동의 책임에 관한 단어를 반드시 협정문에 포함해야 합니다. 전 세계가 주목하는 이 사태에 대해 이 나라에서 일어난 모든 비극적 사태에 우리에게는 공동의 책임이 없다고 주장할 수는 없는 노릇입니다. 그렇게 주장하기라도 하면 전 세계의 비웃음을 사게 되겠죠. 따라서 공동의 책임에 관한 문구가 필요합니다."라고 주장했다. 이 사안에 대해 협상팀의 의견은 분분했다. 좌절과 분노를 표출하는 사람들도 많았고, 협상 과정에서 탈퇴하겠다고 협박하는 사람들도 있었다. 평화 위원회 위원장은 외줄 타기를 하는 심정이었다.

---

6) 윌리엄 유리와의 인터뷰

그러자 유리는 파견단 전체를 소집하여 사태에 대해 논의하기로 했다. 그들이 다 모였을 때 유리는 "지금 이 상황에서 실제로 어느 부분이 가장 문제인지 알았으면 합니다. 문제의 소지가 될 단어들을 칠판에 적어보겠습니다."라고 운을 떼웠다. 그는 칠판에 '제도적 행위자들과 게릴라 단체에 공동의 책임을 돌린다'라고 적었다. "여기에서 어떤 단어나 문구가 문제인 건가요?"라고 그가 묻자 장관은 모든 사람이 들을 수 있도록 "여기 계신 분들이 다 아시겠지만, '제도적'이라는 단어가 군대를 암시한다는 게 문제입니다."라고 설명했다.

유리는 구체적으로 그 단어를 파헤치기로 했다. "알겠습니다. 그렇다면 이 단어를 어떻게 바꿔야 군부를 지칭하지 않게 할 수 있을까요? 예를 들어 '제도적institution' 대신에 '국가state'라고 넣으면 정부 전체가 공동으로 책임을 진다는 부분이 명확해질까요?"라고 물었다. 장군은 "'공동'이라는 단어가 필요합니까?"라고 되물었다. 나머지 사람들은 '공동의'라는 말이 중요하다고 설명했다. 인권침해 행위를 범한 주체가 개별 개인이 아니라 공동의 책임을 지는 여러 주체라는 의미가 들어가 있기 때문이었다.

유리는 이전 설명에 덧붙여 말을 이었다. "그럼 저희가 '제도적'을 '국가'로 변경하면 수용할 수 있다고 생각하시나요?" 그랬더니 장군이 잠시 생각한 후에 이렇게 말했다. "그렇게 하면 괜찮을 것 같습니다. '국가'라는 단어가 군대 하나만을 지칭하지 않고 모든 의사 결정자와 정부 관계자들을 포괄하기 때문입니다." 유리는 다른 이들에게 이렇게 단어를 변경해도 좋을지 물었다. 그들은 한 사람씩 동의한다고 대답했다.

유리는 훗날 이렇게 회고했다. "20분 만에 문제가 해결되었다는 사실에 참석자 전원은 충격을 받은 듯했다."[7]

협상단은 회의실을 나와 대통령실로 가서 소식을 전달했다. 대통령도 그 단어 사용을 승인했고, 협상가들은 협상을 재개하기 위해 아바나로 돌아왔다.[8] 걸림돌을 제거하니 양측은 다른 사안들에 대해 충분히 시간을 두고 심층적으로 협상했고, 결국 '과도기 정의'라는 첨예한 사안에 대해 합의할 수 있었다.

---

7) 윌리엄 유리와의 인터뷰와 그가 2018년 5월 12일 스코틀랜드 의회에서 "공동선을 위한 정치, 새로운 계몽, 중재자들이 협상을 이끄는 방법"이라는 주제로 발표한 연설에서 인용한 문구들이다.

8) 쿠바의 아바나에서 협상이 진행되었다. 제3 국가에서 협상 참여자들이 자유롭고 편안한 분위기에서 특정 국가의 내전을 논의하는 방식이 일반적이다.

협상에서 여러 이유로 교착 상태가 발생하고, 각자의 입장과 요구만 주장하는 상황으로 인해 진전이 없게 된다. 이처럼 협상에서 교착 상태에 빠질 경우, 협상 당사자들은 해결책에 대해 회의적으로 생각한다. 바로 이 시점에서 교착 상태를 깨고 협상을 재개하기 위해 협상의 방향을 바꾸거나 주제를 변경하는 노력이 필요하다.

교훈 1: 자신의 입장과 요구만 관철하려는 태도는 비일비재하다

첫째, 자신의 입장과 요구에서 빠져나오지 못하는 전형적인 경우다. 장군은 범죄 행위와 비극적 사태에 대해 군부에만 비난을 돌려서는 안 된다는 입장을 고수했다. 과거의 사례들을 비춰 봤을 때 그렇게 일이 전개된 경우가 대부분이었고, 이번에는 용납할 수 없다는 확고한 의지를 드러냈다. 그러나 이 문제의 프레임을 변경하거나 이 문제에 접근하는 여러 방식에 대해 고민하기보다는 하나의 생각에만 갇혀 있었다. 그가 협상 팀에서 자신의 입장만 고수하는 다른 위원들로부터 반발을 들었을 때, 대화에 다시 참여하기 전에 핵심 사안을 깊이 탐구했다.

유리가 보여주었듯, 해결책은 내면 깊숙이 존재하는 욕구와 이해관계를 밝혀내는 단순하고 직접적인 질문을 통해 도출되었다. 내면의 소리들을 수면 위로 끌어 올리자, 모든 당사자가 만족할 만한 잠재적 해결책들이 도출되었다.

교훈 2: 언어의 독보적인 중요성

둘째, 협상에 임하는 사람들은 본인이 원하는 사항에만 집중할 뿐, 어떠한 방식으로 발화할 것인지에 대해서는 크게 신경 쓰지 않는 경향이 있다. 단순히 '제도적'이라는 단어를 '국가'로 변경했을 뿐인데 협상의 결과에는 큰 차이를 가져왔다. 단순히 다른 단어로 대체한 것이 아니라 단어의 함축적 의미를 염두에 둔 것이었다. 때로는 사람들이 사용하는 언어에서 꽉 막힌 상황을 뚫어 줄 프레임을 새롭게 만들 수 있는 힌트를 얻게 된다.

단어를 변경하고 나니, 각자의 입장이나 욕구가 무엇인지, 그다음에는 이해관계가 어떠한지로 대화를 발전시킬 수 있었다. '제도'라는 단어가 장군에게는 특정한 의미로 다가왔다. 군부에만 책임이 돌아갈 것을 우려해 이 단어를 받아들일 수 없다는 입장이었다. 그러나 '국가'는 포괄적인 개념이고, 문제의 핵심에 있는 공동의 책임이라는 개념을 보다 정확하게 반영한다는 것이 장군의 생각이었다.

교훈 3: 감정전이transference의 함정과 위험한 가정

마지막으로 감정전이란 협상을 그르치기도 하는 걸림돌이 된다. 협상학자 수잔 후쿠시마Susan Fukushima에 따르면, 감정전이는 '현재 상황을 조직화하고 의미를 부여하는 새로운 상황에 기존의 패턴을 적용하는 것'이다.[9] 다르게 표현하면 사람들은 과거와 유사한 새

---

9) Fukushima, S. "What you bring to the table. Transference and Counter-transference in the Negotiation Process," Negotiation Journal 15(2): 169-80

로운 상황에 기존의 경험을 적용하려는 경향이 있다는 뜻이다. 이 사례에서는 장군이 그러한 경향을 보였다.

　군부에만 책임을 전가한 다른 협상 사례에 그가 직접적으로 관여하진 않았지만, 협상에서 과거 문제를 대처할 때 군부에만 책임을 돌린다는 내용의 글을 그가 많이 접했던 것이었다. 그는 콜롬비아에는 그러한 상황이 벌어지지 않기를 바랐다. 사실 여부를 떠나서 그가 믿는 이 가설이 콜롬비아에서는 실행되지 않길 바랐다. 간접적으로 접한 여러 교훈을 적용하여 감정전이를 한 것이 그의 생각에 전적으로 영향을 주었고 협상에 대한 그의 접근법을 형성시켰다.

제21장

불확실한 상황에 대한
적응력 발휘

　복잡한 협상은 그림 맞추기 퍼즐 조각을 맞추는 작업과 비슷하다. 그런데 문제는 완성본이 어떠한 모습일지 모른 채 조각을 맞춘다는 차이가 있다. 그러한 경우 협상가와 제3자는 눈앞에 놓인 조각을 움직이며, 정확한 자리를 찾기 위해 여기저기 맞춰 본다. 처음에는 큰 틀에서 시작한 다음 점차 안쪽으로 들어가면서 가장 난해한 마지막 조각들을 제자리에 넣게 된다.

　아마도 대규모 사회분쟁을 종식하는 것만큼 어려운 협상이 없을 듯하다. 수많은 이해 당사자가 관여해서 여러 협상 사안을 다루며, 분쟁을 통해 이득을 얻는 세력들이 존재한다는 사실을 고려할 때, 해결책을 찾아내기란 하늘의 별 따기다.

　그러나 예외는 있기 마련이고, 어떻게 협상을 성공으로 이끌었는지에 대한 연구가 필요하다. 이 장에서는 막판 뒤집기로 적응력을 발휘한 필리핀의 사례를 소개한다. 협상 전체가 미궁에 빠졌을 때, 적응적 사고가 절실했던 복잡한 협상 과정이었다. 게다가 조력 단체와 공조 단체의 도움으로 협상이 난파되지 않고 순항할 수 있었다.

배경 설명과 협상에서의 도전과제

필리핀은 40여 년 동안 국내 분쟁에 시달려 왔다. 거버넌스의 와해로 폭력 사태가 난무했고, 소수 권력이 대다수 국민을 희생양으로 내몰며 권력을 휘둘렀다. 결과적으로 엘리트층에 저항하는 폭력 시위와 파벌 간의 갈등이 전국을 휩쓸었다. 그중에서도 엘리트 지배층에 저항하는 전국 단위의 공산주의 반란, 그리고 남부의 방사모로 지역의 분리주의 내전이 가장 강력하고 오래 지속되는 분쟁이다.

제2차 세계 대전 이후, 정부에 대한 반대론자들을 억압하고 외부의 간섭을 차단하는 정부에 대한 불만이 증폭되었다. 그 결과 필리핀 공산당Communist Party of the Philippines, CPP의 결성과 동시에 첫 번째 분쟁이 발발했다. CPP는 수년에 걸쳐 마르코스 대통령 정권을 타도하기 위해 고군분투했지만, 노력의 결실을 보지 못했다. 그러나 수차례 시도 끝에 국민시위를 통해 마르코스 대통령의 축출에 성공했고, 그다음부터는 전술을 변경하여 정부와 평화협상을 개시했다. (그러나 이 글을 쓰고 있는 현시점까지 협상은 타결에 이르지 못했다.)

두 번째 분쟁은 필리핀 남부 지역에서 처음으로 발생했다. 그리고

1960년대 지역주민들의 권리 운동이 실패를 거듭하자 민족 분리주의 운동으로 발전하게 되었다. 그 이후부터는 지역 자치권을 획득하기 위해 여러 무장단체가 정부에 대항해 왔다.

2014년 3월, 정부와 가장 큰 무장단체인 '모로 이슬람 해방 전선Moro Islamic Liberation Front, MILF'[1]과 약 15만 명의 사망자를 낳은 전쟁을 종식하는 포괄적 평화협정을 체결했다.[2] 간헐적 내란이 소규모 파생 단체들의 주도로 진행되고 있지만, 거시적인 합의는 이룬 상태다.

이번 협상은 2008년 봄으로 거슬러 올라간다. 그해 봄, 양측의 대표단, 조력 단체, 국제사회, 시민단체, 그리고 전 세계 취재단은 역사적인 협정문인 조상 토지에 대한 양해 각서Memorandum of Understanding on Ancestral Domain, MOU-AD가 체결되는 중요한 순간을 함께 하기 위해 말레이시아의 쿠알라룸푸르에 모였다. 양측이 합의에 도달했다는 것 자체가 놀라운 사건이었다.

몇 년 전만 해도 필리핀 정부가 MILF의 사령부를 점령하며 전면전을 개시했다. 그 결과 MILF는 필리핀 국민과 해외 대사관을 대상으로 악랄한 폭파 작전을 벌이는 등 비대칭적으로 산발적인 공격을 하며 맞대응했다. 필리핀의 기독교 세력은 MILF가 국제 이슬람교도 테러범으로 규정하며 분노를 표출하는 한편, 민다나오 이슬람교도들은 대부분 필리핀 정부가 수차례 그러했듯 협정문에 서명하거나 이행하지 않을 것이라고

---

1) 모로 이슬람 해방 전선(Moro Islamic Liberation Front, MILF)은 모로 민족 해방 전선(Moro National Liberation Front, MNLF)에서 이탈하여 결성된 조직이었다. MILF는 MNLF와 필리핀 정부가 1976년 트리폴리 평화협정을 체결한 후에 MILF에서 분리되어 나왔다.

2) 배경 설명은 다음을 참조. https://www.peaceinsight.org/conflicts/philippines/

굳게 믿었다.

한편 MOU-AD 협정문을 체결하는 과정은 비밀리에 진행되었다. 양측 모두 상대측과 협상 중에 있다는 인식을 주고 싶지 않았기 때문이다. 협정문의 내용을 아는 사람은 소수에 불과했고, 대부분의 사람은 말레이시아 정부가 개입하는 것에 대해 불신을 드러냈다.[3] 양측이 협정문을 작성하여 말레이시아에서 공식 체결식을 계획한다는 소식이 발표되자, 많은 국민이 사태가 최악으로 치달을 것을 우려하여 급격히 반대를 부르짖었다.

한편 필리핀의 협상 팀이 조력 단체를 대동하여 마닐라에서 쿠알라룸푸르로 가는 시점에, 필리핀 대법원은 놀랍게도 자국의 정부 협상가들이 MOU-AD 협정문에 서명하는 것을 금지하는 임시제한명령서를 발부했다. 그러자 필리핀 대통령실에서 그 협정문이 무효라고 선언하여, 협정문 작성과 협상에 참여한 이들에게 충격과 분노를 일으켰다(대법원은 후에 MOU-AD 협정문이 위헌이라고 규정했다). 국민들은 최악의 내란이 일어날 수도 있을 것이란 생각에 두려움이 떨었다. 협상이 과연 재개될 수 있을지, 그렇다면 언제 재개될 지 전혀 가늠할 수 없었다.

---

3) 필리핀 정부가 말레이령인 사바주에 대해 오랜 세월 동안 영토권을 주장해 온 것에 대한 보복으로 말레이시아 정부는 민다나오에 기반을 둔 폭동 세력에 초기 지원을 했고, 이 점에 대해 필리핀 정부는 말레이시아 정부를 오랫동안 비난해 왔다.

협상 준비

MOU-AD 협정문 체결이 무산되었다는 소식이 전해진 그날 오후, 협상 관계자들은 비통해했다. 긴 한숨만 내쉬며 필리핀으로 돌아가더라도 체포될지 모른다는 두려움에 떨었다. 그때 말레이시아 대표단과 양측 수석 협상단은 조력 단체에 '플랜 B(베트나)'를 제시해 달라고 요청했다. 다행히 플랜 B에 대해 어느 정도 구상을 해 둔 터였다. 지난 몇 년 동안 조력 단체는 양측 수석 협상단과 함께 이번 합의가 결렬될 경우를 대비하여 막후에서 대안을 구상해 왔다. 기존 협상 과정에서 시민단체와 정치 대표단을 포함하지 않고 필리핀 정부가 신뢰하지 않은 제3자_{말레이시아 대표단}의 도움을 받아 불투명하게 진행된 부분에 대해 많은 비난을 받았기 때문에 이번에는 최대한 잡음을 막고자 했다.[4]

특히 인도네시아의 아체를 비롯한 다른 지역의 분쟁 사례를 참고하여 조력 팀의 한 전문가가 앞으로 가장 적절한 전개 방향에 대해 여러 아이

---

4) 2003년, 필리핀 정부가 인도네시아 아체에서 인도주의적 대화 센터(Centre for Humanitarian Dialogue, HD)가 주도하는 평화 프로세스를 모니터링하기 위해 평화유지군을 파견했을 당시, 국제 접촉 그룹(International Contact Group, ICG)을 결성할 수 있는 분위기가 형성되었다. 데이비드 고먼은 현장에서 상황을 지켜보았고, 당시 주인도네시아 필리핀 대사였던 라파엘 세기스(Rafael Seguis)와 친밀한 관계를 확립해 나가고 있었다. 세기스 대사는 아체에서 진행되는 평화 프로세스의 중요성과 인도네시아 정부가 수용할 수 있는 방식으로 평화 프로세스를 중재, 자문, 이행하는 데 참여한 국제관계자들의 폭넓은 지지를 충분히 인식하고 있었다. 아체의 중재 작전은 조력 단체 HD를 포함하여 세 가지 층위의 국제적 개입으로 추진되었다. 필리핀, 노르웨이, 태국의 국제 평화유지군, 평화 프로세스를 지지하는 네 개의 국가와 다자기관 그룹(일본과 미국 정부, 유럽연합, 세계은행), 그리고 양측에 자문을 제공한 세 명의 '현인(Wise Men)'으로 구성된 그룹이었다. 이처럼 다각도의 노력이 투입된 결과 2002년 합의문을 준비하고 이행할 수 있었다. 이 경험은 필리핀의 대사가 훗날 HD를 필리핀으로 초청하여 민다나오의 평화 프로세스에 도움을 요청하는 계기가 되었다. 그가 이후에 민다나오 평화회담에서 필리핀 협상가로 참여하자, ICG 창설 지원을 설득하는 과정이 필요 없었고, 필리핀 정부가 새로운 여러 국제 안건에 합의하도록 지원군 역할을 하기도 했다.

디어를 취합하여 양측의 피드백을 받았다. 그는 신중하게 취합된 아이디어들을 검토하면서, 기존 협상 과정을 번복하거나 아이디어를 발전시켜 나가기도 전에 반려될 것을 우려하여 최대한 유출되지 않도록 주의했다. 양측과 말레이시아 대표단은 협상 과정에서 어느 정도 국제적 지원이 추가로 필요할 것이라고 예감했다. 다른 지역의 사례에서 최종 평화협정을 체결할 때는 국민투표와 같은 민주주의적 검증 절차가 필요하다는 점을 상기했다. 평화협정문이 공공행정의 정당성과 국민의 지지를 토대로 해야 한다는 논리였다. 최종 협정문은 과거의 관행대로 막후에서 양측의 대표단이 서명하고 마무리할 수 없었다. 정치·법적으로, 그리고 공론화의 차원에서 용납될 수 없었기 때문이다.[5]

---

5) 2005년 필리핀 정부와 MNLF의 초청으로 조력 단체 중 한 곳인 HD가 필리핀 남부의 민다나오에 본격적인 개입을 시작했다. MNLF는 1996년 너르 미수아리(Nur Misuar) 의장의 지휘 하에 필리핀 정부와 이미 자치권에 대한 협약을 체결했다. 1996년 협정의 결과로 무슬림 민다나오 자치구(Autonomous Region in Muslim Mindanao, ARMM)가 설립된 것이다. 그러나 이 협정은 서서히 효력을 잃었고, 2001년, 내란이 다시 발발하게 되었다. 그 결과 MNLF와 필리핀 정부는 HD에 정부와 함께 1996년 협정 이행에 대한 협상을 재개하는 데 동참하고, 전에 협상 프로세스를 조력했던 이슬람 콘퍼런스 기구(Organization of Islamic Conference)와 협업해 줄 것을 요청했다. 그러나 세력을 키워나가던 MILF와 필리핀 정부는 각기 별도의 평화 프로세스에 참여했고, 1996년 협정을 각자의 방식으로 발전시키길 희망했다. 특히 민다나오의 현장에서 MILF의 세력과 정통성이 거세지는 것을 제재하기 위해, 새로운 협정에는 MILF와 MNLF가 모두 참여하도록 했다. 그 결과 HD는 MNLF와 필리핀 정부 사이에서 회의에 조력자 역할을 하는 동시에, MILF 지도부 및 MILF 평화 프로세스의 말레이 조력자 다투 오트만 라작(Datu Othman Razak)과도 접촉을 본격화했다. 이 시기 동안 오트만 라작과 HD는 정기적으로 회의를 열며 최근 상황을 논의했고, 관련 정보와 의견을 교류했다. MILF 프로세스가 때로 위기를 맞기도 했지만, 프로세스를 강화할 방법에 대한 논의를 시작했다. 2007년 HD의 조력자는 ICG의 의견을 문서화하여 제출해달라는 요청을 처음으로 받게 되었다. 이때부터 HD와 ICG의 협력이 급물살을 타게 되었고, 양 기관은 필리핀 정부 협상단과 MILF 협상단 사이를 신중히 오가며 의견을 청취하기 시작했다. 2008년 8월 5일, MOU-AD가 완전히 효력을 잃었지만, 이미 주 협상가들과 조력단 사이에는 의견일치가 공고해진 상황이었다.

본격적 협상

MOU-AD 협정문 체결이 무산된 후, 조력단과 동료들은 플랜 B가 신뢰를 얻고 각 측 대표가 공감할 수 있으며, 궁극적으로 대중의 지지를 얻도록 심화해야 했다. 조력단은 마닐라, 쿠알라룸푸르, 그리고 다라파난의 민다나오에 위치한 MILF의 본부를 중재하는 왕복 외교를 비밀리에 추진했다. 이 시기 동안 현장에서 안보 상황에 대한 정보를 제공하며 접촉을 유지해 온 '폭력중단을 위한 공동위원회Joint Committee for the Cessation of Violence'를 제외하고는 관계자들의 공식적인 회동은 거의 없었다.

지속되는 내란은 양측의 강경파들을 수면 위로 끌어 올렸고, 대중이 평화 프로세스에 대해 더 등을 돌리게 했다. 그 어느 측도 회담으로의 복귀를 공적으로 지지하기가 어려운 상황이었다. 게다가 MILF의 여러 사령관에게 구속영장이 발부되었기 때문에, 관여하는 것 자체가 극도로 위험했다. 정치적 차원에서는 정부가 어떠한 회담에서도 말레이시아를 배제할 것을 요구하기 시작하자, 협상 프로세스를 재개하기가 어려웠다. 조력 팀에 말레이시아가 다시 합류하는 것이 매우 어려운 상황에서 인도주의적 대화 센터Centre for Humanitarian Dialogue, HD라는 소규모 비정부기구가 해야 할 역할이 많아졌다. 법적 차원에서도 협상 프로세스는 진퇴양난이었다. MILF는 새롭게 회담을 하더라도 MOU-AD를 인정해야 한다고 주장했지만, 정부는 대법원의 위헌 결정 이후 MOU-AD를 인정할 수 없다는 태도였다. 각 측을 절벽으로 내모는 극한의 상황에서 협상 프로세스를 한 단계 끌어 올리려는 최선의 노력을 다하는 동시에, 협상 프로세스의 퇴보를 막는 데 많은 시간을 투입했다.

표면상으로는 평화 프로세스가 결렬된 것처럼 보였지만, 실제로 양측은 비공식적으로 결국 회담을 재개해야 한다는 사실을 인정했다. MOU -AD에서 전에 합의한 내용을 토대로 해야 할 것으로 판단했다. 결국 최종 해결책에 대해서는 대략 합의가 된 상태였다. 새롭게 시작하는 프로세스는 반드시 정치적, 여론적, 법적으로 타당해야 한다는 점을 시사했다. 조력단은 향후 1년 반 동안 마닐라, 코타바투의 MILF 기지, 그리고 쿠알라룸푸르 사이를 오가며 이번에는 최대한 적합한 해결책을 도출하기로 했다.

협상 프로세스를 지원하는 취지로 우호국들이 '국제 접촉 그룹 International Contact Group, ICG'을 결성하는 제안이 좋은 반응을 얻자, 협상단은 MOU-AD의 결렬 이후 도출된 다른 사안도 해결해야 했다. 양측은 최대한 같은 실수를 피하고 싶었다. MILF는 말레이시아가 협상단에 중요한 역할을 하며 남아 있어야 할 뿐 아니라, 향후 어떠한 합의도 MOU-AD처럼 결렬되지 않도록 하려면 국제사회의 강력한 개입이 필요하다는 사실을 대중에게 입증해야 했다. 게다가 MOU-AD를 포기하지 않을 것이고, 어떠한 새로운 프로세스를 통해서도 MOU-AD가 유효하도록 조처하겠다는 점을 사람들에게 인식시킬 필요도 있었다. MILF가 경쟁 단체인 '모로 민족 해방 전선 Moro National Liberation Front, MNLF' 이 1996년 정부로부터 획득한 협상에 비해 더 나은 협상을 체결해서 체면을 지키는 것도 중요했다.

새롭게 선출된 필리핀의 베니그노 노이노이 아키노 3세 대통령을 위해, 다음 사항을 협정문에 포함해야 했다.

1. 우호국들이 개입되면서 말레이시아의 역할 완화
2. 민다나오의 정부 관리들로 구성된 보다 포용적 그룹으로 변화
3. 공개적으로 여론에 대한 포용성 강화
4. 협정문이 법적으로 가능하고 MOU-AD의 전철을 밟지 않도록 함

조력단은 왕복 외교 기간 동안 양측을 협상테이블로 불러 모으기 위해 마치 마술사처럼 온갖 새로운 방법과 노하우를 동원해야 했다. 크나큰 심적 고통을 동반한 시기도 있었다. 필리핀에서 지속되는 내란과 프로세스의 연속된 실패로 조력 단체의 사기가 꺾일 대로 꺾인 적도 있었다. 그러나 협상단은 한순간도 터널 끝 한 줄기 빛을 놓친 적이 없었다.

결국 양측이 더 포용적이고 투명한 프로세스를 도입하기로 약속하고 ICG를 창설하기로 하고 협상을 종결지었다. 대중의 공감대를 사기 위해 민주적인 검증을 거치고, 정치·법적 타당성이 높은 프로세스로 만드는 데 합의했다.

당시 프로세스는 이러한 접근과 개입을 적용하기에 충분히 성숙한 단계에 있었다. 그렇다고 다른 프로세스에 적합한 것은 아니다. 협상 프로세스가 놓인 단계, 양측 대표들의 협상에 대한 적극적 의지, 국민의 절실한 요구가 있었기에 가능한 결과였다. 당시에 양측에는 조력 단체를 비롯한 모든 이해관계자가 알고 신뢰할 만한 작은 NGO가 필요했다. 신중

하게 양측을 오가며 새로운 프로세스를 재개하는 데 도움을 주는 역할을 수행할 만한 NGO면 충분했다. 결국 ICG는 말레이시아와 양측이 결승선을 통과하는 데 매우 중요한 역할을 했다. 우디 앨런은 "성공의 90퍼센트는 일단 출석, 나타나는 것이다."라고 말했다. 조력 단체와 다른 참여자들은 적재적소에 적합한 방법을 갖고 모습을 드러내 주었다.

합의문의 서명란에 서명하기 전까지는 협상이 완결된 것이 아니라는 점을 시사하는 사례다. 거의 타결된 협상이라고 믿었지만, 마지막 순간에 한쪽의 번복 의사로 협상이 위기를 맞이했지만, 첨예한 선견지명과 사려 깊은 계획으로 위기를 넘길 수 있었다. 몇 가지 주요 교훈을 알아보자.

교훈 1: 문제를 바라보는 프레임을 변경한 결과 '입장'에서 '이해관계'로 초점을 전환할 수 있었다

MOU-AD가 양측의 합의로 인정받아야 한다고 주장하는 MILF의 입장과 대법원의 위헌 결정으로 최종 협정문에 포함될 수 없다는 정부의 입장을 좁히는 것이 가장 큰 걸림돌이었다. 양측이 법적, 여론적, 정치적으로 입장을 굽히려 하지 않는 '입장적 협상' 단계에 머물러 있었다. 수차례에 걸쳐 의견을 교환한 끝에, 상호 이해할 만한 해결책을 가장 가까운 곳에서 찾을 수 있었다. 양측은 서로의 입장 이면에 있는 이해관계를 파악함으로써, 작성은 해 두었지만 서명하지 않은 MOU-AD를 인정하는 공동 성명서만으로도 협상을 타결하는 데 충분하다는 사실을 깨달은 것이다. 상호의 깊은 속마음을 알고 나니 협상 프로세스가 순조롭게 진행될 수 있었다.

교훈 2: 걸림돌이 펼쳐진 상황에서 적응력과 인내를 발휘하다

필리핀 대법원이 막판 뒤집기 판결을 내렸을 때, 조력단은 쉽게 손을 털고 포기할 만한 명분은 충분했다. 상황의 급전환은 단기적·장기적으로 문제를 일으킬 수 있기 때문이었다. 대법원의 예상을 뒤엎는 판결처럼 반전이 일어날 때, 그 의도에 대한 시그널을 읽을 수 있다. 조력단은 끝까지 포기하지 않고 신속하게 다시 뭉쳤고, 기존 접근 방식을 수정했으며, 잠재적 이슈들을 예상하면서 준비 작업에 박차를 가했다.

상황적 변수에 대한 적응력과 함께 빛을 발한 덕목은 바로 인내였다. 협상 프로세스가 지지부진하거나 퇴보하는 순간, 분쟁이 끝나지 않는 가운데 양측이 점차 비협조적일 때도 있었다. 그러나 힘든 순간에도 조력단의 인내는 양측 관계를 쌓아 가는 밑거름이 되었다. 양측은 조력단의 강한 의지, 위험 부담을 꺼리지 않는 용기를 보았고, 그들의 행동을 신뢰했다. 양측의 전폭적 신뢰는 조력단이 협상 테이블을 이탈하지 않게 하는 동기가 되었다.

교훈 3: 신뢰 구축

양측은 대중적으로 잘 알려진 국제 지도자들에게 대화를 재개할 수 있도록 자국의 국민과 동료들을 설득해 주도록 요청했다. 새로운 협상 프로세스가 어떻게든 신뢰를 얻도록 하기 위함이었다. 세간의 이목을 끄는 국제적 개입이 항상 도움이 되는 건 아니다. 그러나 양측이 국내에서 신뢰를 많이 잃었기 때문에, 협상테이블로 돌아가야 하는 이유와 방법을 전수해 줄 외부 전문가들을 투입하는 것이 국민에게 협상의 취지를 전달하는 데 도움이 되었다.

유명한 국제 전문가들—북아일랜드에서 신페인당(Sinn Fein, 아일랜드의 민족주의 강경파 정당—옮긴이)을 지지하며 전직 수감자, 단식투쟁자, 파이터, 협상가로 활동한 제리 켈리Gerry Kelly와 그의 반대편에서 영국 총리실을 대표하여 북아일랜드에 관한 회담을 이끈 토니 블레어 총리의 조나단 포웰Jonathan Powell 전직 참모총장 등—이 협상에 투입되어 각자의 경험을 공유했다. 두 사람은 양측과 같은 입장에서 이들을 대변하며 중요한 순간을 극복하는 데 힘이 되어 주었다.[6] 게다가 국제적 제3자 개입과 성공 및 실패 사례에 관한 《프렌즈 인디드Friends Indeed》를 집필한 테레사 위필드Teresa Whitfield도 당사자들에게 조언 요청을 받았다. 이처럼 전문가들의 기여는 아이디어의 타당성과 신뢰도를 강화하는 데 결정적이었다.

---

6) 이 외에도 인도네시아 유수프 칼라(Yusuf Kalla) 전직 부통령, UN의 전직 중재인 알바로 드 소토(Alvaro de Soto)와 프란세스크 벤드렐(Francesc Vendrell), 자유아체운동 협상가이자 훗날 아체의 주지사로 활동한 아르완디 유슈프(Irwandi Yusuf), 그리고 전직 팔레스타인 협상가 오마르 다자니(Omar Dajani)가 참여했다.

교훈 4: 협상에 대한 주인의식과 '단일 텍스트' 절차의 중요성

마지막으로, 조력 단체와 협상 팀은 협상을 문서화하는 목적으로 초안을 작성했다. 상대가 거절할 수 있다는 우려 때문에 분쟁의 어느 측도 첫 제안을 내기를 꺼리는 상황이었다. 그런데도 매우 신중하게, 어떠한 조직명도 상단에 넣지 않은 채 중립적이고 공평하게 초기 제안서를 작성했다. 하나의 초안—보통 '단일 텍스트single-text' 절차라고 함—을 놓고 양측은 몇 번의 수정을 거쳤고, 결국 ICG를 위한 위탁요지서terms of reference에 대한 합의에 이르렀다.[7] 조력단은 참여국 명단에 대해 국가별 이해관계를 고려하며 제안 의견을 내놓았다. 양측은 어떠한 국가와 NGO가 참여할 것인지 최종적으로 결정했다. 제안서에 대한 초반 작업에 양측의 협상에 대한 주인의식이 더해져 협상은 탄탄대로를 걸을 수 있었다.

---

7) 단일 텍스트 절차가 유명하게 된 계기는 미국의 지미 카터 대통령 때문이었다. 그가 캠프 데이비드에서 이스라엘과 이집트 대표 사이에서 중재 역할을 하면서 단일 텍스트로 된 초안을 작성했고, 양측은 서로가 수용할 만한 최종 합의문에 이르기까지, 초안을 수정하면서 다듬어나갔다. 단일 텍스트 절차는 여러 제안의 충돌이나 순서상의 문제를 미리 방지해주는 장점이 있다.

제22장

나무 위에 올라가
의견을 경청하다

경찰서에 소속된 '위기 협상가'라는 직위는 위급 상황이 발생할 때 여러 가지 요소를 고려해야 한다. 주어진 정보도 부족하고 준비할 시간이 촉박한 경우

가 많으므로, 특정 상황에서 어떠한 일이 전개되고 있는지 파악하려면 그간의 교육과 경험에 의존해야 한다. 여러 협상 사례에서처럼 표면상으로 드러나지 않는 깊은 곳에 있는 문제야말로 협상으로 풀어야 하는 문제인 것이다.

사건에 임했을 때 시간적 압박에 더해 사건 결과의 위험한 요소로 인해, 이러한 종류의 협상에서는 협상가의 기술이 최대한 발휘되어야 한다. 언급한 모든 요소와 추가로 몇 가지 변수가 더해진 협상의 상황을 소개한다.

배경 설명과 협상에서의 도전과제

수년 전에 일어난 이 사건은 캐나다의 앨버타주에 있는 캘거리에서 일어났다. 게리 멕도걸은 집에서 늘 받는 전화 한 통을 받았다. 디스패처(dispatcher, 범죄 신고 접수를 전담하는 '배치담당자'—옮긴이)는 "게리, 캘거리 외곽에서 긴급 상황이 발생했어요. 바로 와주셨으면 합니다."라고 말했다. 게리는 그러겠다고 하면서 "내가 물건 챙겨서 차에 타면 바로 브리핑 부탁드려요."라고 말했다.[1]

게리가 차에 타자, 디스패처는 본격적으로 상황에 관해 설명했다. 30대 중반의 메스암페타민 중독을 앓고 있는 캐나다 원주민 출신의 남편과 아내가 생명을 위협받는 상황에 있다고 전했다. 아내 메리는 약물중독의 삶을 중단하기로 하고, 중독을 치료하기 위해 재활센터에 입소할 계획이었다. 남편인 아서에게도 함께 입소하자고 매달렸다. 남편을 너무 사랑했지만, 약물중독의 삶을 이어갈 순 없다고 판단한 것이다. 중독에서 벗어나지 않으면 앞으로 오래 살지 못할 것 같다는 두려움이 엄습했다. 수차례 남편을 설득했지만 아서는 매번 그녀의 부탁을 거절했다.

그러나 약물에서 벗어나겠다는 메리의 단호한 결심은 흔들리지 않았다. 결국 그녀는 캘거리 외곽의 '베터 데이즈 재활센터'에 홀로 입소했다. 혼자 남겨진 아서는 들끓는 화를 잠재우지 못한 채 메스암페타민을 더 많이 복용했다. 그는 '나한테 어떻게 이럴 수가 있지? 그동안 쌓아

---

1) 게리 맥도걸과의 인터뷰

온 이렇게 소중한 우리의 관계를 망가뜨리고 떠날 수가 있냐고!'라고 생각했다. 약물에 취한 상태이기도 하지만 아내에 대한 분노와 좌절을 억누르지 못한 채 감정을 추스를 수 없었다. 마침내 그녀가 평생 짊어져야 할 크나큰 응어리를 남겨 주겠노라고 마음먹었다.

아서는 본격적인 계획에 들어갔다. 집의 차고에 가서 긴 나일론 로프를 찾아내었다. 그리고는 목을 조를 올가미를 만들어 그 안에 머리를 넣어 보았다. 조이는 감이 약간 있었지만 잘 맞아서 목적 달성에는 문제가 없어 보였다. 아서는 메리가 정확히 어디의 있는지 알고 있었다. 재활센터에 함께 입소하자고 세 번이나 그곳에서 전화를 걸어왔기 때문이다. 아서는 로프를 들고 자신의 차 뒷좌석에 던져두었다. 메스암페타민의 약 기운이 아직 남아 있었지만, 자신이 무슨 행동을 하는지 정도는 충분히 인식할 수 있었다. 천천히 차를 몰아 재활센터로 가는 동안 수만 가지 생각으로 마음이 복잡했다. 재활센터에 거의 도착할 무렵, 그는 차의 라이트를 다 껐다. 거의 자정이었다. 메리가 창문에서 아름다운 나무 한 그루가 보인다는 설명을 떠올린 그는 메리가 현재 어디에 있는지 쉽게 알 수 있었다. 근처에 차를 세워둔 후 차에 앉아서 그의 마지막일 수도 있는 담배 한 대를 피웠다.

오래된 쉐보레 차량의 문을 열자 삐걱거리는 문소리가 크게 들렸다. 차에서 나와 세차게 문들 닫은 그는 뒷좌석의 열린 창문으로 로프를 꺼내었다. 근처 가로등의 불빛 덕분에 메리가 설명한 나무 위로 어떻게 올라갈 것인지 감을 잡을 수 있었다. 그는 나무에 올라갔고, 올가미를 목에 걸었다. 그런 다음 로프의 다른 끝부분을 나무 기둥에 묶었다.

이를 지켜본 한 젊은 남자는 멈춰 서서 "지금 뭐 하시는 거예요?"라고 물었다. 아서는 "관심 끄고 가던 길 가세요."라고 무뚝뚝하게 말했다. 설명하지 않아도 알 만한 상황이었다. 남자는 자리를 피하는가 싶더니 911에 전화를 걸었다. 그리고는 디스패처에게 자신이 본 상황을 설명했다. 곧 응급구조대가 현장에 도착했고, 협상가 게리가 도착할 때까지 아서와 대화를 시도하며 시간을 끌고 있었다. 아서는 자신이 나무에 살아서 내려올 생각이 추호도 없다고 단단히 일러두었다.

협상 준비

연락을 받은 게리는 디스패처가 전달하는 주요 사항을 들으며 빠르게 도심을 지났다. 이러한 사건이 터질 때마다 그렇듯, 많은 생각이 뇌리를 스쳤다. 이 남자가 진정 자살하길 바란 것인가? 그렇지 않다면 왜 이러한 시도를 했던 것일까? 어떠한 이유로 그러한 행동을 한 것인가? 디스패처가 전달한 정보를 통해 아서의 마음 깊은 곳에 자리 잡은 이해관계와 의도에 대해 어떤 단서를 얻었던가?

게리는 촌각을 다투는 상황이라는 사실을 알아차렸다. 이러한 마음의 상태가 되면 빠른 조치가 필요하다. 마음속 이야기를 많이 들어주어야 하는 상황이다. 상대와 마음이 통한다고 느끼는 순간 상대가 알아야할 내용을 충분히 말해줄 수 있는 상황이기도 하다. 쉽지 않은 과정이지만, 게리는 이 원칙의 효과를 여러 차례 체험해 왔다.

게리가 재활센터에 차를 세웠을 때, 대략 바닥에서 9미터 올라가 있는 나뭇가지에 한 남자가 서 있는 모습이 보였다. 목에 두른 올가미는 볼 수 없었지만, 로프의 다른 쪽이 나무에 매달려서 기둥에 묶여 있는 상황이 눈에 들어왔다. 게리는 주차를 마치고 깊은 한숨을 쉰 다음, 차 문을 열고 나가서는 나무 밑으로 달려갔다.

본격적 협상

게리는 자신을 경찰 팀에서 왔다고 소개하고 아서와 대화를 시도하며 본격적인 협상을 시작했다. 두 사람은 그날 오전 메리와 어떠한 언쟁이 있었는지에 대해 긴 대화를 나누었다. 아서는 줄곧 아내가 재활센터에 들어가는 바람에 자신의 인생을 망가뜨렸다는 얘기만 늘어놓았다. 그전까지 둘이 진정 행복한 삶을 살았다고도 거듭 강조했다. 결국 '나의 극단적 선택으로 아내에게 헤어 나올 수 없는 충격을 주는 것'이 유일한 바람이라고 털어놓았다.[2] 메리가 다음 날 아침에 일어나 커튼을 쳤을 때 나무에 매달려 죽어 있는 자신의 모습을 보게 하고 싶다는 거였다. 그녀가 자신의 삶을 망가뜨렸다는 사실을 강력하게 전하고 싶었다.

게리는 아서가 입장적 협상을 하려 한다고 판단했다. 그는 게리에게 "나무에서 나를 살아 내려오게 할 생각은 꿈도 꾸지 마십시오."라고 말

---

2) 게리 맥도걸과의 인터뷰

했다.[3] 협상은 어느새 다음 날 새벽까지 이어졌다. 게리는 혹시라도 메리가 일어나 창문 밖에서 일어나는 상황을 볼까 봐 노심초사였다. 게리는 아서의 깊은 심중을 파악하려면 '이해관계 중심적 접근'으로 대화의 방향을 돌리는 것밖에 방법이 없겠다고 판단했다. 어떻게 할 수 있었을까?

그날따라 날이 추웠다. 이 지역에서 겨울이 시작되는 10월의 끝자락이었다. 게리와 아서도 몸을 덜덜 떨게 되면서, 해결점을 찾고 싶다는 두 사람의 바람이 어느새 간절해졌다. 게리는 아서가 진정 나무에서 내려와 자살을 포기하고 싶어 한다는 점을 간파했다. 그런데 문제는 아서가 체면을 잃고 자존심을 구긴다는 생각에 나무에서 내려올 수 없겠다고 게리는 가늠했다. 아서의 그런 마음이 다양하지만 미묘한 시그널로 수차례 전달되었다.

게리는 이러한 상황에서 심문이 얼마나 중요한지 상기하면서, "어떻게 하면 나무에서 내려올 수 있겠습니까?"라고 물었다. 아서는 처음에는 아무 말도 하지 않았지만, 잠시 후 단호하게 "내 원주민식 이름이 뭔지 알아맞히면 내려갈게요."라고 말했다. 게리는 '음……. 어려운 문제지만, 저렇게 조건을 제안하는 의도가 뭔지 궁금하네'라고 생각했다. 그러고 나서 게리가 "당신에게 그 부분이 정말로 중요한 거군요."라고 말하자, 아서는 다시 한 번 빠르게 "내 원주민식 이름을 맞추면 내려갈게요."라고 답했다. 게리는 한 발짝 물러서서는 "내가 생각을 정리할 시간

3) 게리 맥도걸과의 인터뷰

을 조금만 주면 맞춰보겠습니다."라고 말했다.[4] 아서는 동의한다는 뜻에서 고개를 끄덕였다.

게리는 현장을 빠져나와 디스패처에게 전화를 걸었고, 재활센터에 전화를 걸어 메리를 깨운 후 아서의 원주민식 이름을 물어보라고 부탁했다. 또한 메리가 밖의 상황을 보지 않게 창문을 열지 말라고 당부했다. 디스패처는 빠르게 행동을 취했다.

대략 3~4분이 흘렀고, 디스패처는 게리의 핸드폰 이어피스를 통해 "그 사람의 이름은 '러닝 버펄로Running Buffalo'입니다."라고 전했다. 게리는 아서에게 다시 가서는 "당신 이름이 러닝 버펄로인 것 같습니다."라고 말했다.[5] 아서는 잠시 아무 말 않더니 눈물을 쏟았고, 목에서 로프를 푼 다음 최대한 빠르게 나무에서 내려왔다. 바닥에 내려서는 게리의 품속에 얼굴을 파묻고 서럽게 울었다.

게리는 그의 몸을 녹이기 위해 구급차로 데려갔다. 구급차에 탔을 때 게리는 아서를 바라보며 말했다. "물어보고 싶은 질문이 있어요. 어떠한 이유로 당신의 이름을 맞추길 바랐나요? 그 의도가 뭐였죠?" 아서는 그를 보며 이렇게 말했다. "나무에서 진심으로 내려오고 싶었지만, 그렇게 되면 당신이 이기고 내가 지는 꼴이 될 것 같았어요. 둘 다 공평한 상황에서 내려올 방법을 찾아야 했죠. 그래서 당신에게 어려운 질문을 풀게 한 거예요. 당신을 당황하게 만드는 것 자체로 내가 이긴 거고 그

---

4) 게리 맥도걸과의 인터뷰
5) 게리 맥도걸과의 인터뷰

러면 당신과 동등한 상태에 놓이니까요."[6] 게리는 생각에 잠겼다. 나무에서 내려오는 행위가 아서에게는 패배로 인식된 것이다. 자신이 생각하는 공식에서 다른 변수가 투입되어야 패배를 상쇄할 수 있다고 판단했기 때문이다.

---

6) 게리 맥도걸과의 인터뷰

이번 사례의 몇 가지 소중한 교훈을 다음에서 자세히 제시한다. 극단적인 경우들에 적용되는 것처럼 보일 수도 있지만, 다양한 종류의 협상에 적용될 수 있는 시사점이 있다.

교훈 1: 경청, 관계 구축, 그리고 내재적 이해관계 파악

정보는 협상의 화폐에 비유할 수 있다. 협상에서 가장 난해한 문제들을 해결하는 방법은 엄선된 질문을 건네고, 정성을 다해 상대를 경청하며, 신뢰 관계를 구축해 나가는 것이다. 자살시도자의 내재적 이해관계에 다가가기 위해 여러 질문을 하려는 게리의 태도에서 잘 나타나 있다. "어떻게 하면 나무에서 내려올 수 있겠습니까?"라는 질문은 조금이나마 아서가 상대의 마음으로 들어갈 수 있도록 물꼬를 틔워주었다. 아서가 게리의 마음에 다가가고 나서야 게리는 자신의 진정한 내재적 이해관계—아내에 대한 배반감과 아내로부터 버린 받은 기분—를 떨쳐 놓을 수 있었다. 아서가 게리에게 "우리는 정말로 행복한 나날을 보내고 있었는데, 메리가 그 행복을 저에게서 빼앗아 갔어요."라고 말한 것이다.

게리가 몸소 보여주었듯, 상대가 대화하도록 유도하고, 대화 내용에서 공감할 수 있는 부분을 찾음으로써 관계를 쌓아나가야 한다. 이것이 가능해진 후에, 문제의 근원이 무엇인지 경청하도록 노력해야 한다. 이 행동을 일으키는 원인은 무엇인가? 반복해서 언급하는 말은 무엇인가? 그다음 단계는 적극적이고 공감하는 마음으로 경청하는 것이다. 게리는 아서에게 "당신이 아침에 눈을 뜨고 나서야 부인이 재활센터에 입소한다는 사실을 알게 된 거군요."라고 물으니, 아서는 "제 말이 그겁니다!"라고 답했다.[7] 게리는 협상 경험을 통해 사람들이 누군가에게 자기 생각을 말하고, 상대가 경청하고 인정해 주기를 바라는 마음이 있다는 점을 확실히 알고 있다. 이 단계를 거치고 나면, 마음 깊은 곳의 생각들이 흘러나와 해결책을 찾기가 쉬워진다.

교훈 2: 체면 지키기와 심리적 속박

게리는 현장에 도착했을 때, 아서에게 자살하고 싶은 의지가 그다지 크지 않다는 느낌을 받았다. 그와 대화를 하면 할수록, 어느 정도 약물에 취해 있을 때 이렇게 무모한 결심을 하게 된 것이고, 자신이 벌려 놓은 사태에서 어떻게 벗어나고, 어떻게 체면을 구기지 않을지 난감해한다는 것이 느껴졌다. 이렇게 끔찍한 사태의 관건이 결국 체면을 지키는 것이었다.

사람들은 협상의 과정에서 어떠한 선택지에 들어서면, 논리적인 이유의 여부와 상관없이 그 노선에서 벗어나지 못하는 경향이 있다. 심리적 속박과 같은 심리작용이 활성화되는 상태다. 속박은 특정 행동 노선을 선택하고 나서 막상 매몰 비용과 투자가 과도하게 투입되

---

7) 게리 맥도걸과의 인터뷰

어 빠져나올 수 없는 상태를 가리킨다.[8] 매몰 비용과 투자가 반드시 금전적인 것은 아니다. 투입된 시간과 열정, 그리고 본인의 명예도 포함할 수 있다. 그렇기 때문에 노선을 변경해야 하는 이유가 타당하지만 그렇게 하는 데 애를 먹게 된다. 이 사례에서 아서는 심리적 속박 상태에 있으면서 체면을 지킬 방법이 필요했다. 어떻게 빠져나갈 수 있었는가? 그가 설명했듯, 자신이 '이기는 방법'이 필요했고, 이김으로써 상대 협상 측인 게리와 같은 선상에 있을 수 있다고 판단했다. 아서가 게리에게 던진 질문—본인의 원주민식 이름을 맞추는 것—은 결국 그 목적을 달성하는 데 결정적인 역할을 했다. 게리는 "질문을 던지며 도전장을 내미는 행동은 경기를 무승부로 만들려는 의도였다. 아서는 '내가 이 사람에게 이 행동을 하게 만들었으니, 내 품격이 손상되지 않고 내려갈 수 있겠다'고 생각했다."라고 설명했다.[9]

---

8) 심리적 속박에 대한 링크
   https://www.beyondintractability.org/essay/sacrifice-trap
9) 게리 맥도걸과의 인터뷰

교훈 3: 해결책의 프레이밍과 호감의 원칙 적용

게리는 이러한 상황 속에서 매우 신중하게 프레임을 짜는 편이다. 특히 '항복'은 체면을 잃는다는 의미이므로 그가 절대 사용하지 않는 용어다. 항복을 표현하기 위해 "당신이 지금 장소에서 나오면" 혹은 "우리가 가까이에서 얼굴을 볼 수 있다면"처럼 우회적 발언을 한다. 이와 같은 프레이밍은 훨씬 더 중립적이고 심적 부담이 적다.

프레이밍은 여러 면에서 매우 중요한 작업이다. 게리는 인질범 혹은 위기에 처한 무고한 시민과 마음을 통하며 소통해야 할 때 신중하게 프레이밍을 한다. '항복'이라는 단어를 기피하는 행동이 이상해 보일 수도 있지만, 인질 행위를 범하는 대부분 사람은 상대 협상가에 대한 신뢰를 형성하지 않으면 인질 현장에서 빠져나오지 않을 것이다. 게리의 입장에서는 로버트 치알디니의 말처럼 호감이라는 감정은 상대가 노선을 변경하는 데 결정적 영향을 줄 수 있다.[10] 협상 측 간에 어느 정도 호감도가 생기면, 비인간적인 상황에서 진전이 없던 상태에 활기가 생기면서 인간적인 분위기가 형성된다.

---

10) 《설득의 심리학》, 로버트 치알디니, 피어슨 북스, 2008.

교훈 4: 누군가를 옹호하는 발언을 지양하고 심층적인 질의에 집중하라

마지막으로 인질범이나 위기에 처한 사람들은 누군가를 옹호하는 발언이나 그들의 행동이 잘못되었다는 비판에 반응하지 않는다. 그들은 평생 '이래라저래라'라는 훈계와 잔소리를 듣고 살아온 만큼 반감도 크다. 달리 표현하면, 그들에게 그들의 행동과 방식이 잘못되었다고 일장 연설을 하는 것은 아무 소용이 없다.

한편 게리는 심층적으로 질문하면서 현재 상황을 파악하고 문제의 행동에 대한 기저의 원인을 이해하는 데 최선을 다한다. 자살시도자 혹은 용의자가 심정을 얘기하고, 그들을 분노케 하는 원인을 가슴에서 털어내 버릴 때, 고집을 버리고 새롭고 생산적인 노선으로 변경하는 것을 고려할 수 있다.

제23장

양파 껍질 같은
인질 협상

인질 협상은 다른 협상에서 찾을 수 없는 난관이 많은 고유의 협상 영역이다. 높은 긴장도, 극적인 스토리 전개, 숨 막히는 감정선, 시간적 압박, 그리고 해결책이 묘연할 때 심각한 결과로 이어지는 특징이 있다. 다양한 이해관계와 목적을 지닌 여러 당사자가 연루되어 복잡한 협상이기도 하다.

모든 당사자가 상황을 해결하길 바라지만, 목표를 달성할 방법이 다양한 경우가 많다. 그렇기에 협상가들은 조율적 관점에서 새로운 문제 해결 방식을 소개하기도 한다. 다음의 사례는 이러한 협상의 여러 층위를 보여주고, 협상을 효과적으로 관리하고 조율하여 최상의 결과를 도출할 수 있다는 교훈을 전한다.

배경 설명과 협상에서의 도전과제

2015년 3월, (텍사스주의) 루복 보안관 사무소 경관들은 인질 협상 현장에 투입되었다. 인질범 주변에는 바리케이드 장벽이 세워졌고, 인질범은 여러 무기를 소지하고 있었다. 초동 대응에 참여한 부보안관은 현장의 주소에 거주하던 한 남성이 여성의 목을 졸라 거의 기절시켰고, 근처 여러 사람에게 총을 겨누었다는 사실을 알게 되었다. 이웃 도시의 경관 한 명이 지원 사격에 나서며 인질범에게 총을 겨누었다. 부경관들이 초동 대응 준비를 마칠 때까지 총을 내리지 않았고, 부경관들이 현장에 도착하여 현장 감식을 본격화하자 루복 보안관 사무소의 경찰 특공대 Special Weapons and Tactics, SWAT가 투입되어 대응에 나섰다. SWAT에는 대원 12명, 사회복지사 1명, 협상 전문가 5명이 참여했다. 텍사스 공안국도 보안관 사무소 경관들이 사용할 헬리콥터를 투입했다.

문제의 인질범은 빌이었다. 약 91미터 길이의 진입로 끝자락에 있는 집에서 주로 은둔해 있던 인물이었다. 그의 집 근처에는 몇몇 작은 건물이 있었고, 넓은 대지 한복판에서 듬성듬성 나무가 집을 에워싸고 있었다. 이웃들은 그 집으로부터 여러 방향으로 약 100미터 떨어진 위치에 거주했다. 부보안관들은 사건 발생 직후 이웃들에 대해 수사를 시작했다. SWAT의 대원들과 장갑차량은 집이 위치한 진입로의 끝부분에 배치되었다.

이와 동시에 협상 팀이 그의 집에 연락을 취해 신속하게 빌과 소통을 시도했다. 빌은 경찰이 자신의 부지에 한 발짝도 들어올 수 없다고 완강한 태도를 보였다. 매우 불안해하며 감정에 북받친 상태였다. 그는 평소에도 정부에 대한 불만이 치솟았다. 그런데 이번 사건으로 그의 대지에 SWAT까지 동원되었다는 사실에 더없는 분노를 표출했다. 수석 협상가 니콜과 동료협상가 앤디는 빌이 분노를 비롯한 여러 감정을 표출하도록 능숙하게 유도했고, 경찰이 그의 대지 주변에 경찰이 배치된 이유도 설명했다. 빌이 최대한 흥분을 누르고 평정심을 찾아 상황을 잘 인지하도록 도와주는 것이 그들의 미션 중 하나였다. 이 상황에서 주경찰 헬리콥터가 대지의 상공에서 원을 그리며 날고 있었다. 큰 소음이 긴장감을 증폭시켰다.

빌은 갑자기 자신의 차에 타더니 자신의 대지를 빠져나가려고 시도했다. 그가 진입로를 빠져나가려고 하는 순간, 그 끝에는 SWAT가 대기하고 있었고, 주경찰 헬리콥터는 정해진 미션에 따라 그의 앞에 착륙하여 강력한 하강풍을 일으켜 빌이 나가지 못하게 막았다. 빌은 차를 돌리기로 한 후, 자신의 집에 다시 들어갔고, 협상 팀과 다시 전화 통화를 했다.

대체로 이러한 상황에서 협상을 이어갈 때는 직접 참여자와 간접 참여자가 여럿 투입된다. 이들을 효과적으로 관리하지 못할 경우, 협상은 실패하기에 십상이다. 자세한 설명에 앞서, 직접 및 간접 당사자를 살펴보자.

직접 당사자

1. 니콜은 경찰 측의 수석 협상가로 제1 직접 당사자였다. 니콜은 심리상담가 앤디와 긴밀히 협업했다. 바리케이드 안에 갇힌 인질범과의 협상 전략과 인질범의 정신 상태에 대해 니콜에게 조언을 해주는 역할을 했다. 니콜은 그의 이웃으로부터 소란 민원을 접수하기 전에 빌을 한번 만날 수 있었다. 니콜은 현장에서 빌이 감정을 표출하면서 하고 싶은 말을 하도록 30분 동안 전화 통화를 했다.
2. 바리케이드 안에 갇힌 빌은 인질범이었다. 그가 정부 당국에 불평불만을 많이 품고 있다는 사실이 명백했다. 폭력적 성향과 현 상황에 대한 숨은 의도(당국이 취약함을 만천하에 드러내고, 자신의 대지와 집에서 당국 관계자들이 나가도록 하며, 현장 참여자들이 자신의 말을 따르도록 하는 것 등)를 지니고 있었다. 논쟁을 좋아하고, 감정에 압도되어 행동하는 성향이 짙으며, 대응 담당관들과 수시로 몸싸움을 벌이기도 했다.

간접 당사자

1. 빌의 이웃들은 상황에 직접 개입하진 않았지만, 그의 협박을 받았고 그의 분노와 불만이 표출되는 잠재적 타깃이 되었다. 약 1.6킬로미터 떨어진 곳에 초등학교도 있었다.

2. (SWAT 지휘관의 지휘 하에서) 루복 보안관 사무소의 SWAT가 이 사건의 주요 역할을 담당했다. SWAT가 투입되어 이 사건이 전개되는 데 주요한 역할을 했다. SWAT 지휘관과 협상 팀은 사건 내내 협의를 이어갔고, 진행 상황을 상호 전달했다. SWAT는 상황을 진압해야 하는 상황에서 준비태세를 갖추고 있었다.
3. 텍사스 공안국도 헬리콥터를 이용하여 주요한 진압 역할을 담당했다. 빌이 현장에서 이탈하여 혼란 상태를 가중하지 않도록 하는 데 중점을 두었다.

협상의 목표는 빌이 대응 대원을 비롯한 누구에게도 해를 가하지 않고 항복하게 하는 것이었다. 인내, 겸손, 관계 구축, 그리고 빌과 그의 가치관에 대한 심층적 이해가 필요했다. 결코 쉽지 않은 미션이었다.

협상 준비

니콜이 빌과 전화 통화를 하는 동안, 앤디는 그들 앞에 펼쳐진 상황을 파악하고, 협상 전략에 대해 고민하기 시작했다. 크게 소음을 내는 헬리콥터에 특별히 집중했다. 빌의 긴장감을 한껏 고조시킬 것이 분명했다. 니콜과 앤디와 같은 협상가들은 현장 분위기를 진정시키는 방법을 항상 모색하는 편이다. 앤디는 SWAT 지휘관에게 니콜이 헬리콥터를 다른 곳으로 보내어 협상할 만한 분위기를 만들어 달라고 요청했다. 빌이 반정부 정서가 강하다는 점을 알았기 때문에, 주경찰의 헬리콥터를 현장에서 배제함으로써 빌이 보다 편안함을 느낄 수 있고 그에게도 어느 정도 영향력이 있다는 점을 암시할 수 있었다. 또한 빌과 니콜 사이에 신뢰 관계를 구축하는 데도 도움이 될 수 있을 듯했다. 앤디는 SWAT 지휘관에게 이 생각과 이유를 설명했다. 우연히도 SWAT 지휘관은 이전에 40시간 분량의 협상 연수에 참석한 적이 있었기에, 이러한 상황에서 다른 팀원들과 허심탄회하고 솔직하고 협업하여 의사결정을 논의하는 방법을 알고 있었다.

앤디는 다른 지휘관들에 둘러싸여 있는 SWAT 지휘관에게 다가갔다. SWAT 지휘관은 무선 교신과 상사들과의 협의, SWAT에 대한 감독, 이 상황을 전술적으로 처리하는 방법에 대한 계획을 세우느라 바쁜 상태였다. SWAT 지휘관은 협상의 진행 상황과 빌이 자신의 땅에 사람들을 출입시키지 않는 상황과 공무원들을 대하는 그의 태도에 대해 지속해서 보고를 받았다. 어느 순간에라도 빌이 차를 타고 현장을 빠져나와 이웃들과 심지어 근처 초등학교도 위험에 빠뜨릴 가능성과 현장 상황을 모두 통제해야 했다.

그는 SWAT를 빌의 대지에 투입하여 빌과 그의 차 중간에 배치하는 방안을 검토했다. 니콜과 앤디는 이러한 조치가 빌을 분노하게 하여 협상이 와해될 뿐 아니라 폭력으로 이어질 수 있다는 점을 파악하고 있었다. 니콜과 앤디는 최대한 신속하게 현장의 팽배한 긴장감을 낮추는 것이 절실하다고 파악했다. 그러나 그들도 시민의 안전과 빌의 제압이라는 두 마리 토끼를 잡아야 했다.

SWAT 지휘관은 그 계획에 대해 듣더니 앤디에게 전술 팀을 빌의 대지에 투입하여 빌과 그의 차 사이에 배치하는 것에 대한 의견을 물었다. "그가 아예 차를 몰고 나가지 못하도록 막아야 할까요? 아니면 자신의 땅을 '침범'하지 말라는 그의 요청을 존중하면서 협상을 정상적으로 진행해야 할까요? 차를 막으면 협상에 얼마나 차질을 줄까요?"[1] SWAT는 이 문제를 협의했고, 모든 가능성을 염두에 둔 계획을 도출해 냈다. 니콜이 헬리콥터를 이동시키는 것을 제안하고 그렇게 했다면 어떠했을까? 그런 다음 니콜은 SWAT가 빌의 대지로 진입할 것이라고 통보하고, 빌이 이러한 조치에 대한 분노와 궁금증을 해소하도록 도와줄 수 있을 것이다. 왜 이렇게 해야 하는지를 차분히 설명하여, 니콜이 본인에게 진정성 있게 도움을 주려는 신뢰할 만한 사람으로 인식하게 한다는 계획이었다. 한편 SWAT 지휘관은 대원들이 빌의 대지에 진입할 경우 그들의 안전에 대해 우려했고, 빌에게 미리 상황을 설명하지 않는 편이 좋겠다고 생각했다. 또한 SWAT 지휘관은 탁 트인 공간에서 벌어지는 예측할 수 없는 성향의 인질 상황이라는 점에서 자기 생각을 꺾고 협상 전문가들의 말을 존중하기로 했다.

---

1) 빌의 이웃들은 상황에 직접 개입하진 않았지만, 그의 협박을 받았고 그의 분노와 불만이 표출되는 잠재적 타깃이 되었다. 약 1.6킬로미터 떨어진 곳에 초등학교도 있었다.

본격적 협상

니콜은 빌에게 헬리콥터를 멀리 이동시켜주겠다는 제안을 효과적으로 프레이밍하여 전달했다. 빌이 그 제안을 반기자, 헬리콥터는 SWAT 지휘관의 명령에 따라 현장에서 상공으로 약 300미터 올라갔다. 현장은 한결 조용해졌고, 팽팽하던 긴장감도 확실히 누그러졌다. 니콜은 SWAT가 어떠한 조처를 할 것인지, 그 이유는 무엇인지 설명했다. 빌은 화가 치밀어 올랐고 니콜에게 분노를 표출했다. 그녀는 빌의 분노를 애써 멈추려 하지 않고, 자신의 분노와 좌절을 다 털어놓도록 기다리면서 왜 그렇게 분노하는지에 대해 공감하는 마음을 빌이 느낄 수 있도록 했다.[2] 니콜은 그의 감정을 최대한 공감하되, 그와 같은 생각을 하거나 그의 분노를 개인적으로 받아들이지 않는다는 점을 명확히 했다.

니콜은 빌이 바라는 게 뭔지 이해하게 되었다. 관리 당국을 무기력하게 보이게 하거나 공무원들을 자극하여 서로 싸우게 하고 싶었다. 니콜은 빌이 현장 상황에 신경 쓰지 않고 자신과의 대화에만 집중하도록 매우 효과적으로 유도할 수 있었다. SWAT의 대원들도 말과 행동으로 그와 '협상' 중이었기 때문에, 니콜과의 대화는 오래가기 어려웠다. SWAT의 협상 팀 대표는 지휘관에게 이 문제를 보고했고, 지휘관은 대원들의 협상 시도가 별로 소용이 없다고 판단했다. SWAT의 대원이 빌과 대화하는 내용이 명확히 들렸기 때문에 쉽게 판단할 수 있었다. 빌이 양측의

---

2) 그녀가 그의 생각에 동의한다는 연민을 보여준 것이 아닌, 그의 생각을 헤아리고 이해해 주었다는 점을 눈여겨볼 만하다. 그녀는 빌에게 그의 생각에 동의한다고 하지 않고, 왜 그러한 감정이 드는지 알 것 같다고 설명해 주었다. 인질 협상을 할 때 이렇게 미묘하지만 넘지 말아야 할 선을 지키는 것이 매우 중요하다.

상대—니콜과 SWAT—를 마주해야 하는 상황에서 효과적으로 조율이 되었지만, 때로는 불협화음이 빚어져서 적절한 관리가 필요했다. 마침내 빌은 다시 평정심을 찾고 전처럼 니콜과 대화를 이어갔다. SWAT 지휘관이 그가 현장에서 빠져나오려고 하지 않는 한 대원들이 그와 대화하지 말라는 명령을 내린 후였다. 빌은 대화에서 '자수'라는 단어를 처음으로 사용했다. 엄청난 진전이었다. 현장 상황이 안정적으로 변화한 결과이기도 하지만, 무엇보다 니콜이 빌과 신뢰 관계를 구축했기 때문에 가능한 일이었다.

협상이 이어짐에 따라 빌은 니콜에게 자수하고 싶을 뿐, 'SWAT의 그 누구에게도' 자수할 생각은 없다고 밝혔다. 빌이 마지막 자존심을 지키기 위해 스스로 조건부 항복을 하고 싶은 듯했다. 그렇게만 한다면 문제없겠다고 니콜은 생각했지만, 이렇게 위험한 상황에서는 조건부 항복을 수락하는 것이 '일반 관행'이 아니었기 때문에 지휘관과 전술 대원들과 협의를 해야 했다. 일반적으로 SWAT가 무장 인질범을 곧바로 구속하는 편인데, 이번에는 관례를 저버리고 유연한 방식으로 접근해야 했다. 다들 니콜의 신변 안전에 대해 우려하면서, 평화적으로 이 사건을 해결하면서 최대한 극단적인 상황을 피하고자 했다.

상황이 진전되면서 니콜을 태운 장갑차량을 빌의 집 진입로에 투입하여 그 길을 따라 빌의 집으로 데려가는 것을 협상 계획으로 세웠다. 니콜이 장갑차량에서 빠져나와 운전사 옆에 서고, 또 다른 쪽에는 SWAT 대원이 서 있도록 하는 것이었다. 그때쯤이면 빌이 그녀에게 다가올 것이고, 그 순간 그를 구속한다는 계획이었다. 지휘관은 이 계획을 추진하고자 했다. SWAT 대원들이 니콜의 신변 보호를 위해 이미 현장에 배치된 상태였기 때문이었다. 한편 빌은 니콜에게 어떠한 총기도 소지하지 않겠다고 말했다.

니콜, 앤디, 운전사, SWAT 협상 팀 대표는 계획을 착수했고 진입로로 갔다. 이 과정에 대해 앤디는 이렇게 회고했다. "우리는 기다리고 또 기다렸다. 무선 교신이 가끔 원활하지 않았다. 결국 니콜을 태우기 위해 장갑차량을 진입로 끝으로 이동시키면 SWAT가 전술적으로 불리해질 수도 있다는 점을 고려했다. 그래서 우리는 진입로를 내려와 장갑차량 뒤에 주차하기로 했다."[3] 니콜은 빌과 전화 통화 중이었고, SWAT로부터 계획이 이렇게 변경되었다는 사실을 전해 들은 빌은 이 계획을 강력히 거부했다. 빌은 갑자기 친구 한 명과 대화를 해야 한다고 말하며 전화를 끊었다. SWAT를 채운 차량은 그때 진입로를 내려오고 있었다. 현장의 외부 경계 구역에서 입수한 사전 정보에 따르면 빌은 현장에서 자신의 친구들과 함께 있었다.

니콜은 빌에게 다시 전화를 걸었고, 니콜과 SWAT가 차량에서 내릴 때쯤 그와 전화 연결에 성공했다. 앤디는 장갑차량의 조수석으로 이동했고 필요할 경우를 대비해 확성기를 갖춰 두었다. 빌은 니콜에게 걸어갔다. 이때, SWAT 구출 팀은 빌이 집으로 재진입하지 못하도록 집 앞으로 이동했다. 다들 지난 몇 시간 동안 쏟아 부은 노력이 수포가 될 수도 있다고 생각했다. 빌은 SWAT가 진입하는 광경을 보자 SWAT 구출 팀을

---

3) 앤디 영과의 인터뷰

향해 악을 쓰면서 다시 현관문을 향해 질주했다. 빌이 SWAT보다 현관문에 먼저 도달할 것 같은 상황이라 SWAT는 어찌할 바를 모르고 얼어붙었다. 어떤 이유에서인지 빌도 얼어붙은 듯했다. 이때 니콜은 대화를 시도했고, 다시 한 번 빌이 니콜에게 집중하도록 애썼다. 결국 빌은 더이상 SWAT에 신경 쓰지 않고 니콜에게 집중했다. 그 과정에서 빌은 니콜에게 천천히 걸어왔고, 그녀가 수갑을 채우도록 허락했다. 현장에서 동시에 안도의 한숨 소리가 흘러나왔다.

빌이 구속된 후, SWAT는 빌의 집에 진입해, 집을 정리하고 안전 여부를 점검했다. 협상 팀은 SWAT가 집에 들어가는 모습을 확인한 후 재빨리 피신했다. 대치 상황 초반에 빌이 가스스토브를 켜 두었고, 거실 전체에 촛불을 켜 두었다는 사실이 확인된 것이다. 니콜이 그를 체포하기 위해 집에 들어온다는 사실을 알았을 때 빌은 집안에 켜둔 초를 끄고 가스 불도 잠갔다는 정황도 포착되었다. SWAT가 집 안에 들어서자 가스 냄새가 여전히 역력했다. SWAT에 대한 협박성 발언이 진심이었던 것처럼 빌이 니콜을 해치지 않겠다고 초반에 했던 약속이 진심이었다. 자존심을 안 굽히고 언성을 멈추지 않고, 니콜이 빌과 소통하는 데 능숙하지 못했다면, 돌이킬 수 없는 사태로 변질할 수 있었을 것이다.

다음 날 빌은 보석금을 내고 풀려나서 아침 식사를 하러 근처 식당에 갔다. 마침 그 식당에는 전날 사건과는 아무 상관이 없는 부보안관 두 명이 있었다. 빌은 식사를 마친 후 그들의 밥값도 함께 계산했다. 루복 보안관 사무소 혹은 다른 권위체에 대한 자신의 상징적 우위를 보여주는 마지막 상징적 행동이었을 것이다.

다행히 별 탈 없이 종결되었지만, 불안과 긴장의 연속이었던 이번 협상
에서 여러 교훈을 되새겨 볼 수 있을 것이다.

교훈 1: 여러 이해관계자의 관리와 다양한 의견 조율

이러한 사건에는 이해관계나 생각이 다채로운 사람들로 구성된
팀을 관리하는 능력이 중요하다. 니콜과 협상 지휘관은 협상의 관점
으로 모든 상황을 바라보았다. 한편, 앤디는 협상적 요소를 이해하
지만, 심리적 관점으로 다가갔다. 공안국과 SWAT의 관점은 안전과
보안이었다. 이 사건에서 다양한 관점을 조율하고 협상하는 것은 매
우 힘든 일이었지만, 최대한 효과적으로 진행될 수 있었다.

교훈 2: 심리적 측면의 이해

두 번째 교훈은 니콜과 앤디가 빌의 행동을 일으킨 심리적 이해
관계에 집중하는 동시에 빌의 심경을 헤아리며 공감대를 형성해 주
었다는 점이다. 니콜과 앤디는 사건 초반에 빌이 정부와 공무원에
대해 부정적인 생각을 하고 있을 뿐 아니라, 빌이 자신의 의견이 받
아들여지고, 약해 보이지 않으면서 체면을 유지하려는 의지가 강력
하다는 사실을 파악했다. 훗날 앤디는 이렇게 회고했다. "보안관,
SWAT 지휘관이나 다른 계급의 대원, 니콜, 나 혹은 협상 팀의 다른 대
표 등 누가 됐건 사건에 각자의 자존심이 걸려 있다고 생각했다면,

빌의 집이 폭발하는 등 최악의 사태로 이어질 수 있었을 것이다.”[4]

 ## 교훈 3: 감정을 추스르기 위해 잠시 한 발짝 물러나서 생각해 보기

세 번째, 스트레스와 감정 소모가 엄청난 사건이었기 때문에, 니콜은 감정의 완급 조절을 잘해서 감정에 휩싸이지 않을 수 있었다. 빌의 불같은 성격이나 수시로 끓어오르는 욱한 감정을 마주하면 충분히 머리가 하얘지는 순간이 많았을 것이다. 그러나 니콜은 이따금 빌이 사건에서 잠시 한 발짝 물러나서 평정심을 찾도록 지혜롭게 유도했다. 결국 빌은 그녀를 신뢰하게 되었다. 통제 불능의 상황으로 악화될 수 있었지만, 니콜은 빌이 현장에 참여한 모두를 위해 최상의 목표와 평화적인 해결책에 집중하도록 안정적으로 유도했다.

 ## 교훈 4: 설득의 세 가지 요소 기술—에토스ethos, 파토스pathos, 로고스logos—활용하기

네 번째, 니콜은 빌과 교류하는 과정에서 에토스인간관계에서의 신뢰, 파토스상대방을 먼저 이해하는 것, 로고스용기 있게 자기 생각과 감정을 표현하는 것를 능수능란하게 활용했다. 그들의 대화 내용에서도 알 수 있듯, 니콜

---

4) 앤디 영과의 인터뷰

은 특히 빌과 대화할 때 파토스를 특별히 고려했다. 두 사람이 정서적 유대감을 형상하지 않았다면, 앤디의 말처럼 완전히 다른 상황이 펼쳐졌을 것이다. 니콜은 앤디의 도움으로 빌의 고함과 폭언에 일일이 대응해야 한다고 생각하지 않았다. 오히려 해결해야 할 내재적 문제가 무엇인지를 파악하기 위해 그의 말을 경청한 것뿐이다.

 교훈 5: 자존심은 내려두기

마지막으로 이번 사례는 사람들이 빌의 내적 이슈와 행동에 대한 원인을 알지 못했다면, 협상 과정에서 자존심 싸움이 얼마나 치열했을지를 시사한다. 협상 내내 다양한 층위의 신경전이 펼쳐졌다. 예를 들어 전술과 지휘 대원들은 빌이 자수하도록 그의 요구사항을 들어주는 것은 안중에도 없이, 자신들의 주장대로 의사결정이 진행되게 했을 수도 있다. 그러나 빌이 상대를 무시하며 부정적인 반응을 이끌어 내는 선수였기 때문에 생각대로 협상이 진행되지 않았다. 게다가 SWAT는 자존심을 안 굽혔다면 협상의 주체는 본인들이라고 주장하거나 빌에게 훈시하려고만 했을 것이다. 다행히 협상 팀은 니콜에 의해 빌을 체포하는 계획을 다른 요원들에게 설득할 수 있었다. SWAT 지휘관이 본인의 자존심을 버리고 중립적으로 모든 정황을 고려해준 덕분이기도 하다.

제24장

인질 협상가에게 성공은
어떠한 의미인가?

일반적으로 "협상이 성공적이었는가?"라는 질문은 생각해 볼 여지가 있는 흥미로운 질문이다. 협상의 성공을 합의점을 도출하는 것으로 생각하는 사람들이 있다. 일시적 합의가 아니라 오래도록 영향력이 있는 합의에 이르는 것, 혹은 최대한 바라던 목표를 달성한 상태로 협상의 성공을 정의하기도 한다. 마지막으로 특정 상황에서 최선을 다해 협상에 임했는지 아닌지로 성과와 성공을 정의하려는 사람들도 있다.

이처럼 다양한 정의가 있는데, 인질 협상과 같은 특수한 상황에서는 어떠한 정의가 가장 적합할까? 이와 같은 상황에서 성공은 어떠한 결과물로 나타날까? 게다가 인질 협상가는 협상의 성공 여부를 어떻게 판단할까? 자신의 협상 성과를 어떻게 평가할 수 있을까? 그 답을 찾으려면 두 가지 요소를 살펴봐야 한다. 첫 번째 요소는 '결과'이고 두 번째는 '과정'이다.

결과만을 두고 보면, 협상 전문가 랜달 로건Randall Rogan의 경우에서

처럼 분석할 수 있는 데이터가 상당히 많다. 로건은 인질 협상에 대한 장기적인 데이터를 분석한 결과, 인질 협상에서 85~90퍼센트가 구두 합의를 통해 비폭력적으로 해결된다고 주장한다.[1] 아마 이 통계에 반론을 제기할 사람은 거의 없을 것이다.

그렇다면 협상 과정은 어떤가? 인질 협상가들은 일반 협상가들처럼 불완전한 정보를 토대로 협상에 임해야 할 뿐 아니라, 결과에 대한 통제권이 미미한 경우도 많다. 유사한 인질 협상 사례 두 건이 있다고 가정해 보자. 완전히 똑같은 접근법과 행동 조치를 적용하더라도 전혀 다른 결론이 도출될 수 있다. 협상에 임하는 인질범과 그가 추구하는 목표, 나아가 협상 전략의 다양성 때문이다. 다음 사례에서는 협상의 성공이 시사하는 바를 다양한 각도에서 살펴보자.

배경 설명과 협상에서의 도전과제

대니 카이 차오Danny Kai Chao, 27세는 캘리포니아주 알람브라의 애틀랜틱 블러바드와 알람브라 로드에 있는 캐세이 은행으로 들어갔다. 오전 9시 30분이었다. 그는 주머니에 총을 소지하고 있다고 주장하며, 5만 달러를 요구했다.

차오는 은행을 습격하여 9명을 인질로 잡았다. 모두 은행 직원들이었

---

1) 로건의 연구에 관한 링크
   https://www.newswise.com/articles/as-hostage-situation-continues-crisis-expert-says-85-to-90-percent-of-crisis-negotiations-are-resolved-nonviolently

다. 직원 한 명이 차오가 모르게 자동경보기를 쓰러트려 경찰에 신고가 들어가도록 했다. 잠시 후, 지역 경찰 인력이 현장에 도착했다. 차오는 창문 밖을 응시했고, 현장은 극도의 긴장 상태에 달했다.

차오는 전문 인질범과는 거리가 먼 탓에 긴장한 것이다. 그는 전과가 없는 사람으로, 급격한 재정난을 겪으면서 사채에 손을 댔고 감당할 수 없는 수준의 빚을 지게 되었다. 신속하게 갚지 않으면 생활을 이어가는 것 자체가 불가능해서 죽고 싶은 심정이었다. 그는 빨리 빚을 청산하고 새 삶을 살고 싶을 뿐이었다.[2]

불안 상태에 있는 사람과 협상을 한다는 것은 가시밭길에 들어서는 것과 같다. 차오는 당장의 현실만 눈에 들어왔고, 자신의 행동이 불러올 장기적 결과는 생각하지 못했다. 구체적으로 계획도 세우지 않고, 어떻게 상황에서 빠져나가고 사회로 복귀할지에 대한 대책이 없는 듯했다. 협상의 관점에서는 득이 될 수도, 실이 될 수도 있는 상황이었다.

협상 준비

이러한 종류의 협상에서는 상황이 일어나기 전에 세부적인 준비를 하기가 어렵다. 현장에 도착했을 때 모든 사람이 자신의 역할을 명확히 파악하는 수준까지 되려면 상당한 교육 및 연수와 경험이 필요하다. 인질 협상은 팀플레이에 의해 좌우되기 때문이다. 게다가 인질 협상가들은

---

2) 7년 전 차오와 진행했던 인터뷰에서 드러커는 차오가 체면을 매우 중시하는 문화가 깊이 뿌리 내린 대만 출신이라는 점을 알게 되었다. 차오는 가족의 명예를 더럽히지 않으려고 자살 시도까지 감행했다.

행동 변화 방법론에 대한 교육을 받고, 인질범과 본격적으로 대화를 시도할 때 바로 적용할 수 있어야 한다. 준비 단계에서는 이 단계의 몇몇 실제 사례를 연구하는 등 세부적인 분석이 필요하다.

앞에서 언급했듯 인질 협상은 팀 단위로 진행되기 때문에, 각자의 역할과 책임을 스스로 파악하고 있어야 협상이 순조롭게 진행된다. 팀에는 우선 주협상가가 있다. 협상 팀이 해야 할 일과 하지 않아야 할 사항에 대한 주요 내용을 팀원들에게 전달하고, 인질범과 관계를 쌓아나가는 역할을 맡는다.[3] 주협상가가 피로한 상태이거나 상황이 제대로 진전되지 않을 때 투입되는 보조협상가도 있다. 이외에도 팀원들이 현장에 도착하는 길에 상황에 대한 브리핑을 담당하는 정보수집원이 있다. 마지막으로 주요 역할을 맡는 직책은 팀 리더 혹은 의사결정자다. 팀 리더는 협상 자체에 직접 관여하지 않지만, 진행 상황을 경청하고 중립적이고 침착한 접근을 취하며 전달받는 정보를 토대로 거시적인 결정을 내린다. 협상 팀은 해당 지역의 법 집행에 관한 정보를 비롯하여 상황 전반을 파악하고 SWAT와도 업무를 조율해야 한다.

인질 협상가들은 항상 준비 시간이 부족하므로 과거에 학습한 내용과 경험에 의존해야 한다. 연방수사국FBI의 '행동 교정 계단 모형Behavioral Change Stairway Model, BCSM'에서 교육 내용의 상당 부분을 다루고 있다. 중대한 이해관계가 걸린 협상에서 협상가가 실행해야 하는 과정도 포함되어 있는데, 해당 과정은 다음과 같이 구성되어 있다.

---

3) 정신 건강 문제로 인질 상황이 벌어지는 경우가 많아서 정신 건강전문가들도 협상 과정에 투입되는 추세다.

1 단계: 적극적인 경청

인질 협상가와 인질범이 신뢰 관계를 구축하는 데 초점을 둔 여러 테크닉을 소개한다. 개방형 질문(open-ended question, 반응을 위한 선택지가 준비되지 않고 반응자가 의견을 자유롭게 나타낼 수 있도록 만든 문항 형태—옮긴이)하기, 인질범의 이야기를 파악한 후 같은 내용을 다르게 표현하기 paraphrasing, 인질범의 정서를 파악하고, 현장 참여자들이 생각할 시간을 주기 위해 언제 대화를 잠시 중단해야 할지를 가늠하는 법이 해당된다.

2 단계: 공감대 형성

관계를 쌓아가기 위한 하나의 방법으로 상대의 말에 공감하는 단계다. 공감은 인질범이 자신의 인식과 기분이 이해받고 있다는 사실을 전달한다. 이 단계에서는 어조도 매우 중요하다. 상대에 대해 마음을 쓰며 걱정하는 마음을 전달하기 때문이다.

3 단계: 신뢰 관계 형성

협상 당사자들 간에 신뢰를 높이는 단계다. 협상가는 지속해서 상황에 대한 프레이밍을 재구축하며 공통분야를 탐색하고 상대의 체면과 자존심을 지켜줄 수 있는 다양한 방법에 집중한다.

4 단계: 영향

3 단계를 마치고 나면, 인질 협상가는 상대에게 제안하고 잠재 해결책을 탐색해 볼 수 있다. 이 단계에서는 인질범을 설득할 만한 것이 무

엇이고, 그 이유는 무엇인지에 대해 고민해야 한다. 심문과 정보 수집을 통해 상당수의 해답을 얻을 수 있다.[4]

5 단계: 행동 변화

인질 협상가가 인질범의 행동 변화를 유도할 수 있는 해결책을 제안하는 마지막 단계다.[5]

이 행동 변화 모형에서 각 단계는 순차적으로 진행되어야 한다. 따라서 한 단계를 건너뛰게 되면, 인질범은 마치 모형을 꿰뚫고 있기라도 한 듯 협상가가 진정성 없이 임한다는 느낌을 받게 된다.

드러커는 신뢰 관계를 구축하는 세 번째 단계에서 두 가지 주의사항을 설명한다. 협상가는 현재 문제가 되는 범죄가 무엇인지 파악해야 한다. 단, 지나치게 많은 정보를 가진 것은 오히려 해가 된다. 무엇보다도 인질범과 신뢰 관계를 구축하는 것이 관건이기 때문이다. 또한 인질범이 현재 범하고 있는 범죄에 대한 언급은 자제할 필요가 있다. 자신의 행동이 일으킬 결과에 대해 상기하여 자극이 될 수 있기 때문이다. 따라서 현재 가장 시급한 문제와 인질범의 요구에 집중하는 편이 낫다.

앞의 내용과 연관하여 인질범에게 어떠한 행동을 취하도록 지시하지 않는 것도 중요하다. (일반적으로 경찰은 문제를 해결하는 방법에 대해 교육을 받지만) 전화 통화로 지시를 내리면서 인질범의 문제를 해결하려는

---

4) 이 단계는 로버트 치알디니의 《설득의 심리학》에서 설명하듯 호감도의 이론을 토대로 한다.
5) "행동 교정 계단 모형"
　　https://viaconflict.wordpress.com/2014/10/26/the-behavioral-change-stairway-model/

태도는 인질범이 가장 치를 떠는 부분이다. 평생 범죄자로 살아온 인질범이라면, 공무집행 담당자들로부터 '이래라저래라' 명령만 들어왔을 것이다. 반대로 인질 협상가들은 인질범의 말을 최대한 경청하며 생산적인 심문 과정을 이끄는 법을 수련한 전문가들이다.

본격적 협상

차오는 인질 상황에서 처음 두 시간 동안 인질 협상가들과 절대 말을 섞으려 하지 않았다. 초반부터 자신의 이름은 '제임스'라고 일러두기도 했다. 인질범이 자신의 이름을 거짓으로 말하고, 인질들이 인질 협상가들과 직접 말하도록 지시하는 행동은 협상가들로부터 거리 두기를 하려는 심산이다. 인질범은 계획이 생각대로 전개되지 않은 이유로 그렇게 행동한 것이다.

인질 협상가들이 차오와 전화 연결이 되었을 때, 인질들에 대한 초기 협상과 어떠한 조건으로 풀어줄 것인지를 논의했다. 결국 선의의 차원에서 차오는 인질 두 명을 풀어 주었다. 풀려 나온 인질들은 인질 협상 팀으로 와서 상황을 설명해 주었고, 차오가 나름 친절했다고 말했다. 자신들이 위협감을 느끼지도 않았고 그가 총을 갖고 있지 않은 것 같다고 얘기했다. 이들의 증언을 토대로 협상 팀은 인질범이 뻔뻔스러운 범죄자라기보다는 절박함에서 우발적 행동을 한 사람이라는 점을 파악하게 되었다.

협상 팀은 새롭게 입수한 정보를 토대로 차오를 살펴보니 혼이 빠진 듯 혼란스러워 보였다. 차오가 긴장감을 못 견디고 도망치고 싶으면 쉽게 빠져나갈 수 있는 창문이 구석에 있다는 점도 파악했다. 협상가가 차오의 요구사항을 계속 경청하는 동안, 인질로 잡혀 있는 여섯 명의 사람들이 그 창문을 통해 도망쳐 나왔다. 알람브라 경찰서의 대변인이었던 데이비드 네이터 경사는 "인질범과 전화 통화 중이었을 때, 그는 인질들이 도망치는 모습도 보지 못할 정도로 긴장된 상태였다. 자기 주변을 둘러보더니 인질들이 거의 사라진 걸 알고 놀란 눈치였다. 특별한 준비 없이 대소동을 유발한 것이다. 은행털이범으로 초짜였다."차오가 인질 협상가와 다시 대화하고 있을 때, 마지막 인질이 기회를 보고 앞문으로 달려 나왔다.

인질 전원이 밖으로 나오자, 인질 협상가들은 크게 안도의 한숨을 내쉬었고, 차오의 요구사항과 그의 언행이 어떻게 변화하는지에 집중했다.[6] 이번 사건에서 인질 협상가는 적극적인 경청부터 공감대 형성에 이르는 BCSM 과정을 신중하게 따랐다. 이 과정에서 차오는 협상가의 의도대로 흉기를 내려놓았고, 대화의 방향은 그를 현장에서 어떻게 나오게 할 것인지로 옮겨 갔다.

협상 팀이 대화를 통해 알게 된 사실은 차오가 자존심과 체면을 지키는 것에 매우 신경을 쓰고 있다는 점이었다. 취재진도 현장에 나와 있고, 자신이 그날의 뉴스거리라는 점도 알고 있었다. 방송국 헬리콥터도

---

6) 이 경우에는 차오가 전과가 없어서 그의 신원과 동기에 대한 정보가 거의 없었다.

날아다니는 상황이라, 그는 사람들이 자신의 얼굴을 보지 않도록 경찰에게 헬리콥터를 현장에서 멀리 떨어지게 할 수 있는지 물었다. 후반부에 더 자세히 설명할 것이지만, 이 대화가 암시하듯, 그는 자신의 가족에게 수치심을 안기고 싶지 않았다.

차오는 SWAT에 의해 물리적으로 공격을 당할까 봐 벌벌 떨기도 했다. 인질 협상가는 그에게 평화적으로 현장에서 나오면 그럴 리 없을 거라고 약속했다. 인질 협상가는 끝까지 약속을 지켰다. 차오는 인질 협상가를 신뢰했다. 인질 협상가는 BSM 모형에서 다루는 신뢰 관계를 구축했기 때문이었다. 인질 협상가가 그에게 했던 가장 강력한 말은 "이것으로 당신의 삶이 끝난 게 아니에요. 당신은 이 상황을 견뎌낼 수 있을 거예요."였다.[7] 그의 가슴을 울리는 말이었다.

드러커가 언급했듯, 주협상가는 매우 효과적인 어조로 차오를 대했다. 때로는 자신도 모르게 해서는 안 될 말을 뱉고는 눈을 찔끔 감기도 했다. "우리가 10분 내로 이 상황을 끝낼 수 있어요.", "언제라도 항복하면 됩니다."라고 말한 것이다. 상황을 끝낸다는 표현이 적절하지 않은 경우가 많다. 인질범이 스스로 목숨을 끊도록 자극할 수 있기 때문이다. 같은 맥락에서 인질 협상가들은 '항복'이라는 단어는 더 사용하지 않는다. 인질범이 최대한 피하고 싶은 상황, 즉 '내가 졌다', '내가 패배했다'라는 생각을 유도하기 때문이다. 따라서 인질 협상가가 해서는 안 될 표현을 썼지만, 인질범과 신뢰 관계를 쌓았기 때문에, 협상을 순조롭

---

7) 해리 드러커와의 인터뷰

게 이어갈 수 있었다.[8]

그날 오후 4시 45분경, 차오는 밖으로 걸어 나와 보안국 SWAT에 자수했다. 수사관들은 그가 은행 창구 직원들과 금고에서 약 6천 달러를 강탈했지만, 은행에 돈은 그대로 두고 나왔다고 전했다. 그는 납치와 강도 혐의로 구속되었다.

---

8) 인질 협상가가 그와 강력한 신뢰 관계를 구축하기 위해 진심으로 노력했기에 그는 현장에서 나와 자신의 마음을 헤아려 준 것에 대해 감사를 표하고 싶었지만 어수선한 분위기로 그럴 수 없었다.

이 책에 실린 다른 인질 협상 사례와 마찬가지로 이 사례에서도 인질범의 내재적 동기를 이해하기 위해 수면 밑의 각종 요소와 요구에 대한 종합적 분석이 필요했다. 필요한 정보를 수집하고 나서부터는 해결책에 다가갈 수 있었다. 이에 대한 몇 가지 주요 이유를 살펴보자.

교훈 1: 협상을 성공시키려면 결과만큼 과정에도 심혈을 기울여라

드러커는 이렇게 설명했다. "두 건의 인질 협상에서 협상가가 똑같은 전략을 실행했다고 가정해 보라. 첫 번째 경우에는 인질범이 자수하여 평화적으로 사건을 해결했다. 두 번째 경우에는 인질범이 자살하거나 폭력 행위를 범했다. 인질 협상가가 취한 조치는 완전히 같았는데도 말이다. 그렇다면 성공한 협상은 어떠한 모습을 띠겠는가?"[9]

이처럼 인질 협상에서는 결과의 상당 부분이 협상가의 통제 밖에 있다. 인간이 위기에 처했을 때 그 결과를 예측할 수 없는 것과 같은 논리다. 따라서 같은 전략을 적용해도 그 결과를 결코 예측할 수 없는 것이다. 이에 대해 드러커는 성공의 잣대란 "협상가가 협상 과정에서 최선을 다했는지의 여부이다. 적합한 단계를 모두 거쳤다면, 그것으로 협상가는 할 수 있는 모든 걸 다 한 것이다. 이것이 성공을 판단하는 기준이다."라고 설명했다.[10]

---

9) 해리 드러커와의 인터뷰
10) 드러커는 정신 건강에 관한 접근이 집중되는 추세이고, 이 분야의 전문가들이 협상 과정에 본격 투입되어 여러 복합적인 심리적 요소를 분석하는 데 일조하고 있다.

🗣 교훈 2: 주짓수 기술을 활용하라

윌리엄 유리의 《Yes를 이끌어 내는 협상법》에서 저자는 '주짓수 기술Negotiation Jujitsu'이라는 개념을 논의한다. 주짓수 기술은 '상대의 관심을 협상의 이점으로 돌릴 수 있는 여러 방식으로 상대가 자신의 입장에 근거한 협상을 하지 못하도록 반격하는 기술'이다.[11] 이때 관건은 상대의 입장을 비판하거나 거부하지 않는 것이다. 상대가 자기방어적으로 치닫게 할 뿐이다. '상대가 당신의 입장이나 접근법에 공격을 가하면, 그 비난과 비판을 밀어내려 하지 말라. 상대가 공격하기로 결심하게 된 계기, 즉 상대 입장의 이면을 살펴라.' 피셔와 유리는 이렇게 말했다. "유도와 주짓수와 같은 동양 무술에서처럼, 직접적으로 당신의 강점으로 상대의 강점을 반격하지 않아야 한다. 당신의 기술로 한 발짝 물러서서, 당신의 목적을 달성하는 데 상대의 강점을 활용하라. 상대의 힘에 저항하는 대신, 그 힘을 활용하여 상대가 지닌 이해관계를 파헤치고, 상호 간에 '윈윈win-win'이 될 수 있는 선택지에 투자한다."[12]

11) 《Yes를 이끌어 내는 협상법》, Fisher, R., W. Ury, Penguin Books, 1981.
12) 《Yes를 이끌어 내는 협상법》, Fisher, R., W. Ury, Penguin Books, 1981.

앞의 내용을 실천한 후에는 주짓수 기술에 있는 다음 동작을 실행한다.

1. 당신의 생각을 방어하지 않고, 상대방의 비판과 조언을 구한다.
2. 당신을 향한 공격을 문제를 공략할 수 있는 공격으로 치환한다.
3. 질문 후에는 침묵을 지킨다.

이번 사례에 주짓수 기술이 언제 적용되었는지 생각해 보자. 인질 협상가들은 분명 주짓수 기술과 전술을 사용했다. 인질범은 인질 협상가가 "어서 손들고 나오세요."와 같은 말을 할 것이라고 예상한다. 그런데 실상 인질 협상가는 "오늘 일이 잘 안 풀리네요."라는 식으로 말할 것이다. 드러커의 동료 게리 맥도걸은 "인질범들은 대개 자신들을 저지할 아널드 슈워제네거와 같은 우락부락한 인물이 자신들을 설득하기 위해 전화를 걸 것으로 생각하지만, 실제로는 로저스 목사(Mr. Rogers, 미국에서 가장 유명한 어린이 TV 프로그램 'Mr. Rogers' Neighborhood'의 진행자 프레드 로저스 목사-옮긴이)와 같은 협상가가 그들을 상대한다."라고 말했다.[13] 인질범은 생각지도 못한 반전에 우선 당황하면서도 마음을 풀게 되고, 협상가와 신뢰 관계가 구축되는 방향으로 대화가 전개된다. 그리고 이후 인질 협상가는 '협상가-용의자'의 관계에서 한 단계 발전한 새로운 관계로 발전시키기 위해 노력한다.

---

13) 해리 드러커와의 인터뷰

핵심
교훈

교훈 3: 지나친 공감 표현

인질 협상가들은 가끔 지나치게 공감을 표현해서, 즉 '과잉공감'으로 사태를 그르치기도 한다. 인질 협상가가 "당신의 기분을 저도 압니다."와 같은 말을 하는 경우가 이에 해당된다. 현실적으로 인질 협상가는 인질범의 상황에 있어 본 적이 없었기 때문에 그 기분을 전혀 알지 못한다. 드러커는 억지로 공감하려는 태도는 오히려 역효과만 날 뿐이며, 선을 넘지 않도록 주의해야 한다고 설명한다.[14)]

---

14) 해리 드러커와의 인터뷰

제25장

조직체의 이름,
그 이면의 요소와 협상 노하우

조직체는 기관명이나 회사명을 이용하여 존재를 드러내고, 조직체의 사업 목표에 대한 정보도 암시한다. 가끔은 이름이 어느 정도 겹치기도 한다는 것이 함정이다. 서로 다른 조직체가 이름이 같다면 골칫거리가 생겨나기도 한다. 그렇다면 두 조직체가 유사한 이름을 가진 상태에서 협상해야 한다면, 어느 측이 기존 이름을 사용하는 것이 마땅한가? 또한 쉽게 결론짓지 못하는 딜레마를 어떻게 풀어나갈 것인가?

이번 사례에서는 조직명이 매우 비슷한 비영리 조직 두 곳이 문제에 봉착하여 변화가 절실하게 된 상황을 소개한다. 한 조직은 이미 상표권을 보유하고 있었고 업계에서 영향력도 큰 편이었지만, 다른 조직은 그 반대였다. 따라서 어느 조직이 기존 이름을 유지할 것인지는 불 보듯 뻔했다. 그러나 반전이 있었다. 중재인의 도움으로 상호 유익한 예상치 못한 결과를 도출해 내었다. 역발상, 기존 가정을 뒤엎는 접근, 그리고 단순한 의문 제기가 그 비결이었다.

배경 설명과 협상에서의 도전과제

이번 협상은 법률사무소의 한 직원이 들려준 사례다. 그는 한 의뢰인의 공익 변론을 맡고 있었다. 의뢰인은 인도주의적 '라이프 케어 인터내셔널Life Care International, LC'이라는 기관으로, 자연재해가 발생한 피해 지역을 위해 인도주의적 활동과 원조를 지원한다. LC는 전 세계에서 활동하면서 도움이 필요한 이들에게 신속한 지원을 제공해 왔다. 그동안 전 세계적으로 별문제 없이 활동을 유지해 왔다.

그러던 중 자연재해가 발생한 동유럽 국가의 대도심에 지원 활동을 하게 되었다. 이 도시에서 지원 활동을 펼치고 있었는데, '아이들을 위한 라이프 케어 인터내셔널Life Care International for the Benefit of Children, LCIBC'이라는 또 다른 비영리 기관을 마주하게 되었다. LCIBC는 치료가 필요한 아이들을 주로 도와주는 상대적으로 작은 규모의 기관이다. 두 기관 모두 각자의 영역에서 '라이프 케어Life Care, 평생 의료 서비스'를 실천하는 것으로 알려져 있었다.

그런데 두 기관이 같은 도시에 투입되자 혼선이 일기 시작했다. 처음에는 큰 문제가 아닌 듯했다. 잘못 걸려온 전화를 받아야 하는 수고로움 정도였다. 그런데 언론 취재에 대한 문의도 엇갈려 들어오게 되었다. 시간이 지나면서 상황은 심각해졌고 혼선은 빈번해졌다. 도움 요청이나 기부금 지원에 대한 문의가 계속해서 상대 기관에 전달되었다. 본격적인 상표권 분쟁의 서막을 알리는 듯했다.

상표권 법에서는 법적으로 이름을 소유하고 있는 조직체와 그렇지 않은 조직체 간에 혼란이 발생할 때 분쟁이 발생한다. 이름 사용에 대한 고의성 여부와 무관하게 상표권 갈등의 핵심은 혼선을 일으킨다는 측면이다.

실제로 LCIBC가 활동 연수가 더 길고 법적으로 기관명에 대한 상표권을 보유하고 있었다. 두 기관을 괴롭히던 혼선 문제가 심각해지자, LCIBC는 결국 LC에 접촉하여 이름을 바꿀 것을 요청했다. 그러나 두 기관 모두 기관명, 특히 정체성identity을 확립하는 데 투입한 매몰 비용과 투자액을 고려하여 기관명을 변경할 의향이 없었다. 그러나 법적으로는 LCIBC가 상표권을 소유하고 있었기 때문에 기존 이름을 굳이 바꿀 필요가 없었다. 한편 LC는 전 세계적으로 활동하는 상대적으로 규모가 큰 기관이었기 때문에, 기관명을 변경하는 것 자체가 상당한 무리수였다. 사업 범위도 훨씬 넓고 글로벌 브랜드로 자리 잡았기 때문이었다. LC는 기관명을 변경했을 때 투입될 마케팅과 브랜딩 활동을 고려했을 때 이름 변경에 투입할 자금도 부족했고, 막대한 돈을 투입해 변경을 감행하더라도 자금을 다 소진하여 파산에 이를 수도 있었다.

협상 준비

처음에 양 기관은 우호적으로 문제를 해결하려고 노력했다. 소송전으로 치닫는 일은 가능한 한 피하고 싶었다. 전 세계에 도움의 손길을 준다는 비영리 조직의 취지와는 반대되는 행보이기 때문이었다. 그러나 어느 측도 입장을 굽힐 의향이 없었다. LC는 공익 변론을 맡아 줄 변호사 팀과 함께 해결책을 모색하는 데 집중했다. LCIBC도 마찬가지로 노력을 기울였지만, 최소한 초반에는 희망이 보이지 않았다.

공익 법률사무소가 관여하자, 다소 이례적인 광경이 펼쳐졌다. 두 비영리 조직 모두 소송을 원치 않는다는 것이었다. 그저 잡음 없이 원래대로 활동하면서 이 문제에서 벗어나고 싶을 뿐이었다. 그러나 실무에서 불편함이 지속되었다.

양측은 협상을 준비하면서 각기 다른 방식으로 문제를 해결하려 했기 때문에 명쾌한 결론에 도달할 수 없었다.

본격적 협상

몇 차례에 걸쳐 양측은 각자의 입장을 주거니 받거니 했지만, 공익 법률사무소와 LCIBC를 변론하는 또 다른 법률사무소는 두 기관 사이의 문제를 어떻게 해결해야 할지 몰라 난감해했다. 그 순간 한 측에서 중재인을 투입해서 도움을 받자고 제안했다. 다른 측도 동의했다.

중재 기간 동안, 중재인은 결국 상표권을 보유하고 있는 LCIBC에 다소 역발상적인 질문을 했다.

"이 이름이 LCIBC에 얼마나 중요한가요?" LCIBC 변호사단을 당황하게 하는 매우 흥미로운 질문이었다. 대화는 예상치 못한 새로운 방향으로 전개되는 듯했다. LCIBC 측은 잠시 생각한 끝에, 사실 그 이름이 꽤

긴 편이고, 상표권을 보유하고 있긴 했지만 안 그래도 변경할 생각이었다고 토로했다. 게다가 그 이름이 기관의 핵심 업무를 효과적으로 전달하지도 않고, 다른 이름으로 바뀌어도 크게 지장은 없을 것이라고 밝혔다. 그렇다면 어떠한 절차를 거칠 것인가?

그런 다음 중재인은 "LC가 기관명 변경에 대한 대가로 사례비를 지급하면 어떻겠습니까?"라고 LCIBC에 물었다. 그 누구도 예상치 못한 질문에 회의실에는 무거운 침묵만 흘렀다.

잠시 후에 양측은 그 제안으로 교착 상태에 놓인 협상에 물꼬가 틔워질 수 있다고 생각했다. 그런데 의외로 LCIBC가 적은 비용으로 쉽게 해결하는 방안이었다. 이름 변경에 필요한 비용은 보험금으로 처리할 수 없을 정도로 많이 들지만, LCIBC에 지불할 사례비 정도는 보험금으로 충당할 수 있었기 때문에 매우 효과적인 해결책이었다. LC에 승산이 없고 LCIBC에는 불편한 상황인 듯했지만, 그 안에서도 창의적인 해결책을 도출할 수 있었다.

이 사례에서는 특히 협상 당사자들이 협상 과정을 대하는 입장적
(positional) 방식에 갇힌 채 해결책을 도출하려고 할 때 참고할 만한 흥
미로운 교훈을 시사한다.

교훈 1: 수면 밑에 있는 것을 파악하는 것이 문제 해결의 관건이다

첫째, 이번 사례는 입장과 이해관계의 차이를 잘 나타내고 있다.
LCIBC의 입장은 명백했다. 사람들이 두 기관을 너무 헷갈려함으로
LC가 기관명을 변경해야 한다는 입장이었다. 한편 LC의 입장도 확
고했다. LC는 문제를 잘 알고 있었고, 기관명을 변경해야 한다는 사
실도 알았지만, 그렇게 되면 문을 닫아야 할 게 뻔했다. 두 기관과
양측 변호사 팀은 해결책을 모색하기 위해 깊이 있는 논의를 한 후
에, 중재인을 투입했다. 중재인은 서로의 입장을 확실히 파악했고,
내재적 이해관계를 파고들었다. 이러한 노력은 다음 교훈으로 자연
스럽게 연결되어 있다.

교훈 2: 역발상적으로 문제를 리프레이밍reframing 한다

둘째, 중재인은 문제를 뒤집어 놓고 접근하여, 매우 혁신적이고
창의적인 사고를 발휘했다. 중재인은 문제를 피고LC가 자체적으로
해결한다는 기존 생각을 버리고, 현재의 문제를 두 기관이 함께 풀
어가야 하는 것으로 리프레이밍 했다. 그 결과 중재인은 새로운 사
고방식을 유도하는 질문을 할 수 있었고, LCIBC가 사업 범위가 확대

된 상황에서 이름을 변경해야 하고, LC가 비용을 지급하도록 하는
창의적인 생각을 도출해 냈다.

교훈 3: 외부인의 관점이 불러오는 신선한 가치

셋째, 두 번째 교훈과 같은 맥락에서 이 사례의 주요 교훈은 외부
인의 역할이 단비 같을 수 있다는 점이다. 외부인이 투입되어 당사
자들과 협업을 하게 되면, 새롭고 신선한 관점을 가져올 수 있다. 선
택지와 비선택지에 대한 기존 가정을 뒤엎을 수 있을 만한 것이었
다. 중재인이 투입되기 전에는 피고가 어떠한 조처를 해야만 답이
나온다고 생각했지만, 중재인은 이 생각을 뒤집고 양측의 내재적 이
해관계에 집중하여 해결책을 도출했다.

교훈 4: 협상에서는 힘과 권리가 최고의 해결책을
보장해 주진 않는다

마지막으로 이번 사례는 한 측이 힘과 권리상표권의 형태를 지닐
때, 이러한 권리를 행사하는 것이 협상을 성공으로 이끄는 최상의
방법은 아니다. LCIBC는 결국 힘과 권리를 토대로 하는 접근법을 취
했고, 원하는 바를 얻어낼 수 있었을 것이다. 그러나 LC가 사업을 접
어야 할 수도 있다는 사실에 LCIBC는 윤리적 갈등을 겪었다. 결국
이해관계 기반의 접근법을 통해 양 기관은 본연의 자선 사업을 이어
갈 수 있었고, 이름 때문에 혼선을 빚는 문제도 해결할 수 있었다.

제26장

계약 협상 시,
안건을 프레이밍하는 방법

    계약서를 작성하는 일은 사람들이 협상을 떠올릴 때 매우 익숙한 부분이다. 사람들은 새로운 일을 하게 될 때, 관련된 업무나 용역에 관한 계약을 협상해야 하는 순간을 맞이하게 된다. 그러나 안타깝게도 계약서를 꼼꼼하게 읽거나 계약 조건을 협상하지 못하는 사람들이 허다하다. 협상 자체가 불가능하다고 판단해서 그럴 수도 있지만, 계약 조항 이면의 내용이 어떠한 방향으로 전개될 수 있는지에 대해 전혀 감을 잡지 못하기 때문일 수도 있다.

    계약서의 여러 조항은 자세히 읽고 함축적 의미를 고찰해 보면 일방에게 불리한 부분이 분명 존재한다. 게다가 계약서를 작성하는 방식에서도 주요 사안을 특정 방식으로 미묘하게 프레이밍하고 있다. 다음의 사례도 대표적인 경우에 속한다. 사건의 주인공은 계약 내용에 대해 협상을 할 생각이 전혀 없었다. 그러나 계약을 체결하고 나서 어느 정도 시간이 흐르고 양측의 관계도 발전하자, 그는 계약이 특정 방식으로 기술되었다는 사실을 파악하게 되었고, 본인에게 합당한 방식으로 자신의 이해관계를 주장하되, 협상 상대가 기분 나쁘지 않은 선에서 의견을 펼칠 수 있었다.

배경 설명과 협상에서의 도전과제

내 동료 마이어(가칭)는 20년 전 이스라엘에서 변호사, 중재인, 중재 및 협상학 겸임교수로 활동하고 있었다. 그 당시 이스라엘에서는 중재 용역의 시장도 매우 제한적이고 중재학을 가르치기 위한 수요도 매우 적었기 때문에, 그는 터키의 한 대학교에서 방문 교수 제의를 받고 매우 기뻐했다. 그 대학교는 분쟁 해결의 대학원 과정을 설립한 상태였다.

마이어는 5년 동안 이 대학을 일 년에 한 번 방문해서 특강을 진행했고, 그 이후 거의 10년 동안 해당 과목을 개설하여 지속해서 강의했다. 이 기간에 그는 여러 차례에 걸쳐 계약 조건을 협상했다. 그중에서도 주요 협상 과정의 일부를 소개한다. 이를 통해 그의 협상 방식이 시간이 지나면서 어떻게 발전했는지도 엿볼 수 있을 것이다.

협상 준비

마이어는 계약 조건을 어떻게 논의할 것인지 고민하기 시작했다. 그런데 막상 어떠한 객관적 기준으로 수업료와 복리후생비를 요청해야 할지 감이 오지 않았다. 그는 속으로 이렇게 생각했다. '나는 외국에서 대학원 학생들을 대상으로 10주 동안 강의를 해본 경험이 있다. 내 인맥의 사람들도 이런 경험을 해본 적이 없다.'[1] 마이어가 터키를 한 번 방문한 적은 있었지만, 현지의 임금 수준에 대해 전혀 아는 바가 없었다. 따라서 현재 처한 상황과 소비 수준을 고려해서 희망하는 연봉과 계약 조건을 제안하는 수밖에 없었다. '10주 동안 가족의 생활비로 충당하기 위해 얼마를 벌어야 하는가?', '집을 떠나 외국에서 일하게 되면 국내에서 어떠한 기회들을 포기하게 되는가?'를 고민했다.[2]

그러던 중 마이어는 학장에게서 연락을 받았다. 학장은 마이어가 생각한 최저 마지노선 범위의 금액을 제시했지만, 그는 별도의 협상을 요구하지 않은 채 조건을 수락했다. 3학점짜리 과목 하나에 대한 강의료 일만 달러에 왕복 항공권, 교내 숙박 시설을 받는 조건이었다. 단, 일반적인 14주 대신, 10주에 걸쳐 밀도 높은 강의를 하고자 하는 마이어의 요청 사항을 학장은 수락했다.

마이어는 이렇게 회고했다. "첫 번째 협상에서는 내가 가진 정보가 거의 없어서 불리한 조건임에도 수락할 수밖에 없었다. 객관적 기준에 대해 아는 바가 없었기 때문에 제안할 수 있는 조건도 없었다. 학교 측이나 학장과는 이메일을 두어 번 주고받은 게 전부라, 의지할 만한 관계도 형성되지 않은 상태였다."[3] 터키에서 전문직이나 학계에서 임금을

---

1) 노암 에브너와의 인터뷰
2) 노암 에브너와의 인터뷰
3) 노암 에브너와의 인터뷰

지급하는 문화에 대해 익숙하지 않았고, 이스탄불의 유명한 재래시장인 '그랜드 바자르'에서 가격을 흥정하는 방식을 적용할 수도 없는 노릇이기에, 과연 금액에 대한 협상을 제안하는 것 자체가 적절한지 알지 못했다. 학교 측이 제안한 금액은 턱없이 부족하고 불만을 제기할 만한 수준이었지만, 긁어 부스럼을 만들고 싶지 않았다. 오히려 좋은 면—특히 내재적 욕구—만 보려고 노력했다. 외국에서 일할 수 있고, 다양한 학문적 경험을 쌓으며, 가족과도 어느 정도 시간을 함께 보낼 수 있고, 무엇보다 새로운 모험을 할 수 있다고 생각했다. 그래서 대세에 큰 지장을 주지 않을 제안—14주 대신 10주로 요청—으로 협상을 일단락했다. 그렇게 계약을 체결한 마이어는 터키에서 10주 동안 뜻깊고 행복한 시간을 보냈다.

어떤 면에서는 양측에게 득이 되는 협상이었지만, 마이어는 터키에 머무는 동안 자신이 합의한 금액이 실제 필요한 액수보다 훨씬 낮고, 다른 교수가 받는 금액보다도 낮으며, 추가 협상을 시도했으면 충분히 받을 수 있을 액수보다도 낮다는 사실을 뼈저리게 느꼈다. 마이어는 다음번에 강의 제안을 받으면, 전과는 다른 방식으로 협상해야겠다고 생각하면서 최대한 금액을 인상하리라 마음먹었다. 첫 번째 협상은 미지의 세계로 모험을 떠나기 위한 발판이었다면, 이제는 본격적으로 진정한 협상을 해야겠다고 생각한 것이다.

본격적 협상

그로부터 몇 달이 지났고, 학장은 마이어에게 다시 접촉하여 가을 학기에 다시 와서 강의를 맡아 줄 수 있는지 물었다. 그런데 의견을 묻는 다기보다는 거의 일방적인 통보였다. 지난 몇 년 동안 사용해온 계약 내용을 그대로 가져온 채, 이미 학장의 서명도 포함되어 있었다. 마이어가 서명한 후 최대한 빨리 보내 달라는 짧은 이메일이 전부였다. 그런데 이번에 마이어는 계약서에 이런저런 수정사항을 기재했다. 금액 부분에 선을 긋고 인상을 요구한다고 적었고, 왕복 항공권을 추가로 요구했다.

그 결과, 보다 실질적인 이메일 협상에 물꼬가 트였다. 마이어는 기존의 금액은 이스라엘에서의 오랜 부재로 인한 기회비용을 보상하기에는 턱없이 부족하다고 설명하면서 임금 인상을 요구했다. 또한 자신처럼 특별임용계약을 체결한 다른 교수들이 자신보다 더 높은 임금을 받는다는 사실도 알고 있다고 학장에게 밝히며, 이렇게 설명했다. "객관적 기준이라고 정의하기에는 모호한 부분이 있습니다만, 저와 유사한 업무를 실시하면서 저보다 더 높은 임금을 받는 교수들이 있다는 사실을 알게 되었습니다. 다만, 구체적으로 어느 교수가 얼마나 더 받는지, 구체적으로 어떠한 업무를 실시했는지에 대해서 아는 바는 없습니다."[4]

결국 마이어의 노력은 결실을 얻었다. 학장은 마이어가 3점까지 과목을 하나 더 맡아 주는 조건으로 50퍼센트의 임금 인상을 제안해 왔다.

---

4) 노암 에브너와의 인터뷰

왕복 항공권도 추가로 지급하겠다고 했다. 마이어는 만족해하며 추가 협상 없이 수용 의사를 밝혔다. 마이어가 더 높은 금액을 제안할 수도 있었지만, 일만 오천 달러로 임금 인상을 약속받고, 과목을 하나 더 배정받았기 때문에, 금전적·비금전적 욕구를 충족이 충족되었다. 업무량이 늘고 임금이 인상되며 시간을 더욱 효과적으로 사용할 수 있다는 점이 만족스러웠다. 강의를 이어갈 수 있다는 점이 특히 좋았다. 게다가 항공권을 추가로 받게 된 것도 금전적·비금전적 욕구를 충족하기에 충분했다. 봉급을 축내지 않고도 학기 중간에 가족과 시간을 보내기 위해 이스라엘로 갈 수 있으니 말이다.

마이어는 터키에 머무는 동안 매우 행복한 시간을 보냈다. 학생들을 가르치면서 교수로서의 다양한 역량을 키울 수 있었다. 수업 외의 시간은 새로운 교재를 만들고, 도서관에서 협상과 분쟁 해결에 관한 전문 서적을 탐독하면서 열정적으로 논문을 집필할 수 있었다.

그다음 해, 마이어는 강의 요청을 다시 받았다. 이번에는 금액 인상을 별도로 요청하지 않은 채 요청을 수락했다. 단, 다음번에도 임금 동결을 수락하진 않을 수 있다고 언질을 주었다. 이번에는 전체 수업 기간을 연장하지 않은 채, 학기 중에 일주일 동안 가족에게 다녀올 수 있도록 일정을 조절해 달라고 요청했다. 학장은 흔쾌히 수락해 주었다. 그래서 한 학기를 4~5주씩 두 번으로 나누고, 중간에 10일은 집에 다녀오는 것으로 합의했다. 학기는 순조롭게 진행되었고, 마이어도 가족과 더 많은 시간을 보낼 수 있어서 만족도가 높아졌다.

다음 해가 되었다. 마이어는 이번에도 계약서를 우편으로 받았고, 계약상의 수치에 선을 긋고 원하는 수치를 기재했다. 학장에게는 이메일로 다음 가을 학기에도 계속 강의하려면 임금을 인상해 주어야 한다고 설명했다. 그가 설명에서 활용한 '객관적 기준'은 정해진 기준이나 목표는 아니었지만, 자신에게는 중요한 부분이었고 객관적으로도 간과하기 어려운 내용이었다. (아내가 셋째 아이를 임신 중인데 곧 출산을 앞두고 있어) 식구가 늘어날 것이라 생활비가 더 많이 들고, 물가인상분도 고려해 달라고 요청했다.

어느 정도 시일이 지난 후, 학장에게서 이메일이 왔다. 경영대학원의 MBA 과정에서 협상 과목도 맡아 주면 임금을 인상해 줄 수 있다는 내용이었다. 마이어는 제안에 관심을 표했고, 학장은 기존 과목 외에 1.5짜리 MBA 과목을 강의하는 조건으로 2,500달러를 인상한다고 제안했다. 이전에 3학점 과목을 추가 배정했을 때 5,000달러를 인상해 주었기 때문에, 1.5 학점은 그 반액을 인상하는 것으로 제안한다고 설명했다.

학장이 경영대학원을 대변하여 협상하는 건지, 마이어를 대변하여 경영대학원과 협상을 하는 건지는 모호했지만, 마이어로서는 만족스러운 제안이었다. 마이어가 경영대학원과 계약을 맺은 경험이 없으므로, 직접 협상하게 된다면 대화를 처음부터 시작해야 하는 번거로움이 있었다. 학장은 마이어의 강의 실력을 경영대학원에 알렸고, 경영대학원에서도 흔쾌히 수락했기에 마이어에게 강의를 제안한 것이다. 반면 마이어는 이전 협상에서 정해 놓은 학점 당 금액을 '객관적 기준'으로 수용해야 하는 원치 않는 상황에 처하게 되었다. 전례를 무조건 따라야 하는 타당한 이유를 찾을 수 없었지만, 그렇다고 마이어와 학장이 그간 쌓아

온 신뢰 관계를 고려할 때, 서로 얼굴을 붉히며 대화를 이어갔다가는 득보다 실이 많을 것 같았다. 마이어는 훗날 이렇게 회고했다. "이전 사례를 기준으로 삼으니 반박하기가 어려웠다. 어쩌겠는가? 나는 요청을 거절하지 않았고, 학장이 제시한 임금 인상분에 감사하고, 경영대학원이라는 새로운 환경에서 가르치는 도전을 받아들이며, 새로운 경험을 통해 배울 점이 많겠다는 결론에 도달했다."[5]

마이어는 학장이 제시한 기준을 수락했다. 그러나 이번에는 경영대학원이라는 제3자가 개입된 것이므로, 학기 중에 집에 다녀올 수 있도록 경영대학원에서 왕복 항공권을 지원해 줄 것으로 요청했다. 가족과 시간을 더 보내고 싶은 마이어의 니즈를 충족하는 동시에, 경영대학원에서도 쉽게 '수락할 만한' 제안이었다. 경영대학원에는 해외 전문가들을 초빙할 때 이동경비를 지원하는 익숙한 관행이 있기 때문이었다.

마지막으로 마이어는 학장에게 수업 기간을 기존의 10주에서 8주로 단축해 달라고 요청했다. 아이가 태어나면서 가족과 더 많은 시간을 보내고 싶었기 때문이다. 마이어가 금전적인 부분에서 쉽게 수락해 주었기 때문에, 기간 단축에 대한 제안을 거절하기가 어려웠다. 결론적으로 마이어는 가족과 더 많은 시간을 보낼 수 있었고, 학장은 경영대학원으로부터 마이어를 소개해 준 것에 대해 감사의 인사를 받았으며, 대학 측은 매우 미미한 추가 비용이 발생할 뿐이었다.

---

5) 노암 에브너와의 인터뷰

이번 사례는 여러 유용한 교훈의 조합이라고 할 수 있다. 누가 사안에 대한 주도권을 쥐고 있는지, 객관적 기준이 얼마나 중요한지, 문화적 기준의 역할이 무엇인지, 더 나은 협상을 위해 신뢰 관계를 구축하는 것이 얼마나 중요한지를 다루고 있다.

교훈 1: 상대를 자신이 원하는 방향으로 이끄는 동인
―사안의 제시 방식과 협상의 주도권 확보

협상에서 주요 사안을 '어떻게' 제시할 것인지에 대해 많은 고민이 필요하다. 제시하는 방식에 따라 협상 상대의 마음도 무의식으로 따라갈 수 있기 때문이다. 마이어가 언급했듯, 그의 집으로 매년 계약서가 우편 발송되었다. 그가 서명란에 서명만 하면 되도록 모든 정보가 기재되어 있었다. 용지는 두껍고 값비싼 고급 용지였고, 상단에는 대학 이름이 박힌 레터헤드가 있었고, 그 옆에는 총장의 이름과 사무실의 주소가 금박으로 특별 제작된 또 다른 레터헤드가 있었다. 계약서에는 대학 총장의 서명이 이미 기재되어 있었다.

매년 마이어는 계약서에서 단어와 수치에 선을 긋고 새로운 내용을 삽입한 검토본을 보낼 때마다 아쉬움을 토로했다. 계약을 문서로 만들기 전에 논의를 거쳐서 최종 합의한 내용을 계약에 삽입하면 훨씬 더 수월하겠다는 생각이었다. 마이어는 양측이 서로 멀리 떨어져 있으므로 최대한 간단하게 일 처리를 하려고 그러는 것으로 생각했다.

마이어는 그 대학에서 3~4년 강의를 한 후가 되고 나서야 대학의 동료 교수에게 이러한 방식에 관해 얘기를 꺼냈다. 그랬더니 동료는 "저한테도 그런 방식으로 계약서를 보내더라고요. 모든 교수에게 그렇게 하는 거로 알고 있습니다."라고 말했다. 마이어는 놀라움을 금치 못했다. 일 처리를 왜 이렇게 비효율적으로 하는지 의아해하면서, "우편 발송 받은 계약서를 수정해서 다시 보내거나, 임금 인상을 직접 구두로 제안한 후에 새로운 계약서를 발송해 달라고 하는 게 비효율적이지 않나요?"라고 말했다. 동료 교수는 깜짝 놀랐다. "수정한다고요? 저는 그냥 서명해서 사무실에 제출하고 마는데요. 다들 그렇게 해요!"[6]

마이어는 그의 얘기에 충격을 받았다. 교수들이 이미 학장과 총장의 서명이 기재된 계약서를 보면서 협상하는 것 자체가 번거롭고('이미 인쇄되어 발송된 계약서인데, 수정을 요구하면 재발송을 해야 하니, 차라리 포기하자'), 비용을 초래하며('금박이 들어간 계약서를 버리고 새로 작성하게 할 수는 없지 않은가'), 자원 낭비이고('이 종이는 이렇게 두껍고 질긴데, 새로운 계약서를 인쇄하려면 나무 네 그루는 들어가겠네'), 의리를 저버린다고 생각한다('학장에게 대학 총장에게 찾아가 '아무개 교수가 저번에 총장님이 서명한 계약을 거부했다고 합니다'라고 말하게 할 것인가?').[7] 반대로 발송 받은 계약서에 서명만 하면 굳이 이런 고민을 하지 않아도 된다. 이렇게 심리적 요소를 자극하여 학장은 매년 수십 건의 협상으로 골머리를 앓을 필요도

6) 노암 에브너와의 인터뷰
7) 노암 에브너와의 인터뷰

없고, 임금 인상에 투입될 비용도 절감할 수 있게 된다. 그러나 임금 인상을 요청한 마이어는 협상 자체가 필요 없고 거의 반자동이 되어 버린 '계약 갱신' 시스템에서 벗어나 학장과 본격적으로 '계약 협상' 테이블에서 마주한 것이다.

 ## 교훈 2: 프레이밍의 위력과 협상의 여지

계약의 프레임의 주도권을 갖는 것, 계약 협상에서 "계약은 제가 작성하겠습니다." 혹은 "우리 회의의 요약본은 제가 정리하겠습니다."라는 발언을 할 수 있다는 것은 미묘하지만 유리한 고지에 있음을 암시한다. 이번 사례에서는 몇 차례에 걸쳐 협상을 이어가는데, 자신이 원하는 방향으로 제안과 선택지를 제시하는 과정을 보여주면서, 자신의 제안이나 요청을 객관적 기준처럼 타당하게 여겨지도록 진정성을 전달하고 있다. 계약의 갑을 관계에서 대부분 사람은 갑의 제안을 이의 없이 받아들이거나, 마음에 들지 않으면 아예 결렬하려는 태도를 보일 뿐, 제안 내용을 수정하거나 변경할 엄두를 못 내는 편이다. 그러나 그중에는 원하는 바를 요구하고 협상의 여지를 만들며 결국 가치를 획득해나가는 사람들도 있다.

 ## 교훈 3: 객관적 기준을 확보·이용하면 협상에서 유리하다

효과적인 협상에 필수적인 요소가 객관적 기준이다. 마이어가 설명했듯, 협상 단계 초반에 그에게는 업계 표준 임금에 대한 객관적

기준이 없었고, 그렇기에 첫 번째 협상에서 아무런 주장도 펼치지 못했다. 그 결과 그는 충분히 노동의 대가를 인정받지 못한 채 계약을 이행했다. 그러나 시간이 지남에 따라 마이어는 문제의식을 느끼게 되었고 자신의 주장을 펼치기 위해 객관적 기준을 이용하게 되었다. 그 결과 장기적으로 더욱 효과적인 협상을 하는 데 원동력이 되었다.

교훈 4: 하나의 협상이 예상치 못한 결실과 함께 또 다른 협상으로 이어지다

마이어가 학장과 진행했던 초기 협상은 결국 경영대학원으로의 진출과 연이은 협상으로 연결되었다. 마이어가 분쟁 해결 과정에 대한 강의를 완료하고 몇 년이 지난 후에, 경영대학원은 마이어에게 주말 최고경영자과정에서 협상 과목을 강의해 달라고 요청했다. 마이어는 기존 계약 조건에서 벗어나 협상 과정을 완전히 '리셋'할 수 있었다. 이전처럼 '할인된 금액'에 한 과목씩 추가되는 방식이 아니라, 적정 수준의 임금을 요구했고, 경영대학원 행정실에서도 그 요구를 거절할 명목을 찾지 못했다. 학교 측은 신뢰 관계를 중시하며, 금액을 하향 조정할 생각조차 하지 않고 기꺼이 제안한 금액을 지급했다. 마이어는 그 대가로 학교에서 원하는 일정 조율에 기꺼이 대응했다.

교훈 5: 협상의 바퀴가 잘 굴러가게 하는 기름칠의 역할을 하는 것이 바로 신뢰 관계다

마이어는 "신뢰 관계가 성립되는 순간 계약서상의 수백만 단어가 해내지 못한 일이 가능해진다."라고 말했다.[8] 마이어와 경영대학원의 관계는 매번 상호존중과 상호호혜적인 계약 협상을 진행할수록 무르익게 되었다. 신뢰 관계는 계약상의 난제에 관한 협상뿐 아니라 중요한 사건에 직면해서 극복할 수 있도록 힘을 실어준다.

터키와 이스라엘의 분쟁이 정점에 달하여 터키에서의 안전이 보장되지 않는 상황에서 과목을 완결 짓지 못하고 지연하기로 했을 때 첫 번째 사건이 일어났다. 경영대학원은 학교와 학생들의 불편함을 무릅쓰고 그의 결정을 지지해 주었고, 과목을 완결하기 위해 몇 달 후에 복귀했을 때도 크게 환대하며 맞이해 주었다.

몇 년 후 어느 날 마이어는 주말 수업을 강의하고 있었다. 두 개의 수업이 연이어 있었는데, 두 수업 사이에 쿠데타 세력과 정부 간의 무력 충돌이 일어났다. 정부가 신속하고 결단력 있게 억압 조치하여 쿠데타는 미수로 그쳤지만, 긴장과 공포는 최고에 달했다. 이 상황에서 마이어는 다음 날 학생들과 대학원에 대한 사명감에서 공포와 충격이 가시지 않은 학생들에게 힘을 실어주는 분위기를 만들었다. 게다가 다음 주말 터키로 돌아와서 계획대로 남은 진도를 완수했다. 치안이 최악으로 치닫고, 다른 교사·기업인·엔터테이너·외교관들이 연이어 터키행을 취소하는 상황에서도 학교로 복귀했다.

---

8) 노암 에브너와의 인터뷰

　마이어는 훗날 협상과 신뢰 관계가 불가분의 관계라는 점을 강조했다. "매번 협상할 때마다 우리의 신뢰 관계가 성숙해간다는 느낌이었다. 계약서를 작성할 때 아무도 예상 못 한 위급한 상황이 실제 벌어졌을 때, 그 간극마저 메울 만큼 우리의 신뢰 관계는 공고했다."9)

---

9) 노암 에브너와의 인터뷰

I

결론

결론

"나뭇가지가 구부러졌다는 사실을 가장 확실히 알려주는
방법이 있다. 말로 설명하거나 반대 주장을 비난하지 않고 아무 말
없이 일자로 된 나뭇가지를 그 옆에 두면 된다."

— D. L. 무디D. L. Moody*

배경 설명과 협상에서의 도전과제 / 협상 준비 / 본격적 협상

이 책에는 무디의 명언이 그대로 녹아 있다. 나는 사람들에게 협상의
가치를 굳이 말로 설명하지 않는다. 일련의 실제 협상 사례를 소개하며
협상의 유용함을 보여주고자 할 뿐이다. 독자들은 각종 용례를 통해 난
제들을 어떻게 풀어 가는지, 협상 담당자들이 문제 해결에서 어떠한 역
할을 수행했는지를 쉽게 파악할 수 있을 것이다. 일반인들이 협상을 떠
올릴 때 그 효용성이 매우 제한적인 과정이라는 인식이 팽배하기 때문
에 이렇게 각종 사례를 소개하게 되었다. 이 책의 사례를 접하고 나서는
기존 편견이 어느 정도 사그라들 것이다.

이 책에서는 주로 전개되는 협상 방식이 명확히 드러나도록 사례들
을 소개했다. 또한 각 사례에 관해 배경 설명과 협상 준비 단계를 소개

* https://www.azquotes.com/quotes/topics/negotiation.html

했다. 협상 준비 단계는 어떠한 협상에서도 절대적으로 중요하지만, 충분히 시간을 할애하지 않는 단계이기도 하다. 협상 준비 단계를 거치면, 협상 당사자들은 여러 차례 만나 사안을 해결하기 위해 함께 방안을 물색하거나 양측에 득이 되는 협상을 성사시키기 위해 노력한다. 이 단계를 거친 후, 본격적 협상을 소개하고, 마지막으로 협상을 통해 파악한 핵심 교훈을 소개한다.

흩어진 퍼즐 맞추기:
협상 담당자들을 빛나게 하는 다섯 가지 협상 원칙

배트나를 개선하는 과정에서부터 문화적 차이에서 비롯되는 문제를 해결하는 구체적인 교훈들이 각 사례에 녹아 있지만, 모든 사례를 관통하는 핵심 요소들이 있다.

이 책의 초반에 언급된 다섯 가지 원칙들을 다음에서 거듭 강조한다. 훌륭한 협상가들로 만드는 비결이기 때문이다. 이후에서는 각 원칙이 적용된 사례도 재조명한다.

원칙 1: (단순한 계획 마련보다는) 준비 작업에 심혈을 기울여라

이 책에서 소개한 모든 사례의 공통점은 협상 당사자들이 심혈을 기울여 준비 작업에 임했다는 점이다. 각자에게 맞는 협상 접근법과 핵심 이해관계에 대해 철저히 분석하고, 상대와 그들의 니즈, 전반적인 상황,

고려해야 할 핵심 전략과 구도에 대해 배경 조사도 했다. 철저한 준비 끝에 협상가들은 기회를 보았고, 이전과는 다른 건설적인 방향으로 협상 과정을 바라보게 되었다. 창의적인 해결책을 도출시킨 철저한 준비 작업이 잘 나타난 사례들을 기억할 것이다.

중국의 독점 협력 업체 사례에서, 특정 장비에 대한 합리적 가격을 협상해야 하는 상황에서 (제9장), 철저한 준비는 협상을 성공으로 이끈 주요 요소였다. 컨설턴트는 이노어그리 팀에게 미션을 주었다. 독점 협력사인 솔란타르가 사업을 접는다고 가정하면, 어떻게 이노어그리의 배트나를 개선할 것인지 생각해 보라는 것이었다. 그들은 배트나를 개선하기 위해 그들 앞에 놓인 주요 사안에 대해 전과는 다른 각도로 3일 밤낮을 연구하고 생각했다. 결국 솔란타르에 꿀릴 것이 없는 평등한 위치에 서서, 보다 효과적으로 협상할 수 있었다.

유명한 DEFA 영화제작사의 매각에 관한 독일 사례는 (제13장) 준비 작업의 중요성을 극명하게 보여준다. 이 영화 제작사를 매입할 의향이 있던 프랑스 기업 CGE는 영화제작사의 모기업인 AT에 관해 방대한 연구를 하고 그 기업의 주요 이해관계를 파악해야 했다. AT의 요구와 타협 불가능한 조건에 대해 자세히 파악하지 않으면, 합의점을 찾기가 모호한 상황이었다.

마지막으로 재활용 기업 램블링 리사이클러즈 사례를 떠올려 보자. 이 기업은 '세이보리 그레인 프로덕츠'라는 훨씬 더 큰 기업의 대리인으로 협상도 담당하게 되었다 (제7장). 램블링 리사이클러즈는 세이보리 그레인 프로덕츠의 이전 협력사인 AL 리커버리와 '순조로운 협상 진행'과

'사업적 관계 확장'의 두 가지 미션을 균형적으로 추진해야 했다. 램블링 리사이클러즈가 준비를 철저히 하지 않고, AL 리커버리에 중요한 가치를 가져올 요소를 파악하지 못하며, 협상 파기의 가능성을 열어 두었다면, AL 리커버리와 장기적으로 상호호혜적 관계를 구축할 수 없었을 것이다.

원칙 2: 마음가짐, 그리고 관계 발전의 중요성

두 번째 원칙은 여러 사례를 통해 나타난 것처럼 협상가의 마음가짐이 얼마나 중요한지를 강조한다. 양측이 협상에서 승패를 결정할 만한 기회는 아주 많았다. 그러나 양측은 승패를 나누지 않고 서로 득이 되는 방안을 모색했다. 협상 결과에 대한 심적 부담이 큰 상황에서는 쉽지 않은 일이다. 그 마음가짐이 협상의 성공에 씨앗이 되어 준 몇몇 사례를 상기해보자.

상호명이 비슷한 두 개의 비영리단체—'아이들을 위한 라이프 케어 인터내셔널Life Care International for the Benefit of Children, LCIBC'와 '라이프 케어 인터내셔널Life Care International, LC'—의 사례는 마음가짐의 중요성을 확실히 보여준다. 양측은 최대한 해결책을 찾으려고 노력했지만, 초반에는 법적인 틀에 갇혀 창의적인 사고를 제대로 할 수 없었다. 그러나 중재인이 투입된 후부터는 협상이 일사천리로 진행되었다. 중재인이 기존과 다른 관점에서 상황을 바라보며 몇 가지 가정에 의문을 제기한 것이다. 중재인의 단순하지만 통찰력 깊은 질문은 문제 해결에 필요한 전환점을 마련해 주었다.

뉴욕의 작은 의류 회사 에크루의 임원은 인데고프로와 협상을 성사시키기 위해 인도까지 직접 찾아간 사례(제17장)는 기업 간의 신뢰 관계가 얼마나 중요한지 나타낸다. 엄밀히 말해 인데고프로의 규모가 훨씬 더 컸지만, 양사는 궁극적으로 협상에 대해 협업적 접근을 취했다. 에크루의 대표 하워드 쉬어가 협상을 성사시키기 위한 정성을 몸소 보여주었기 때문이다. 양측 관계에 대한 그의 헌신과 투자는 상대에게 진정성 있게 여겨졌고 협력적 접근을 이끌어냈다.

마지막으로 모기업 만토사르에 인수된 직후 분사한 소형 기술 기업 콘트렉소의 사례다(제5장). 그 과정에서 소송의 위협과 값비싼 대가를 치러야 했지만, 양측은 일련의 난관을 극복하기 위해 최선을 다 했고, 개인적 친분이 깊었던 양측 임원들의 인맥이 큰 작용을 했다. 타협할 수 없을 것만 같았던 상황에서 깊은 신뢰 관계를 통해 돌파구를 마련하여 양측이 윈윈win-win하는 협상을 성사시킬 수 있었다.

원칙 3: 창의적인 문제 해결 방식

이 책에서 소개하는 거의 모든 사례가 창의적 문제 해결 방식을 토대로 전개되었지만, 그중에서도 이러한 태도가 없었다면 타결할 수 없었을 사례들도 있다. 상대를 우리 회사의 앞길을 막는 적으로 간주하는 '입장적 협상'으로 번질 수 있는 경우들이다. 다행히 당사자들은 그 함정을 피해 자신들의 목표를 달성할 수 있었다. 아프가니스탄에서 발상한 복잡한 협상 사례도 그중 하나다(제19장). 유엔 인권 팀으로 어떤 사건이 접수되었는데, 관련 정보가 턱없이 부족한 상황이었다. 그러나 유엔 팀은 증거를 수집하면서 여성들이 강제 수용되어 부적절하게 악용되고 있다는 정황을 파악하게 되었다. 20명의 목숨이 걸려 있는 상황에서 어떠한 조처를 할 것인지를 쉽게 결정할 수 없었다. 유엔 팀은 협상에서 상대 팀에게 단호한 태도를 보이는 대신—그렇게 하고 싶은 마음이 굴뚝같았지만—창의적인 방법으로 문제를 해결하고 범법자들이 끝까지 체면을 유지하면서 상황을 종료해야 한다고 직시했다. 이러한 접근이 없었다면 여성들은 비극적 운명을 맞이하고도 남았을 것이다.

이제 캐나다로 눈을 돌려 보자. 레이저 기술을 활용한 기기를 개발하던 캐나다 회사 CXX는 힘든 결정을 내려야 하는 상황에 처했다(제16장). 추진해오던 프로젝트가 CXX가 기대했던 방향으로 전개되지 않았다. CXX는 중국기업 메뉴픽스와의 계약을 파기하고 원점으로 돌아갈 수도 있었다. 그러나 CXX는 창의적 문제 해결 방식을 적극적으로 활용했고, 메뉴픽스가 감당하지 못한 업무를 해결하기 위해 제3의 기업 '라조'를 투입했다. 결과적으로 CXX는 적시에 프로젝트를 성사시켰고, 모든 당사자가 얼굴을 붉히는 일 없이 순조롭게 사업을 이어갈 수 있었다.

같은 맥락에서 DOAR 사례를 떠올려 보자. DOAR은 큰 소송 사건에 대해 전문가 증언 자문을 법률사무소에 제공하는 업무를 담당하는 기업이다(제6장). 책임면제조항에 관한 법적 이슈가 법무법인 파인앤휘트니에 의해 제기되었다. 파인앤휘트니는 DOAR을 통해 전문가를 기용하고자 했다. 두 회사가 팽팽한 견해를 내놓자, DOAR은 배트나를 자세히 검토했고 결국 난국을 타개할 수 있었다. 창의적인 사고를 통해 DOAR은 파인앤휘트니가 직접 전문가와 계약을 하도록 하고, 전문가와는 별도로 계약을 맺어 두 회사에 득이 되도록 했다. 죽어가던 협상의 잔재에서 남은 불씨를 살려 내어, 3자 모두가 만족할 수 있었다.

원칙 4: 협상에서의 감정 관리

앞서 논의했듯 협상에서 가장 큰 걸림돌은 협상 절차의 감정적인 부분이다. 감정만 거두어 내더라도 협상 과정은 훨씬 더 단순해질 수 있을 것이다. 그러나 모든 협상에서 나타났듯 현실적으로 불가능한 일이다. 윌리엄 유리가 즐기는 말이 있다.

"주도적으로 감정적 요소를 다스리고 통제하지 않으면 감정이 당신을 통제할 것이다."

즉, 감정에 휩쓸린다는 의미다. 그렇게 되면 감정에 압도되고 비생산적이고 자멸적인 협상이 된다. 역으로 협상 당사자들이 생산적으로 감정을 다스릴 줄 알면, 만족스러운 결과를 얻는다.

한편, 억만장자 디니즈와 나오우리의 사례를 떠올려 보자. 두 사람은 큰 비용을 초래한 잔인한 쟁탈전과 같은 중요한 국제협상에 휘말려 있었다(제10장). 협상이 삐걱거리기를 반복하면서 언론에 공개되자, 상황은 순식간에 통제할 수 없는 수준으로 악화되었다. 결국 서로에 대한 모욕과 비방이 난무하는 진흙탕 싸움으로 번졌다. 그러던 중 협상의 달인 유리가 투입되고 나서 상황은 변화하기 시작했다. 유리는 협상의 안건에 집중하기보다는 두 남자의 내재적 욕구와 얽힌 감정적 고리를 읽어내고자 했다. 깊은 내재적 욕구가 수면 위로 올라오자, 유리는 양측이 묵은 감정을 내려놓고 생산적인 차원에서 상황을 바라볼 수 있도록 유도했다. 협상에서 짓밟혀진 '자유와 존엄성'을 정상으로 돌려놓는 데 심혈을 기울였다. 자유와 존엄성을 간직하고자 하는 욕구가 충족되어 양측은 안도의 한숨을 쉬었고 협상도 일사천리로 해결되었다.

효과적으로 감정을 다스리는 것이 협상의 핵심이었던 또 다른 사례가 있었다. 인질범 빌과 인질 협상가 니콜과 그녀의 팀이 참여한 협상이었다(제23장). 이 사례에서 빌은 사회에 불만이 많았고, 법 집행 당국과 정부 기관에 울분을 표출했다. 그의 분노와 좌절의 골은 매우 깊었다. 이때 협상 전문가 니콜은 빌의 감정에 공감해 주었고, 결과적으로 빌은 아무도 해치지 않고 자신의 감정을 표출할 수 있었다. 그가 감정을 쏟아낸 후에도 니콜은 그를 판단하지 않았다. 그때부터 협상 분위기는 우호적으로 변했다. 니콜은 빌이 잠시 한 발짝 물러나서 생각해 보도록 유도하며, 바리케이드 밖으로 나오도록 했다. 이 경우처럼 감정을 다스려 평정심을 찾는 것은 우리 모두가 기억해야 할 중요한 시사점이다.

마지막으로 유럽의 한 국가에서 아버지 마르셀과 아들 루이의 협상을 생각해 보자(제15장). 경영권 인계와 루이가 가족 사업에 참여하는 조건에 관한 협상 사례다. 부자간에 오랜 세월에 걸쳐 묵은 상처가 곪아 터지는 바람에 협상이 진전될 수 없는 상황이었다. 그러나 컨설턴트가 투입되어 아버지와 아들이 서로에 대한 상처를 털어놓고 속 깊은 얘기를 나눌 수 있도록 도와주었다. 서로에 대한 깊은 상처를 어루만져주는 단계에 이르자, 서로의 니즈를 만족할 수 있도록 경영권에 대한 협상을 보다 편안하게 진행할 수 있었다.

원칙 5: 협상에서 숨은 진주 파헤치기

이 책의 모든 사례를 관통하는 협상 성공의 비결이 있다. 협상에서 숨은 차원과 양측의 내재적 욕구로 파고드는 개념이다. 수면 밑에서 어떠한 일이 일어나고 있는지 파악하지 못하는 협상가는 협상의 단서를 놓치는 셈이다. 협상에서 숨은 진주를 파헤치는 것이 문제 해결의 관건이었던 몇몇 사례를 떠올려 보자.

첫 번째 사례는 알루미늄을 생산하는 중동의 아이언 웍스, 그리고 먼 국가에서 원자재를 운송하는 선사 씨번 트레이딩 간의 관계에서 눈에 보이지 않은 주요 요소를 다룬다(제11장). 아이언 웍스는 협상 과정에서 숨겨진 부분을 파헤쳤다. 특히 씨번 트레이딩이 귀로 항로, 즉 백홀 영업에서 큰 이익을 취한다는 사실도 밝혀졌다. 아이언 웍스가 전반적인 사실관계를 파악하게 되면서부터 양측의 관계는 급변하게 되었다. 게다가 아이언 웍스는 씨번 트레이딩의 과오를 일부 파악하게 되어, 이것을 빌미로 양측은 상호 만족할 만한 해결책에 접근할 수 있었다. 이 두 가지 문제가 수면 위로 올라오지 않았다면, 새로운 협상이 성사되긴 힘들었을 것이다.

내재적 이슈에 집중한 두 번째 사례는 한국 기업 카이앰미와 독일 회사 분다스코프의 상이한 문화가 충돌한 사례에 관한 것이었다(제18장). 이때 비가시적인 차원은 문화적 요소와 협상에서 상대로부터 기대하는 반응에 관한 것이었다. 안타깝게도 이와 같은 비가시적 요소는 수면 위로 드러나지 못했지만, 결국 양측은 합의점에 도달할 수 있었다. 그러나 양측 모두에 가장 생산적인 해결책은 아니었다. 분다스코프가 상대측의 문화적 기준을 파악하고 이해했다면, 협상은 양측이 더욱 만족하는 방향으로 다르게 마무리되었을 것이다.

협상의 숨은 측면을 파악하는 것이 성공의 관건이었던 마지막 사례는 두 회사의 합병 사례였다. 아미티와 브랑코는 합병을 성사시켰지만, 양측이 동등한 위치에서 합병된 것은 아니었다(제2장). 합병 후의 현실은 예상치 못한 변화를 가져왔다. 아미티가 인수대상 기업인 브랑코의 각 사업 부문에 대해 비용을 청구하기로 한 것이다. 브랑코가 생각지도 못한 막대한 비용을 지불해야 하는 상황이 되었다. 아미티는 양측의 컴퓨터 시스템을 비롯한 각종 기술을 표준화하는 비용이라고 설명했다. 양측의 이견이 팽배해질수록 긴장감이 증폭되었다. 그러던 중 브랑코의 직원 한 명이 수면 밑의 상황을 살피고, 양측의 내재적 이해관계에 기반한 혁신적인 해결책을 도출하자 상황은 개선되기 시작했다.

종합적 결론

다섯 가지 원칙을 적용한다고 해서 모든 협상이 성공적으로 전개된다는 보장은 없다. 단 협상가들이 목표를 달성할 가능성을 훨씬 더 높이는 데 크게 이바지할 수 있을 것이다. 이 책에서 다양한 사례를 접한 독자라면, 협상의 뚜껑을 열기 전까지 확실한 요소와 불확실한 요소가 공존한다는 점을 파악할 것이다. 나는 동료인 하버드 경영대학원의 마이클 휠러Michael Wheeler에게서 배운 '80:20 협상법'을 따르려고 노력한다.

협상에 대해 만반의 준비를 하면 80퍼센트 정도는 예측할 수 있다고 생각한다. 나머지 20퍼센트는 아무리 준비를 많이 하더라도 순발력을 발휘하여 대응 및 적용해야 한다는 것이다. 이 책 전반에 걸쳐 강조했지만, 현실적으로 항상 불완전한 정보를 갖고 협상에 임하기 때문이다.

따라서 이 책에서 소개하는 사례들은 효과적인 협상이 다양한 방식으로 나타난다는 점을 시사한다. 전혀 예상치 못한 협상 해결책이 창의성과 끈기를 통해 도출되기도 한다. 해결책이 없다고 판단하거나 극복할 수 없는 걸림돌을 마주한다고 생각하는 순간에 획기적인 해결책을 도출하는 때도 많다. 따라서 포기하지 않길 바란다. 해결책을 찾겠다는 강력한 의지와 찾을 수 있다는 믿음이야말로 협상을 성공으로 이어줄 밑거름이다.

독자 여러분에게 전하는 내 조언은 두 가지 문구로 단순하게 요약할 수 있다. 끊임없이 창의적 사고를 유지하라. 그리고 절대 포기하지 말라.

┃ 감사의 글 ┃

가족의 도움이 없었으면 이 책은 세상의 빛을 보지 못했을 것이다. 아내 아디나와 아이들—카일라, 에일리, 테일라—은 내가 계속 전진할 수 있는 원동력이었고, 끈끈한 가족애은 더할 나위 없는 힘이 되었다. "당신과 너희들의 웃음과 사랑은 나의 비타민이 되었고, 내가 주저앉고 싶은 순간에는 채찍질이 되었어." 부모님—얼과 비키 와이즈—은 배움에 대한 애정과 성공을 향한 도전정신을 길러 주셨다. 부모님의 이끄심, 헌신, 격려가 없었다면 오늘날의 나도 없고 지금 하는 일도 할 수 없었을 것이다. 여자 형제 일라나도 수년에 걸쳐 한결같이 나를 응원해 주었다. 응원은 큰 힘이 되었고, 평정심이 가장 필요한 순간에 편안한 마음을 갖게 해 주었다.

나의 친척들도 이 책이 나오기까지 소중한 제안과 의견을 주었다. 마크 엘펀트, 웬디 스코필드, 메리 제인 엘펀트, 아담 엘펀트, 수잔 & 베리 레반트, 자레드 & 샬리아 레반트, 제레미 & 레이첼 매티스, 레베카 레반트 & 니르 자드거, 사라 레반트 & 야이르 테일러, 로버트 코헨, 데이비드 리스윅에게 고마움을 전한다.

내가 존경하는 동료이자 선배 윌리엄 유리에게도 특별한 내 마음을 전하고 싶다. "이 책을 쓰기까지 선배님께 얼마나 사무치도록 고마운지 말로 표현을 다 못할 것 같습니다. 무엇보다 내가 이 일을 할 수 있도록 물심양면으로 도와주신 것에 진심으로 감사드립니다. 제가 성장하고 발전하도록 힘을 실어준 위대한 멘토이십니다. 저에게 당근과 채찍을 사용해야 할 타이밍을 정확하게 아셨기에, 제가 자극을 받고 성공하며 때로는 실패할 수 있었습니다. 무엇보다 선배님은 이해 기반 중심의 협상과 성공적인 갈등 해결 원칙들을 그 누구보다 열심히 실천하기 위해 최선을 다해 오셨습니다. 말이 아닌 행동으로 나가야 할 길을 보여주고 계십니다. 수년에 걸쳐 느끼고 있는 부분이지만, 말이 아닌 행동으로 모범이 된다는 것이 어쩌면 살면서 가장 힘든 일 중 하나인 것 같습니다."

이 외에도 이 분야의 친구와 동료들이 이 책에 대해 소중한 의견과 제안을 해 주었다. 브라이언 블랭크, 세스 프리판, 데이비드 하스, 쉴라 힌, 리자 헤스터, 제롬 벨리온-쥬르당, 토마스 로퍼, 멜리사 맨워링, 티모시 머레이, 조 나바로, 제임스 오브라이언, 제임스 세베니우스, 다니엘 샤피로, 로빈 쇼트, 이반 쇼커, 더글라스 스톤, 앤써니 와니스 세인트 존, 스테판 세페시, 스캇 틸레마, 미카엘 휠러에 특별히 고마움을 전한다.

이 책에 등장하는 사례들에 대한 모든 기고자가 없었다면 이 책이 출판될 수 없었을 것이다. 내게 이 이야기들을 들려주고 각 사례에 내재된 함의를 파악하도록 도와준 내 친구들과 동료들에게 깊은 감사를 전한다. 개인정보 보호를 위해 개별적으로 이름을 다 열거할 수 없지만, 그들이 없었다면 이 책은 세상 밖으로 나오지 못했을 것이다.

마지막으로 수년 동안 나의 트레이닝을 받은 모든 사람과 내가 학교에서 가르친 수많은 학생을 빼놓을 수 없다. "여러분은 내가 여러분에게 협상에 관해 가르쳐 드린 것만큼 저에게도 가르침을 주었어요. 때로는 어렵지만 깊이 있는 질문들을 끊임없이 해 주어서 나도 여러분과 함께 고찰하면서 성장할 수 있게 되었어요."

전문 용어

핵심적인 협상 용어(알파벳 순으로 표기)를 알면 가장 효과적으로 이 책의 사례들에서 교훈을 얻을 수 있을 것이다. 친숙한 용어들도 많겠지만, 생소한 개념도 있을 것이다.

에이전트Agent

상대측과의 협상에서 개인이나 법인을 대변하고 대리하는 개인이나 법인을 뜻한다. 에이전트는 자신이 담당하는 측을 대신하여 행동할 수 있는 전적 혹은 부분적 권한을 지닐 수 있다.

대안과 배트나Alternatives and BATNA (Best Alternative to a Negotiated Agreement)

상대측과 협상 합의점에 도달할 수 없을 때 취할 수 있는 모든 행동을 뜻한다. 협상에서는 여러 대안이 있을 수 있다. 복수의 대안이 있을 때, 어느 대안이 가장 효과적인지 결정하는 작업이 중요하다. 최상의 대안을 '배트나(협상이 결렬되었을 때 취할 수 있는 최상의 대안)'라고 한다. 배트나는 협상 참여자가 앞에 놓인 여러 가능성을 비교 타진하여, 특정 상황에서 최상의 노선을 선택하도록 힘을 실어준다. 배트나의 주요 특징은 상대의 결정에 전혀 영향을 받지 않는다는 점이다.

정박 혹은 앵커링 효과Anchoring

특정 기준점에서 협상의 프레임을 정해 놓고, 그 정박지점에서 대화를 진행하려는 노력이다. 앵커링은 협상 초반에 나타나는 경우가 많으므로, 첫 번째 제안(최초의 제안, First offers)과 관련성이 높다.

열망점Aspiration point

협상에서 추후 양보concession할 것을 감안하고 부풀린 수치를 제안하는 경우다. 어떠한 협상에서도 가장 달성하기를 바라는 이상적인 수준이다.

양보Concessions

협상에서 맞교환trade off을 뜻한다. 합의점에 쉽게 도달하도록 주요 사안들에 대해 굴복하거나 타협하는 경우다.

분배적 협상Distributive negotiations (혹은 입장적 협상Positional negotiations)

한 측이 다른 측의 손실을 일으키며 얻는 경쟁 전략이다. 대개 가격과 같은 단일 사안을 협상하는 데 주력하고, '흥정'과 '네고' 중심적이다.

파이 키우기Expanding the pie

협상에서 가치를 창출하는 행동에 대한 비유를 일컫는다. 어떠한 협상이건 궁극적으로 배분해야 하는 자원의 '파이'가 존재한다. 협상에서 상대가 중요시하는 부분이 무엇인지 파악할 수 있다면, 파이를 배분하기 전에 키울 수 있어서, 모든 참여자가 더 큰 조각의 파이를 가져갈 수 있다.

최초의 제안First offers

협상 담당자가 상대측에 협상 초기에 제안하는 내용이다. 그 개념 자체는 매우 단도직입적으로 해석할 수 있지만, 최초의 제안에 대한 진행 여부는 논란의 대상이다. 첫 제안을 무조건 받아들여야 한다고 생각하는 협상 담당자들도 있다. 항상 첫 제안의 운을 떼는 사람들은 자신들의 기준으로 협상의 틀을 잡아 놓고자 한다. 반면, 첫 제안을 절대 하지 않는 사람들은 협상에 대한 정보를 수집하고 충족해야 하는 변수 혹은 조건parameter 리스트를 결정짓고자 한다.

협상의 프레임 만들기 혹은 프레이밍Framing

협상 절차의 일부 요소가 일방에 유리한 상황에서 협상에 대한 관점이나 협상을 진행하는 방식을 의도된 틀 속에서 인식하게 하는 심리 전술이다. 협상의 안건을 재정비하고 집중할 사안을 결정짓는 행동이기도 하다.

잠시 한 발짝 물러나서 생각해 보기

원어를 직역하면 '발코니로 가다'를 의미하는 이 표현은 로널드 하이페츠 Ronald Heifetz의 《하버드 케네디 스쿨의 리더십 수업Leadership Without Easy Answers》에서 처음 제안되었다. 큰 그림을 보기 위해 상황에서 한 발짝 물러선다는 의미다. 나무보다는 숲을 보고, 무엇보다 협상의 정서적 차원을 다스리기 위한 행동이다.

통합적 협상Integrative negotiation (혹은 원칙적 협상principled negotiation, 이해관계 중심의 협상)

통합적 협상은 논의할 사안이 많고 협상 측 간에 장기적 관계를 맺을 때 택하는 방식이다. '통합적'이라는 말에서 나타나듯 내재적 이해관계를 이해하고 창의적 문제 해결을 통해 모든 참여자의 목표를 통합한다는 취지를 갖고 있다.

이해관계 혹은 이익Interests

이해관계 혹은 이익이란 각자의 입장의 기저에 있는 진정 바라는 바이고, 협상에서 일련의 '사실what' 이면의 '이유why'이기도 하다. 협상에서 사람들이 품고 있는 숨은 의도로 간주하기도 한다. 협상의 수면 밖으로 나오지 않고 밑에 잠복해 있는 경우가 많고, 깊이 파고들어야 파악할 수 있다. (예산이나 돈을 비롯한) 가시적인 형태와 (존중과 체면과 같은) 비가시적인 형태로 나타날 수 있다.

서로 밀어주기 Logrolling

협상테이블에 놓인 여러 이슈를 '맞교환trade off'하여 양보함으로써 각 측이 자신의 가치를 극대화하는 방법이다. A는 B측에 A보다 B가 더 가치 있다고 여기는 것을 제안한다. 역으로 B는 비슷하게 화답한다.

중재 Mediation

협상 지원의 수단으로 간주되는 중재는 제3자가 협상 당사자들이 해결책을 도출하도록 협상의 갈등을 해결하는 데 도움을 주는 과정이다. 다양한 부류의 중재자가 있지만, 미국에서는 협상 과정에 집중하면서 양측이 직접 해결책을 찾도록 도와주는 방식이 가장 보편적이다. 중재자들은 중립적인 관점과 접근법으로 과정에 임한다.

협상 방식 Negotiation styles

협상에 임하는 사람마다 협상 접근 방식이 다르다. 다섯 가지 유형—경쟁형, 회피형, 타협형, 수용형, 협력형—으로 나뉜다. 대부분의 사람은 한 가지 주요 유형의 특징을 보이지만, 협상 상대와 상대의 협상 방식에 따라 한두 가지 다른 유형의 경향을 보이기도 한다.

객관적 기준 Objective criteria (혹은 외부 기준)

협상가들이 참고하는 협상테이블 밖의 사실적 데이터나 사례를 가리킨다. 이전 유사 사례, 업계나 시장에서 통용되는 기준, 법, 과학적 판단 등의 객관적 기준은 양측이 협상 상황을 가늠하는 데 도움을 줄 수 있다. 이와 같은 외부 기준을 토대로 해결책을 모색하는 데 도움을 받는다.

선택지Options

협상가들이 협상 과정 동안 함께 도출하는 창의적 해결책들을 일컫는다. 선택지는 한 명의 협상가가 스스로 도출할 수도 있지만, 가장 성공적인 선택지들은 주로 모든 협상가가 머리를 맞대고 고민해서 도출되는 경우가 많다. 결과적으로 제안된 해결책에 대한 주인의식도 생겨난다. 선택지는 창의적 사고의 결과물이다. 최고의 선택지는 어떠한 협상에서건 가치를 극대화하는 데 목표를 둔다.

입장 혹은 요구Positions

협상에서 일방이 바라는 바를 가리킨다. 협상에서 직접적인 요구사항으로 간주한다.

힘의 불균형Power asymmetry

협상에서 협상력이 한쪽에 치우쳐 있을 때를 의미한다. 일반적으로 협상에서 힘 혹은 주도권이 어디에 있는지는 주요 요소다. 힘은 상대적인 특성을 보이기 때문이다 (협상에서 주도권을 얻으려면 상대방이 현재 얼마만큼의 힘을 가졌는지 평가해야 한다).

유보점Reservation point

협상 참여자가 결국 수용하기로 하지만 가장 선호되지 않은 협상을 의미한다. 다시 말해 도달하지 않는 것이 상책인 지점이고, 유보점을 토대로 하는 협상은 여러 이유로 무용지물이다. 앞서 언급한 배트나의 개념과 연관성이 높다.

목표점Target point

협상 참여자가 한 발짝 물러나며 양보한 후에 도달하고자 하는 협상점이다. 협상 과정의 정점이 되기도 한다.